MÉTRONOME 2

DU MÊME AUTEUR

Métronome : l'histoire de France au rythme du métro parisien,
Éditions Michel Lafon, 2009

Métronome illustré, Éditions Michel Lafon, 2010

Histoires de France : XVIe siècle –
François Ier et le connétable de Bourbon, Michel Lafon/
Casterman, 2012

Hexagone, Éditions Michel Lafon, 2013

Hexagone illustré, Éditions Michel Lafon, 2014

Histoires de France : XVIIe siècle –
Louis XIV et Nicolas Fouquet,
Michel Lafon/Casterman, 2014

LORÀNT DEUTSCH

MÉTRONOME 2

PARIS INTIME
AU FIL DE SES RUES

*Avec la complicité
d'Emmanuel Haymann*

© Éditions Michel Lafon, 2016
118, avenue Achille-Peretti – CS 70024
92521 Neuilly-sur-Seine Cedex
www.michel-lafon.com

À mon petit dernier pour la route !
À toi mon Laslo.

Introduction

PARIS INTIME

De retour à Paris après avoir sillonné les grandes voies de l'Hexagone, je retrouve avec bonheur le bouillonnement de ma chère capitale. Ses rues, ses places, ses avenues, ses ruelles, je les ai toutes arpentées. Elles racontent une grande aventure commune, l'histoire de France qui était le pivot de mon premier livre, mais elles foisonnent aussi d'anecdotes pittoresques, de révoltes, d'inventions, de terribles souvenirs et de moments enchanteurs. Comme les rides de certains vieux visages témoignent d'une vie, les rues de Paris nous dévoilent son passé.

C'est à ces promenades que je vous convie. Mais en suivant des itinéraires ! Je me suis aperçu, en effet, que ces rues ont un sens dans la chronologie du développement de la ville. Chaque siècle a eu besoin de sa nouvelle voie de communication, pour aller plus loin, conquérir d'autres territoires, unifier les quartiers. Puis cette voie fondatrice s'est bientôt flanquée de rues adjacentes, voire développée de façon plus ou moins anarchique, au fil des années, nous entraînant dans un flot de souvenirs où le temps nous échappe. Soudain, c'est toute l'histoire de Paris qui déboule, qui se déroule au rythme de nos pas pour nous projeter dans notre réalité d'aujourd'hui. Un atelier du XIXᵉ siècle côtoie-t-il les ultimes vestiges d'une taverne médiévale ? Voilà que revivent ceux qui ont fait l'endroit, avec leurs angoisses et leurs petits bonheurs, leurs déceptions et leurs triomphes. Ici, on crée l'art de demain ; là, on fomente une révolution ; ailleurs, on imagine des techniques audacieuses. C'est tout un monde qui bouge et se transforme, frissonne d'inventivité et modèle l'avenir.

Dans ces rues, on croise peu de puissants seigneurs et de têtes couronnées, sauf pour situer au long des siècles l'évolution de la ville et de ses habitants. Le Paris que nous explorons, c'est notre *Paris intime*, celui des bouquetières et des rémouleurs, celui des poètes et des chiffonniers, des innovateurs et des artisans, des marlous et des rapins. C'est le Paris du peuple qui a fait la cité gallo-romaine, puis la ville franque, plus tard la capitale orgueilleuse, avant qu'elle devienne une mégapole tentaculaire. Le Paris de tous ceux qui lui ont donné sa magie et son âme.

Lorànt DEUTSCH

1

AU FIL DE LA RUE
SAINT-JACQUES

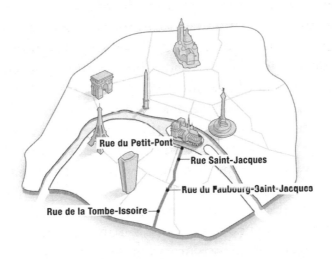

De la rue Saint-Jacques à la rue de la Tombe-Issoire, on rencontre François Villon, Apollinaire à la Santé, les gueules cassées de la Grande Guerre, l'abbé Cochin, et des truites victimes du plan Vigipirate !

D'abord, il y a le fleuve. Quand Lutèce, la ville gallo-romaine, s'établit sur l'île de la Cité à l'aube du Ier siècle de notre ère, elle fait de la Seine la source de sa protection et de sa richesse. Paris est né du fleuve, la Seine en est la première route, des peuplades s'y sont greffées pour vivre de ses bienfaits, pour l'utiliser, pour l'apprivoiser. Il a fallu la maîtriser pour y naviguer et contrôler son franchissement. Paris est d'abord une ville-pont, une ville-passage, une ville-péage.

Puis la cité se développe, il faut franchir les eaux, grimper les collines de la rive gauche, s'échapper du carcan des rives et des îlots… Lutèce grandit autour d'un premier axe, le cardo maximus romain, la voie principale de la ville, l'axe vertical reliant par deux ponts l'île de la Cité aux rives du fleuve.

Ce cardo maximus, on le retrouve dans le tracé de la rue Saint-Jacques, c'est l'axe originel de la rive gauche reliant l'île par le Petit-Pont, ainsi nommé depuis plus de deux mille ans parce que le bras de la Seine est moins large à cet endroit. Sur l'île même, le cardo se retrouve dans l'actuelle rue de la Cité avant de se greffer à la rive droite par le Grand-Pont. Mais à l'époque romaine, la rive droite reste encore marginale et peu urbanisée.

Restons donc sur la rive gauche, car c'est ici que les Romains vont principalement s'installer. La rue Saint-Jacques concrétise ainsi formidablement pour Paris ce siècle de conquêtes et d'expansions romaines.

En raison du passage si vital sur la Seine, la rue s'appela longtemps rue d'Outre-Petit-Pont ; la racine de la rue Saint-Jacques s'appelle d'ailleurs toujours rue du Petit-Pont. Puis, successivement ou concomitamment, selon les tronçons, elle prit le nom de Grand-Rue-près-Saint-Benoît-le-Bestourné, Grand-Rue près du chevet de l'église Saint-Séverin, Grand-Rue vers Saint-Mathelin… Mais en 1218, les Frères Prêcheurs dont le couvent se situait en l'île reçurent en legs d'un certain Jean Baraste, professeur de théologie et de médecine, une chapelle dédiée à saint Jacques. Cette vaste propriété était située sur la rue elle-même, près des murailles, c'est-à-dire à l'endroit où notre rue Soufflot croise la rue Saint-Jacques. Dès lors, la voie devint Saint-Jacques-des-Prêcheurs… Le nom fut d'autant plus facilement adopté que la rue était régulièrement empruntée par les pèlerins sortant de Paris pour se rendre à Saint-Jacques-de-Compostelle, sur la tombe de l'apôtre. Il faudra pourtant attendre 1806 et Napoléon Ier pour que la voie prenne officiellement et définitivement sur toute sa longueur le nom de Saint-Jacques.

• 17, rue du Petit-Pont. La première pierre

Comment ne pas commencer notre voyage par la plus vieille trace d'une rue parisienne ? Voici, au dos de l'immeuble donnant sur Saint-Julien-le-Pauvre, une magnifique dalle du cardo maximus, remontée contre l'église, à quelques pas de ce qui fut le plus gros nœud de circulation de la Lutèce romaine. J'en avais déjà parlé ailleurs, je le sais bien, mais ici cette dalle prend plus d'ampleur encore : c'est la pierre sur laquelle nous allons bâtir notre voyage.

• 18, rue Saint-Jacques. Les calculs du charnier Saint-Séverin.

Saint Séverin, dit le Solitaire, vécut ici dans une petite cabane, au tout début du VIe siècle. Après sa mort, la baraque fit place à une chapelle, détruite par les Vikings au IXe siècle, et entourée à l'époque d'un cimetière. Quatre cents ans plus tard, sous Saint Louis, une église fut élevée sur ce site où planait toujours l'esprit de saint Séverin.

Dans le « charnier » situé devant l'église – un cimetière entouré de galeries couvertes –, un chirurgien répondant au nom de Germanus Collot pratique en 1475 – et en public – la première opération de la maladie de la pierre. Le patient est un archer de

Bagnolet condamné à être pendu pour vol et souffrant bien à propos de douloureux calculs rénaux. Comment s'y prend l'homme de l'art ? Les rapports tardifs sur cette première chirurgicale sont confus, on ne sait même pas si le calcul se trouvait dans la vessie ou le rein… Les vagues notions d'anatomie dont faisaient preuve les spectateurs du temps débouchent sur des témoignages approximatifs. Quoi qu'il en soit, l'opéré survit à l'épreuve et le voilà sur pied quinze jours plus tard ! Quand on sait les miasmes qui s'échappaient des cimetières au Moyen Âge, on se dit que l'archer devait être d'une constitution particulièrement robuste pour avoir évité l'infection mortelle ! Pour solde de sa peine, le roi Louis XI lui accorda la grâce et lui octroya un petit pécule.

Le vieux cimetière paroissial a disparu depuis le XVIIe siècle, mais les arcades du charnier médiéval sont toujours là. Au pied de l'église aux arches de style gothique flamboyant, les tombes d'autrefois sont discrètement rangées dans de petites niches, et la fosse commune a fait place à un apaisant square arboré délimité par les arcades de l'ancien charnier.

Le mot du quartier

Guillemet, n.m. Signe typographique double qui sert à isoler un mot ou une phrase pour en souligner soit l'emprunt soit la bizarrerie.

En remontant la rue Saint-Jacques, en prenant à droite après le boulevard Saint-Germain, on arrive rapidement à l'angle des rues Jean-de-Beauvais et de Latran. À cet endroit s'élevait en 1552 une maison à l'enseigne de la Grosse-Escriptoire.

Guillaume le Bé, propriétaire des lieux, était un imprimeur réputé. Habile fondeur de caractères romains, grecs et hébraïques, il se trouvait fort dépourvu quand il s'agissait de mettre en exergue typographiquement un texte cité. Il inventa donc une ponctuation qui s'ouvrait judicieusement devant la citation et se refermait à la fin... et chacun bientôt baptisa « guillemets » ces signes conçus par Guillaume.

De nos jours, le terme est même entré dans le langage gestuel : les deux mains levées, les index et les majeurs recourbés pour figurer les guillemets, on souligne de cette manière imagée le ton ironique d'un propos ou d'un mot...

• 46, rue Saint-Jacques. La chambre de François Villon.

Ici, vous trouverez aujourd'hui l'arrière de la Sorbonne, département didactique du français langue étrangère. À cet angle de la rue des Écoles, avant le percement de cette voie en 1854, se dressait l'église du cloître Saint-Benoît.

Très jeune, un certain François de Montcorbier est confié aux religieux de la communauté, et particulièrement au chapelain Guillaume de Villon, qui deviendra plus qu'un père pour l'enfant. Puis vient le temps d'aimer, belles demoiselles croisées dans les églises ou prostituées hardies rencontrées à la taverne, son cœur se déchire et il l'écrit...

Je laisse mon cœur enchâssé,
Pâle, piteux, mort et transi :

15

Elle m'a ce mal pourchassé,
Mais Dieu lui en fasse merci.

Au moment de signer ses vers pour la postérité, le poète choisit de rendre hommage à son maître... C'est ainsi qu'il deviendra, pour l'éternité, François Villon. Un poète mauvais garçon. En 1455, devant l'église Saint-Benoît, il tue un prêtre au cours d'une algarade, fait de la prison, participe à un vol au collège de Navarre, doit fuir, revient à Paris, retourne en cellule pour un petit larcin, est bientôt relâché...

Il erre souvent, Villon, il voyage un peu, il séjourne à Angers, à Moulins, à Blois, il est incarcéré à Meung-sur-Loire, mais conserve toujours sa petite chambre du cloître Saint-Benoît, son modeste logis d'écolier où il fait très froid l'hiver, mais dans lequel le garnement entasse ses maigres biens : quelques livres, des chandelles, un encrier, des tréteaux pour écrire, un lit qui n'est qu'un cadre de bois tendu de sangles, des habits élimés, des souliers usés et un long manteau... C'est son royaume intime, son refuge, le lien qui le relie à son enfance, au temps du bonheur simple et des éblouissements faciles, au temps où le gibet ne menaçait pas encore.

L'église Saint-Benoît a été rasée pour laisser la place à la rue des Écoles, mais un souvenir a été préservé : le portail d'entrée, qui a été déplacé non loin, dans le jardin médiéval du musée de Cluny (*24, rue du Sommerard*). Le petit François, sage enfant de chœur, a dû bien souvent franchir cette porte pour venir agiter l'encensoir durant la messe.

• 151 bis, rue Saint-Jacques. Sept bourgeois au bout d'une corde.

Il faut de l'imagination pour se figurer cet endroit en 1306… Nous sommes alors aux confins de la capitale, ici s'élève l'enceinte de Philippe Auguste que la rue Saint-Jacques franchit par la porte du même nom (un plan est fiché dans le mur du numéro 172). Plus loin, c'est la campagne, des prés et des arbres ! Et c'est à ces branches que furent pendus sept bourgeois qui avaient osé participer à une émeute déclenchée contre la politique monétaire instituée par Philippe le Bel.

Ce souverain a parfois été surnommé le roi faux-monnayeur, ce qui est sans doute très exagéré, mais il est vrai que le petit-fils de Saint Louis était toujours à court d'argent. Durant ses trente ans de règne, il chercha les moyens de renflouer les caisses de l'État. Un vrai panier percé, ce Philippe, il se ruinait pour les fêtes de la Cour, pour imposer la grandeur de la monarchie, pour faire la guerre contre la Flandre, pour centraliser le royaume autour de sa personne. Afin de tenter de venir à bout de ses problèmes pécuniaires, il dévalua la livre parisis, la réévalua, créa de nouvelles monnaies, frappa des écus d'or, mais que valaient-ils ? Et chacun s'inquiétait : que serait le cours de ces pièces demain matin ?

Le 30 juin 1306, le roi abaisse le titre de la livre d'argent : au lieu de trois sols, elle n'en vaudra désormais plus qu'un seul. C'est comme ça. Bourgeois et artisans, dont la richesse se trouve le plus souvent exprimée en pièces sonnantes et trébuchantes, se trouvent ainsi dépossédés de deux tiers de leur fortune !

Avec deux cent mille habitants, Paris est la plus grande ville d'Europe, va-t-elle devenir la plus pauvre ?

17

La colère éclate, c'est l'émeute. L'homme jugé responsable de cette forfaiture, c'est Étienne Barbette, en charge de la monnaie royale. La foule se dirige vers son hôtel du Marais (dans l'actuelle rue Barbette), enfonce les portes, ouvre les coffres et jette dans la boue de la ruelle tout ce qu'elle trouve d'or, d'argent, de tableaux et de meubles, même les tonneaux de vin sont percés, afin qu'il ne reste rien des biens de l'ignoble individu coupable de la déconfiture financière du moment. Le roi lui-même, par crainte des agitateurs, va se réfugier pendant deux jours dans le donjon du Temple.

Quand le calme revient, la main de fer du pouvoir royal s'abat sur les émeutiers et sept bourgeois, pris au hasard parmi vingt-huit personnages arrêtés par la garde, sont pendus le 30 décembre aux arbres de la rue Saint-Jacques, afin que leur supplice apaise les esprits échauffés. N'empêche que la réalité est têtue : le pays est exsangue, la ruine guette bourgeois et nobliaux.

Cette dramatique anecdote m'a été racontée par mon grand-père, toute sa vie garagiste au numéro 177 de la rue, à quelques pas de l'endroit où la sinistre sentence royale fut appliquée.

• 163, rue Saint-Jacques. L'ultime dérive de Villon.

Avant d'arriver au garage de mon grand-père, nous passons devant le Port-Salut, un cabaret-restaurant qui vit, dans les années 1950, Barbara, Gainsbourg, Moustaki et quelques autres venir tester leurs premiers couplets devant un public. En fait, on a chanté derrière ces vieux murs depuis le XVIIIe siècle.

Et bien avant, d'ailleurs… L'honorable maison a succédé, au même emplacement, à la taverne de la

Mule, haut lieu médiéval où les coupe-jarrets et les écrivassiers venaient s'enivrer de vers et d'eau-de-vie. Et revoilà François Villon ! On l'a vu, il habitait le quartier. Et il venait bien souvent dans cette accueillante auberge pour déclamer devant sa petite bande d'amis quelques bouts rimés qu'il venait de terminer. Ce poète, pour toujours impécunieux, chantait joyeusement le bonheur de prendre la fuite sans payer son écot après un bon repas :

> *C'est bien dîner quand on échappe*
> *Sans débourser pas un denier,*
> *Et dire adieu au tavernier,*
> *En torchant son nez à la nappe.*

En cette soirée de novembre 1462, vers 20 heures, maistre Francoys – comme on l'appelle puisqu'il est bachelier – remonte la rue Saint-Jacques avec trois compagnons, Robin, Hutin et Rogier, le plus bagarreur… Le froid pique un peu en ce début d'hiver et il fait déjà nuit noire. Presque en face de la taverne de la Mule, les quatre amis avisent l'écritoire de François Ferrebouc, c'est-à-dire l'étude d'un auguste notaire encore éclairée de chandelles, malgré l'heure tardive. Par la fenêtre, on voit les scribes penchés sur leurs rouleaux de papier et Rogier, qui cherche querelle, se met à insulter à grands cris les pauvres clercs qui ont le front de travailler alors que l'obscurité appelle à des jeux plus réjouissants. Les laborieux outragés sortent sur la chaussée pour répondre à leurs agresseurs…

— Quels paillards sont-ce là ? interrogent-ils.

— Voulez-vous acheter des flûtes ? demande Rogier, goguenard.

19

Acheter des flûtes... Grande injure médiévale qui signifie que l'on va montrer à l'adversaire de quel bois sont faits ces pipeaux-là.

Et c'est la bagarre généralisée. Les clercs s'emparent de Hutin, le traînent à l'intérieur de l'étude tandis qu'il hurle à s'en décrocher les poumons :

– Au meurtre ! On me tue ! Je suis mort !

Alors maître Ferrebouc lui-même se lance dans la mêlée. Il bouscule Robin qui roule à terre, mais celui-ci se relève, sort une dague de son manteau et taillade un peu les chairs du notaire... Le sang coule sur la rue Saint-Jacques et la bande des quatre voyous se hâte de disparaître dans la nuit.

Le lendemain matin, Villon et Hutin sont arrêtés et emprisonnés au Châtelet. Les deux autres ont eu la sagesse de prendre la tangente. Le poète n'a pas vraiment participé à la rixe, mais il était sur place... et il est « bien connu des services de police », comme on dirait aujourd'hui. Le revoilà devant ses juges qui profitent de cette occasion pour en finir avec ce multirécidiviste et l'envoyer pendouiller au bout d'une corde. Le détenu fait appel et, contre toute attente, le Parlement casse le jugement ! François Villon échappe au gibet mais se voit condamné au pire sans doute pour lui : dix ans de bannissement hors de Paris. Hors de « Parouart la grant mathe gaudie », comme il l'a écrit dans son argot si particulier, hors de Paris la grande ville joyeuse...

Quelle route prend-il alors ? Vers quelle province se dirige-t-il ? Sans doute prend-il la rue Saint-Jacques en direction d'Orléans où l'on perd sa trace... À trente-deux ans, François Villon s'enfonce dans une nuit définitive.

• 167, rue Saint-Jacques. Le jaune canari du préfet Frochot.

Oublions Villon et ses désordres, car notre rue Saint-Jacques rencontre ici le goût de l'ordre cher à Napoléon Ier. Afin de satisfaire son besoin d'organisation, l'Empereur chargea Nicolas Frochot, préfet de la Seine, d'apporter un peu de discipline dans le fatras que représentait alors la numérotation des immeubles parisiens. Un décret de 1805 imposa, pour les rues perpendiculaires à la Seine, le noir sur fond jaune ; et pour les voies parallèles à la rivière, c'était rouge sur fond jaune. Mauvaise pioche ! La couleur se dégrada rapidement et, dès 1847, il fallut opter pour une méthode plus durable : des plaques en porcelaine émaillée sur fond bleu avec chiffres en blanc. Ce que nous connaissons encore aujourd'hui. Mais au 167 de la rue Saint-Jacques, la numérotation de l'immeuble arbore encore son badigeon de 1805. Hélas, le temps, les intempéries et la pollution ont fait leur œuvre : la couleur canari voulue par le préfet Frochot n'est plus qu'un vague souvenir.

Le petit métier du coin

Le marchand d'estampes. Il y eut très tôt, tout au long de la rue Saint-Jacques, des libraires et des graveurs. À partir de 1670, Nicolas Bonnart ouvre ici-même, à l'enseigne de l'Aigle, sa boutique de marchand-imprimeur. Il devient rapidement un maître dans la gravure des estampes, et rien n'échappe à son regard aiguisé, ni les caractères humains comme dans *La Belle plaideuse*, ni les métiers en vogue comme dans *Le Maître à danser*,

---

ni même les scènes pastorales avec *Philis se jouant du roseau*. Mais c'est dans la gravure de mode coloriée que Nicolas Bonnart remporte un immense succès… Le règne de l'image commence ! Le livre, l'écrit ne suffisent plus, la jeunesse se détourne un peu de la lecture et exige la facilité de l'illustration, et sa puissance de suggestion.

De la rue Saint-Jacques jusqu'au plus petit village à l'autre bout du royaume, on voit alors des marchands d'estampes itinérants déployer leurs chevalets. Ils proposent aux belles dames et gentils messieurs des images aussi naïves qu'innocentes, offrant aux regards étonnés les dernières audaces des modélistes et couturières. Mais le marchand d'estampes vend bien souvent aussi des livres d'occasion… métier difficile car la maréchaussée soupçonne toujours le colporteur de glisser entre ses volumes défraîchis quelques ouvrages séditieux.

• 1, place Alphonse-Laveran. Le rire des gueules cassées.

Au moment de la Grande Guerre, on pénétrait dans l'enceinte de l'hôpital militaire du Val-de-Grâce par l'entrée majestueuse qui se situe sur ce tronçon de la rue Saint-Jacques, rebaptisée ici du nom d'Alphonse Laveran, premier prix Nobel français de médecine.

Il fallait alors contourner l'église par la droite pour parvenir devant une enfilade de pavillons et arriver bientôt à la 5ᵉ Division, celle des blessés de la face. Aujourd'hui, le silence est retombé sur cette partie de l'établissement, l'hôpital militaire a été installé en retrait, et il s'apprête à s'en aller plus loin. Dans les vieux pavillons, il reste le souvenir... Des moulages en cire nous parlent encore des blessés des tranchées et de la chirurgie maxillo-faciale qui fit tant de progrès pendant et après la Première Guerre mondiale.

Dans le bâtiment de trois étages de cette 5ᵉ Division, on avait donc regroupé les blessés de la face. Il y eut d'autres centres de soins, bien sûr, mais c'est là qu'étaient accueillis les plus atteints.

Le service des baveux... Ainsi appelle t on alors le pavillon de la 5ᵉ Division, car de nombreux blessés, n'ayant plus de lèvres ni de mâchoires, bavent continuellement dans une serviette nouée autour du cou. Et pourtant, le pavillon connaît ses légendes et ses lumières. Le fantassin Albert Jugon, à la figure démantibulée, deux tuyaux de caoutchouc fichés dans un nez informe, apporte un peu de bonheur à ses compagnons d'infortune... Il se débrouille pour leur fournir du tabac, des suppléments de viande, des apéritifs, petits gestes qui soulagent le désespoir dans lequel ces hommes sont plongés.

Dès le mois de décembre 1917, ces soldats ravagés publient une feuille bimensuelle, *La Greffe générale*, sous le slogan : « Rire quand même ». Dans le premier numéro, on trouve ce poème, hommage au Val-de-Grâce :

Ce sont les blessés de la trogne
Du Val-de-Grâce, joyeux fous.
Riant de leur sort, sans vergogne,
Ce sont les blessés de la trogne.
Revenant du monde où l'on cogne,
De leurs pansements tous jaloux...

Comment ne pas voir dans ce bout rimé un écho au Cyrano de Bergerac et à ses cadets de Gascogne imaginés par Edmond Rostand ?

Ce sont les cadets de Gascogne
De Carbon de Castel-Jaloux ;
Bretteurs et menteurs sans vergogne,
Ce sont les cadets de Gascogne !
Parlant blason, lambel, bastogne,
Tous plus nobles que des filous,
Ce sont les cadets de Gascogne
De Carbon de Castel-Jaloux.

Une résonance qui n'est pas dénuée de sens... En effet, le Val-de-Grâce date de l'époque même des aventures du truculent mousquetaire au service du roi Louis XIII.

Mais quittons les rêveries du Grand Siècle pour revenir à la terrible réalité des soldats mutilés de la Première Guerre mondiale accueillis dans cette abbaye devenue hôpital militaire à la Révolution.

On ne les appellera pas longtemps « blessés de la trogne » ou « baveux », ces victimes défigurées du conflit. Vers la fin de la guerre, en effet, une grande fête patriotique est donnée à la Sorbonne. Le colonel Yves Picot, du 57ᵉ régiment d'infanterie, soigné au Val-de-Grâce, la tête encore emmaillotée de bandes blanches, sort de l'hôpital pour se rendre à l'université toute proche.

— Avez-vous une invitation ? lui demande le factionnaire de service.

— Non, mais je suis mutilé de guerre, colonel en service, actuellement au Val-de-Grâce.

— Impossible de vous laisser passer, monsieur, si vous n'avez pas une convocation.

Pas la peine de discuter. D'ailleurs, à cet instant, un inconnu bouscule le colonel Picot, sort une carte de sa poche et marmonne :

— Député !

La sentinelle se met au garde-à-vous, l'homme passe...

Picot ravale sa rancœur, va patienter sur la place de la Sorbonne et attend que l'intraitable planton soit remplacé par un autre... Alors il se présente, sort une vague carte qu'il a dans sa poche et clame fièrement son titre et sa qualité :

— Gueule cassée !

Le garde, qui n'a rien compris, salue réglementairement, à tout hasard. Picot entre dans la place.

Gueule cassée... D'autres ont entendu. L'expression est reprise, elle fait bientôt florès. Désormais les blessés de la face seront pour tous « les gueules cassées ».

Cependant, à côté des mutilés, il y a les médecins. Ils se battent pour tenter de reconstituer des visages dévastés et rendre ces malheureux à une vie sociale possible. La chirurgie fait des progrès faramineux, des techniques d'autoplastie et de greffes cutanées se développent, des prothèses sont améliorées, le souci esthétique est pris en compte. Parmi ces chirurgiens de la dernière chance, le docteur Hippolyte Morestin est surnommé « le père des gueules cassées », tant son engagement au Val-de-Grâce est total. Il court alors sur lui cet hommage en forme de réclame ironique : « Morestine-du-Val, souverain contre les mutilations de la face ! »

• 111, boulevard de Port-Royal. Les bienfaits de l'abbé Cochin.

Et nous arrivons au bout de la rue Saint-Jacques, qui se jette dans le flux ininterrompu du boulevard Port-Royal. C'est aussi la fin du cardo maximus de Lutèce qui, aux frontières de la ville romaine, conduisait à la nécropole du sud, dite nécropole Saint-Jacques par les archéologues et les historiens. En effet, nos ancêtres romains se faisaient souvent inhumer en bordure des voies de communication aux abords des agglomérations, espérant que le voyageur entrant dans la cité aurait une pensée pour eux. Aujourd'hui, ce ne sont plus les mânes des ancêtres qui nous accueillent à l'entrée des villes, mais d'épouvantables panneaux publicitaires qui se dressent parfois à l'endroit même où reposent les Romains d'antan…

Au-delà de la nécropole, le cardo se mue en voie romaine menant à Orléans. À la fin du XVIIIe siècle, c'était ici les limites de Paris circonscrites par l'enceinte des Fermiers généraux. Au-delà, notre rue Saint-Jacques porta et porte encore le nom de rue du Faubourg-Saint-Jacques. Faubourg… un terme issu du vieux français « fors le bourg », hors du bourg.

À gauche sur le boulevard de Port-Royal, timidement en retrait, émerge une architecture solide et étrange, un morceau de XVIIIe siècle resté intact, posé dans le Paris de la circulation et de l'agitation. Souvent, nous admirons l'héritage du passé pour ses riches hôtels particuliers ou ses églises aux pierres sculptées. Rien de tel ici. C'est le Paris de la souffrance qui se dresse devant nous. Cette entrée dont l'architecture hésite entre la caserne et la prison, mais qui rassure tout de même par sa lourde solidité, était celle du premier hôpital voulu par Jean-Denis Cochin, curé de l'église Saint-Jacques-du-Haut-Pas, dans la rue Saint-Jacques.

Le haut de la rue est alors un quartier de misère, les pauvres familles qui s'entassent dans des baraques brinquebalantes connaissent la faim et le froid. Et quand la maladie s'ajoute à ces fléaux du dénuement, c'est le désespoir, le lent dépérissement dans l'indifférence… Puisque le destin a offert à l'abbé Cochin l'une des plus pauvres paroisses de Paris, celui-ci va lutter à sa manière contre ces drames et offrir à ses ouailles un hospice pour les recevoir et les soigner.

L'abbé consacre donc une grande partie de sa fortune et le plus clair de son temps à faire construire cet hospice à l'angle du boulevard Port-Royal et de la rue du Faubourg-Saint-Jacques. Dès le mois de juin 1782, trente-huit lits permettent d'accueillir ici les vieillards et les souffreteux, généralement victimes de fortes fièvres. Que peut la médecine ? Pas grand-chose, mais la générosité et la chaleur de l'accueil apaisent un peu les malheurs et les angoisses.

En plus de deux cents ans, l'hôpital Cochin s'est développé… Il compte aujourd'hui huit cent quatre-vingt-trois lits et a totalement changé d'aspect. Mais le portail d'entrée rappelle l'entêtement d'un homme qui voulut venir à bout des calamités de son temps.

• 38, rue du Faubourg-Saint-Jacques. L'hôtel volant.

Cet hôtel particulier a été construit en 1777… sur les Champs-Élysées ! C'était alors la campagne, et l'on murmurait que le cardinal de Richelieu venait y abriter ses amours discrètes. Enjambons les siècles…

En 1927, cet hôtel de Massa est racheté par des entrepreneurs qui voudraient bien le démolir pour construire, à sa place, des immeubles d'un meilleur rapport avec banques, magasins et bureaux. Seulement voilà, l'immeuble est classé, interdiction de le détruire. Qu'à cela ne tienne ! L'hôtel fut démonté pierre par pierre, lambris par lambris, stuc par stuc… et remonté ici, dans ce qui était le jardin de l'Observatoire. Depuis, il est le siège de la Société des gens de lettres.

• Rue du Faubourg-Saint-Jacques. À l'ombre de la prison.

Arrivé au carrefour avec le boulevard Arago, tournons notre regard vers la gauche… Nous apercevons des murs sombres de l'autre côté du faubourg Saint-Jacques. C'est la maison d'arrêt de la Santé, dernière prison intra-muros de Paris. Ouverte en 1867 sous le slogan « Isolement, surveillance, salubrité », elle avait été prévue pour mille quatre cents places. Elle a compté jusqu'à deux mille trois cents détenus.

– Les murs étaient bouffés par les punaises. Chacun déféquait devant les autres, racontait naguère un ex-taulard.

Des travaux de restauration s'imposaient. Ils ont commencé en 2014. Si l'on compta ici de nombreux prisonniers célèbres, de Maurice Papon à Bernard Tapie en passant par Jacques Mesrine, le plus inattendu d'entre eux fut sans doute Guillaume Apollinaire qui connut en ce lieu le froid des cellules et la peur du jugement…

Au tout début du XXe siècle, un Belge interlope dénommé Géry Piéret se promène dans Paris, clamant à tous qu'il est le secrétaire particulier d'Apollinaire, secrétaire bénévole bien entendu, le poète n'a guère les moyens de disposer d'un factotum appointé. Original et fantasque, Piéret amuse plutôt Apollinaire, jusqu'au jour où le dévoué « secrétaire » lui apporte, dissimulées sous son manteau, d'antiques sculptures ibériques... volées au musée du Louvre ! Il faut dire qu'à l'époque, les vols étaient nombreux et souvent pas même répertoriés. En effet, les objets, simplement déposés sur des tables, sans réelles protections, pouvaient tenter les moins scrupuleux des visiteurs.

Que va faire le poète avec les statuettes fournies par le Belge ? Apollinaire receleur ? Pour se débarrasser de ces pièces compromettantes, il les vend à son ami Picasso qui ne cherche pas à connaître la provenance de ces trésors.

Quelques années plus tard, en 1911, la disparition de *La Joconde* au Louvre déclenche dans Paris une véritable chasse aux voleurs. Complètement paniqué à l'idée d'être compromis dans cette affaire, Apollinaire se précipite chez Picasso, à Montmartre, pour faire disparaître au plus vite les statuettes dérobées au musée... Fernande Olivier, la compagne de Pablo, a raconté dans *Picasso et ses amis*[1] la panique des deux hommes et leur errance dans Paris... Ils décident, en effet, de jeter ces chefs-d'œuvre dans la Seine, mais, scrupule artistique ou peur d'être repérés par les gendarmes, ils font un petit tour sur les quais, puis s'en retournent bien vite à Montmartre, traînant comme un remords la valise qui contient toujours les encombrantes têtes ibériques.

Comme deux malfaiteurs traqués réfugiés dans quelque tripot, Apollinaire et Picasso passent la nuit à jouer aux cartes. Au matin, ils se rendent à la rédac-

---

1. Éditions Stock, 1933.

tion de *Paris-Journal* et déposent les fameuses sculptures avec mission pour les journalistes de les restituer au musée… en toute discrétion, bien sûr. Mais le secret est mal gardé, le lendemain Apollinaire est arrêté, et la presse en fait ses délices : « Le Polonais Kostrowitzky, dit Guillaume Apollinaire, chef de bande de voleurs internationaux spécialisés dans la mise au pillage des musées, est à la Santé. » L'auteur d'*Alcools* demeure une semaine derrière les barreaux et Picasso subit les interrogatoires des enquêteurs. Heureusement, leur innocence est vite reconnue dans l'affaire de *La Joconde*, et l'aventure s'achève par un non-lieu.

Sept ans plus tard, le « Polonais Kostrowitzky », sous-lieutenant dans les tranchées de la Grande Guerre, succombait à ses blessures. Mort pour la France.

• Place Saint-Jacques. Le terminus du poète assassin.

Il s'appelait Pierre-François Lacenaire, il avait beaucoup lu, beaucoup écrit, beaucoup volé… et tué un peu aussi. Mais comme il écrivait des poèmes et avait le verbe haut, il déclencha les passions et son procès fut l'occasion de voir se presser au tribunal des grappes de jeunes femmes émoustillées.

Pour nous, Lacenaire aura toujours le phrasé haché et les yeux glaçants de Marcel Herrand dans *Les Enfants du paradis*, le film de Marcel Carné. Ce Lacenaire de cinéma, cynique et désabusé, fit beaucoup pour l'immortalité du poète assassin.

Dans la vraie vie, c'est ici, sur la place, que le personnage termina son itinéraire sanglant. À peu près là où se trouve aujourd'hui la bouche du métro Saint-Jacques, le bourreau d'autrefois dressait sa guillotine, répondant de cette manière définitive aux vers prémonitoires de Lacenaire lui-même :

Que voulez-vous de moi ? Vous parlez d'échafaud ?
Me voici, j'ai vécu... j'attendais le bourreau.

Le 9 janvier 1836, la lame trancha le cou de celui qui disait ainsi avoir assez vécu. Et la légende s'empara de l'affaire... On dit que le couperet était resté coincé et que l'exécuteur des hautes œuvres avait dû s'y reprendre à plusieurs fois... Tant et si bien que, finalement, le dandy assassin, retourné sur le dos, observait d'un air goguenard les mouvements chaotiques de la machine. Henri-Clément Sanson, l'aide du bourreau en titre, protesta toute sa vie contre cette version des faits. Évidemment, il ne voulait pas qu'on puisse l'accuser d'incompétence dans sa spécialité.

• 26, rue de la Tombe-Issoire. Le massacre programmé de la dernière ferme.

Au-delà de la place Saint-Jacques, nous sommes toujours sur la voie romaine qui mène à Orléans, mais la rue change de nom pour devenir rue de la Tombe-Issoire...

Au fond d'une cour, on trouve les bâtiments de la ferme Montsouris, dernière ferme de Paris. Cet ensemble, construit au milieu du XIXe siècle, fournissait encore du lait frais aux habitants du quartier sous l'Occupation... Dans les années 1950, la laiterie a été démolie et la grange transformée en accueil pour personnes démunies. Aujourd'hui, malgré ces transformations, il subsiste la grande cour, la grange et son abri à foin. Mais il n'y a pas que ça... Invisible au passant, cachée à dix-sept mètres sous terre, une carrière médiévale se déploie sur deux étages et abrite même les vestiges d'un aqueduc gallo-romain. Un vrai mille-feuille archéologique.

Hélas, en notre XXIe siècle avide, le terrain aiguise les appétits des promoteurs : certains rêvent de voir raser ce témoignage historique. Ils seraient libres alors d'élever, à la place, huit étages de logements bien fonctionnels et parfaitement rentables. Comment peut-on vouloir couler du béton sur un sous-sol de carrières médiévales, qui recèle également une sublime sculpture évoquant la bataille de Port-Mahon, exécutée dans la pierre par un ancien soldat de Louis XV devenu gardien des carrières au XVIIIe siècle ! Ce bâtiment reste notre symbole nourricier, la dernière trace de ruralité à Paris.

Au côté d'un collectif très actif depuis plus de vingt ans, je me suis engagé pour tenter de sauver cette ferme. Je ne peux pas accepter que les promoteurs se fassent des millions d'euros sur le dos de nos souvenirs parisiens et de notre patrimoine. En 1992, le ministre de la Culture, Jack Lang, avait mis ce monument en instance de classement. Deux ans plus tard, Jacques Toubon, son successeur, l'avait effectivement classé. L'affaire semblait donc réglée. Mais depuis, d'autres préoccupations ont prévalu. Les ministres de la Culture successifs ont choisi d'appuyer l'opération immobilière et de sacrifier la ferme. Dès sa nomination au ministère de la Culture, en 2012, Aurélie Filippetti s'est empressée de délivrer un permis de construire… La maison du vacher a déjà été détruite et des travaux ont commencé dans le sous-sol.

Mais rien n'est perdu, le bras de fer continue : en mars 2015, le conseil de quartier Montsouris-Dareau a proposé à la maire de Paris de faire restaurer la ferme Montsouris pour la transformer en centre culturel et social.

La légende des lieux

Sur les traces du géant. On a dit que le sépulcre de la rue de la Tombe-Issoire était celui du géant Isoré qui, au VIIIe siècle, avait pris la fâcheuse habitude de détrousser les voyageurs assez inconscients pour s'aventurer sur cette route menant à Orléans. Tué par un courageux combattant, le colosse fut enfoui sur place.

Bientôt allait se dresser là, au numéro 55 de la rue, au croisement de la rue Dareau, un impressionnant calvaire posé sur une grande dalle de pierre carrée. Tout cela avait bien l'aspect d'une tombe... Pour les Parisiens, cette dalle était à l'évidence la sépulture du géant, et le monument fut baptisé Croix Isoré... Qui devint Issoire dans le parler populaire. Le monument, fort délabré, était encore visible au XVIIe siècle. Et tant pis si, à la vérité, la dalle mystérieuse ne surmontait qu'un tumulus gallo-romain.

Mais cette rue ne doit peut-être rien au colosse légendaire. Une autre théorie fait dériver les mots « Tombe-Issoire » du verbe *tombir*, terme en usage dans le français du XIVe siècle et qui signifiait « retentir », « résonner », le bruit excessif se disait donc *tombissement*... L'activité de cette rue était-elle si assourdissante qu'elle en devint un *tombissoire* ?

Il n'y a plus de tombe, rue de la Tombe-Issoire. En tout cas, pas en surface. Mais sous nos pieds s'étend le royaume des morts... Nous marchons ici sur la plus grande tombe de Paris, les catacombes dont les galeries s'entortillent dans les profondeurs.

• 115, rue de la Tombe-Issoire. La retraite des truites.

La voie d'Orléans, prolongement de la rue Saint-Jacques, nous conduit aux limites actuelles de Paris et donc à la fin de ce premier voyage sur la principale voie romaine de la jeune Lutèce.

Sur cet itinéraire, nous trouvons le réservoir de Montsouris avec ses deux cent cinquante-quatre mètres de galeries, ses mille huit cents arches de pierre. Construit à partir de 1868 pour fournir de l'eau potable à la population, ce réservoir, alors le plus grand du monde, reste l'une des principales provisions d'eau de la capitale. « Tout Paris peut avoir sur sa table l'eau claire, fraîche et limpide, qui arrive des vallées de la Champagne et s'emmagasine dans le gigantesque réservoir de Montsouris », écrivait le docteur Louis Figuier en 1877. Naguère encore, des truites évoluant calmement dans cinq aquariums témoignaient par leur éclatante santé de la pureté des eaux... Elles ont été mises à la retraite en 1996, victimes du nouveau plan Vigipirate ! En effet, pour limiter les risques d'attaques bactériennes par d'éventuels terroristes, la Mairie de Paris a estimé qu'il fallait doubler la concentration de chlore dilué dans l'eau, mesure que les poissons n'auraient pas supportée.

2

AU FIL DU BOULEVARD
SAINT-MICHEL

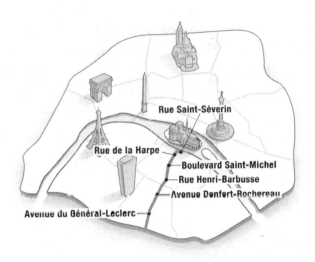

De la rue Saint-Séverin à l'avenue du Général-Leclerc, nous retrouvons Rimbaud, Chateaubriand, des anges particuliers, le diable Vauvert et les champignons de Paris...

Au IIe siècle, la paix romaine permet à Paris de jouir d'une certaine tranquillité. La ville s'étend toujours, essentiellement sur la rive gauche, avec un réseau de rues parallèles se croisant à angle droit. Ce quadrilatère romain de Lutèce reste bien visible dans le plan d'aujourd'hui : il est circonscrit entre la rue Saint-Séverin au nord, la rue de l'Abbé-de-l'Épée au sud, le boulevard Saint-Michel à l'ouest et la rue Valette à l'est.

Le boulevard Saint-Michel a repris en partie le tracé du deuxième axe majeur du Paris gallo-romain : le cardo dit « inférieur », parce que secondaire par rapport au cardo maximus. Cette voie menait les Romains aux thermes et au forum, avant de devenir la grande artère du Quartier latin…

C'est donc cette direction que nous allons prendre pour continuer d'arpenter la ville gallo-romaine. Pour nous repérer, nous utiliserons les noms de rues actuels, sinon la promenade deviendrait difficile !

Parti du Petit-Pont, le cardo inférieur nous attend rue de la Harpe (au bout de la rue Saint-Séverin, ancienne voie romaine parallèle à la Seine). Il se confond ensuite avec le boulevard Saint-Michel à hauteur des thermes romains de Cluny, avant de rejoindre l'édifice majeur de la vie quotidienne de l'habitant de Lutèce : le forum. Au-delà, ce cardo inférieur se muait en voie romaine doublant le cardo maximus en direction d'Orléans par le tracé que suivent aujourd'hui la rue Henri-Barbusse, l'avenue Denfert-Rochereau et enfin l'avenue du Général-Leclerc.

• 4 et 26, rue « Séverin ». Le saint effacé.

La rue Saint-Séverin doit son nom à l'église qui en occupe une partie. D'ailleurs, les noms de rues doivent bien souvent leur appellation à l'église du secteur, à la paroisse comme on disait, quand la première administration sociale était l'Église.

Les temps ont changé : la foi et les offices religieux n'occupent plus une place centrale dans la vie des Parisiens. On a même parfois cherché à faire carrément disparaître toute empreinte du passé ecclésiastique, durant la Révolution, par exemple. Regardez les vieilles inscriptions de la rue : aux numéros 4 et 26, les lettres « St » – pour Saint – ont été grattées vers 1794 afin d'en effacer la trace mystique.

• 13, rue Saint-Séverin. Le signe du cygne.

Autre référence religieuse, un peu plus amusante, la plaque en plâtre datant du XVIIIe siècle accrochée sur la façade de cet immeuble : un cygne s'enroule autour d'une croix. Bienvenue à l'époque des rébus impertinents ! Pendant que certains vont faire le signe de la croix dans l'église toute proche, d'autres vont à la taverne faire « le cygne de croix »... métaphore ancienne pour signifier que l'on va gaiement vider un godet !

• Pourquoi « la rue de la Harpe » ?

À Paris, quand on ne connaît pas vraiment les raisons et l'historique du nom d'une rue, le problème a été résolu depuis longtemps, on articule d'un air savant cette phrase qui éteint toutes les questions et résout toutes les énigmes :

— C'était une enseigne, au Moyen Âge...

Ce fut le cas, sans doute, de la rue des Canettes, de la rue de la Croix-Rouge ou encore de la rue du Canivet. Mais la rue de la Harpe ? Était-ce vraiment l'enseigne d'un luthier ou la marque d'une taverne consacrée à la musique ? Mais alors pourquoi l'appela-t-on, un temps, *vicus Cytherea Judeorum*, quartier de la Harpe des Juifs ? Parce que l'enseigne, la fameuse enseigne, y montrait le roi David jouant de son instrument préféré, répondent quelques historiens. Peut-être. Mais il y a une autre explication plausible : l'endroit abritait jadis une communauté juive active et nombreuse... Les documents anciens de la Sorbonne indiquent l'existence ici même, en 1272, de quelques écoles talmudiques, et en 1849, quarante-huit stèles funéraires juives du XIIIe siècle ont été mises au jour non loin, dans l'espace délimité aujourd'hui par le carrefour des boulevards Saint-Germain et Saint-Michel.

La rue de la Harpe conserve donc tout son mystère, au point que certains refusent d'y voir une artère consacrée à un quelconque instrument de musique… La harpe, expliquent-ils, était aussi un petit pont-levis attaché à des cordes. Se trouvait-il jadis une telle passerelle sur la Seine toute proche ?

En tout cas, la rue de la Harpe – quel que soit le sens que l'on donne à ce mot – s'est glissée dans le tracé du cardo inferior, doublant en quelque sorte la voie principale, le cardo maximus, celui dont la rue Saint-Jacques garde le souvenir.

Dès le Moyen Âge, la rue de la Harpe se prolongeait, après la Sorbonne, par la rue d'Enfer… Ce nom n'avait heureusement rien à voir avec le séjour du diable, c'était simplement une traduction erronée de *via inferior*… Et puis, par un curieux rapprochement, la rue d'Enfer devint Denfert-Rochereau, colonel qui se distingua en contenant l'attaque prussienne sur Belfort en 1870.

Sous le second Empire, le baron Haussmann chamboula le quartier, transformant une grande partie de la rue de la Harpe et de la rue d'Enfer en un large boulevard baptisé Saint-Michel, en souvenir d'une petite chapelle aujourd'hui disparue, située dans le palais de la Cité juste en face. Ce boulevard donna une physionomie nouvelle à l'arrondissement. La rue de la Harpe existe encore, certes, mais elle s'est faite petite, modeste, rabougrie.

• 28, boulevard Saint-Michel. Les Zutistes accueillent Rimbaud.

Au milieu du XIXe siècle, il y avait à Paris et dans ses faubourgs quatre cent quatre-vingts sociétés chantantes dans lesquelles on poussait la romance ou déclamait des vers… La société qui trouva refuge dans une salle à l'entresol de l'hôtel des Étrangers, sur le boul'Mich', comme on ne dit plus, reste vivante dans l'histoire littéraire. Parce qu'elle reçut un adolescent de dix-sept ans dont le nom allait bientôt briller d'un violent éclat : Arthur Rimbaud.

Cette réunion de poètes, créée en octobre 1871 autour de Charles Cros, Paul Verlaine et quelques autres, se baptise Cercle des poètes zutiques, car cette jeunesse veut dire « zut » à la guerre qui vient de s'achever, « zut » aux poètes parnassiens qui plaident en faveur de l'art pour l'art et « zut » à leur principal porte-drapeau, François Coppée. Le musicien Ernest Cabaner, barman et pianiste de l'établissement, petit homme maigre et souffreteux, occupe une chambrette au troisième étage, et puisque Rimbaud ne sait pas où habiter à Paris, il accueille dans son modeste domaine celui qu'il appelle affectueusement Rimbald. Quant à Rimbaud, il surnomme Tronche son nouveau protecteur ; c'est vrai qu'il en a une particulière, de tronche : « Jésus-Christ après trois ans d'absinthe », résume Verlaine.

Ce Jésus alcoolisé donne des cours de piano à son jeune invité, mettant en œuvre une pédagogie nouvelle : les notes sont coloriées et à chacune il attribue le son d'une voyelle. Rimbaud en fera un poème dont nous nous rappelons tous les premiers mots : *A noir, E blanc, I rouge, U vert, O bleu…*

Hélas, tout se dégrade vite. Arthur Rimbaud devient insupportable, violent parfois, et les relations tumultueuses qu'il entretient avec Paul Verlaine perturbent les artistes zutiques. Finalement, en mars 1872, le jeune poète retourne auprès de sa mère, à Charleville. Le groupe de l'hôtel des Étrangers ne survivra pas longtemps. En septembre, onze mois seulement après sa création, le Cercle zutique renonce à son combat contre François Coppée et ses pareils. Cette confrérie n'aura été qu'une étoile filante au firmament de la poésie.

L'hôtel est toujours là, même s'il a changé de nom pour s'appeler désormais l'hôtel Belloy.

• Boulevard Saint-Michel. Les dalles au chaud.

En face du 24, boulevard Saint-Michel, juste après le carrefour avec le boulevard Saint-Germain, observez bien le sol des thermes de Cluny. Vous voyez ces dalles de grès irrégulières ? Elles revêtaient le cardo romain… sur notre rue Saint-Jacques. Que font-elles là ? Au XIXe siècle, au moment des grands travaux qui refaçonnèrent la ville, les archéologues ont bien souvent retrouvé de semblables parements antiques. Pour que ces dalles ne disparaissent pas entièrement, avalées par la rue remaniée, elles ont été déposées dans le *caldarium*, une salle des thermes, et les voilà bien au chaud dans cet écrin contemporain de leur histoire.

• Place de la Sorbonne. Le long périple de la tête de Richelieu.

Si l'institution de la Sorbonne remonte au Moyen Âge, les bâtiments et la chapelle que nous pouvons admirer ici ont été voulus par le plus prestigieux de ses anciens élèves, le cardinal de Richelieu. Les travaux débutèrent en 1635 et quand le puissant prélat rendit l'âme, huit ans plus tard, son corps fut déposé dans un caveau de la chapelle.

Le 5 décembre 1793, les révolutionnaires ouvrent la tombe et en tirent la dépouille du cardinal qui avait été soigneusement embaumée. Le cardinal est décapité, son corps jeté dans la fosse commune tandis que la tête est emportée par un commerçant du quartier : le citoyen Cheval, bonnetier rue de la Harpe. Elle est bien reconnaissable, cette tête, avec son nez busqué, son front haut, sa bouche mince, et tant pis si la moustache, les cheveux et les sourcils sont d'une étrange nuance rougeâtre, teintés par les liquides utilisés lors de la momification.

Quelques années plus tard, les temps ayant bien changé, le bonnetier veut se débarrasser de sa tête... Il remet la chose à un abbé de Saint-Brieuc, en Bretagne. Or il est partageux, l'abbé : chaque année à l'occasion de la distribution des prix aux élèves du collège, il expose son Richelieu portable et personnel. Ce visage desséché doit-il inciter la jeunesse briochine à rester dans le droit chemin de la patrie et de la religion ?

Vers 1805, Nicolas Armez, ancien abbé passé allègrement de l'Église à la Révolution et de la Révolution à l'Empire, a hérité de la fameuse tête. L'objet reste caché pendant quelques lustres pour réapparaître en 1866. Les membres de la famille Armez, ne sachant que faire de cette relique, la confient au ministre de l'Instruction publique d'alors, Victor Duruy. Le crâne est solennellement rapporté à la Sorbonne et replacé dans le caveau au cours d'une discrète cérémonie.

L'affaire aurait dû s'arrêter là, mais en 1895, Gabriel

Hanotaux, ministre des Affaires étrangères et accessoirement biographe de Richelieu, est saisi d'une obsession : il veut voir le cardinal face à face, le toucher, le tenir entre ses mains...

Que peut-on refuser à un ministre de la IIIe République ? Une nouvelle fois la tête est sortie de son caveau et présentée à une petite commission ad hoc formée pour l'occasion : un ecclésiastique pour l'aspect religieux, un architecte pour le respect du monument, un directeur des Beaux-Arts pour le décorum, une princesse de Monaco pour le côté mondain... et un photographe pour immortaliser l'instant.

La tête est posée sur une table, le ministre l'examine longuement et pérore en étalant sa science...

— Si la moustache a été taillée maladroitement, c'est pendant l'agonie du malade, pour faciliter l'absorption d'un remède.

Tout le monde loue la grande perspicacité de monsieur le Ministre. Quelques photos encore, et la tête retrouve sa place dans le caveau.

L'Illustration publie bientôt un cliché de Richelieu. Dernier tour de piste pour cette face émaciée aux yeux fermés, à la moustache tombante, à la bouche entrouverte.

Le petit métier du coin

L'ange gardien. Cet ange-là, on le voit accroché au comptoir de la plupart des marchands de vin tout au long du boulevard Saint-Michel et même ailleurs dans Paris. Il attend que vienne son heure... Quand le client soiffard roule sous la table, il intervient. L'ange lâche le zinc, relève l'homme tombé, le pousse dans un fiacre et le ramène chez lui… si le buveur parvient à se souvenir de son adresse ! Alors commence un trajet où il faut faire preuve de doigté et de finesse…

Il y a ceux qui ont le vin triste, et qu'il faut consoler. Il y a ceux qui ont le vin joyeux, et qu'il est nécessaire de calmer. Et il y a ceux qui ont le vin émotif, et qu'il convient de réconforter.

Mais tous doivent être rassurés sur la réaction de l'épouse qui les attend au bout du voyage.

— Mais oui, monsieur, votre femme comprendra, je vous assure…

Désespéré, enjoué ou geignard, l'intempérant doit bien souvent être hissé jusqu'à son étage. Parvenu en haut, avec tant de peine et d'efforts, l'ange gardien peut enfin toucher quelques sous, salaire de son labeur. Et bien vite, il retourne à son comptoir. En attendant le prochain aviné.

Ces anges gardiens ont leurs lointains descendants… Un verre de trop, ce n'est plus seulement la menace des cris d'une épouse pas toujours très compréhensive : l'accident de la circulation guette. Alors, au sortir de boîtes de nuit, des volontaires se font anges gardiens du XXIe siècle. Pour ramener chez eux les fêtards éméchés.

• 51, boulevard Saint-Michel, angle rue Cujas. L'invention du drapeau rouge.

En 1832, la rue Cujas s'appelait rue des Grès et le boulevard Saint-Michel n'existait pas. Il y avait pourtant déjà, à cet endroit occupé aujourd'hui au 22, rue Cujas, par un pub, un établissement très couru, le café Musain. Dans l'arrière-salle se réunissaient régulièrement des comploteurs républicains, membres de la société des Amis du peuple, farouches ennemis de Louis Philippe, tout « roi-citoyen » qu'il fût.

En ces premiers jours de juin 1832, le général Jean Maximilien Lamarque vient de mourir, emporté par l'épidémie de choléra qui terrasse Paris. Ce héros des guerres de la Révolution et de l'Empire, ce républicain affiché sera-t-il conduit à sa dernière demeure par des royalistes ? Au café Musain, les Amis du peuple ne peuvent pas accepter cette iniquité ! Il faut prendre les armes… Une nouvelle révolution est en marche. Les doctrinaires de chez Musain cherchent un signe de ralliement, une bannière autour de laquelle se mobiliseraient les thuriféraires de la république, les ravageurs de la monarchie. Quel étendard donner à ces foules en colère ? On discute longuement, et l'on opte finalement pour un drapeau rouge ! Il sera le symbole du sang des ouvriers et l'emblème de l'unité populaire.

Le 5 juin, le drapeau rouge apparaît sur l'itinéraire du cortège funèbre du général. Des Grands Boulevards jusqu'au pont d'Austerlitz, on voit flotter ces vagues écarlates qui annoncent de grands chambardements. Insurgés et gardes nationaux s'affrontent, le sang coule sur le pavé. La répression écrase le soulèvement, le roi des Français reste sur son trône. Le 27 juillet, la société des Amis du peuple organise un service funèbre pour pleurer la mort de la révolution.

Seize ans plus tard, quand éclatera l'insurrection de 1848, les drapeaux rouges réapparaîtront, sortis des caves et des placards. Cette fois, Louis Philippe devra abandonner son trône et prendre la route de l'exil.

La légende des lieux

Boulevard Saint-Michel. Le diable Vauvert. Approximativement à l'endroit où se trouve aujourd'hui l'École des mines, au numéro 60 du boulevard, se dressait au début du XIᵉ siècle un château construit pour le roi Robert le Pieux. Les alentours étaient si attrayants, le cadre si campagnard, que ce beau manoir fut appelé Val-Vert.

Puis le temps passa, le castel du souverain fut abandonné, il se dégrada lentement, des pierres en furent arrachées pour être réutilisées dans d'autres édifices. Et de Val-Vert, on fit Vauvert...

Le passant frémissait en longeant cette ruine ouverte à tous les vents. Qui se terrait dans les décombres ? Quels étaient ces bruits qui en montaient les soirs de pleine lune ? Que signifiaient ces lumières qui perçaient la nuit ? On imagina, on conjectura, on supputa. On parla d'un monstre – vert bien sûr – avec une grande barbe blanche, moitié homme, moitié serpent... Vers 1270, Saint Louis offrit l'enclos aux Chartreux, à charge pour eux d'en chasser le mauvais esprit. Les moines, qui n'avaient peur de rien, s'installèrent sur place, et le diablotin olivâtre disparut pour ne plus réapparaître. Mais le diable Vauvert ne fut jamais oublié... Au moment d'entreprendre un voyage lointain et incertain, ne craint-on pas de partir pour ce diable Vauvert ?

Les Chartreux ont quitté les lieux mais d'autres témoignages moins apaisants nous attendent à

> l'École des mines, dont la façade est toujours criblée d'impacts de balles rappelant les violents combats qui eurent lieu ici en août 1944 quand Paris s'est libéré de l'occupation allemande.

• Rue Henri-Barbusse. Le concierge est au sous-sol.

Elle est curieuse, cette rue Henri-Barbusse, elle brise la logique rectiligne des Romains mais obéit toutefois à leur exigence de la parallèle puisqu'elle suit le cardo maximus de la rue Saint-Jacques, qui opère la même chicane au même endroit. Pourquoi les Romains ont-ils renoncé à la ligne droite sur ce segment de la voie ? Peut-être sont-ils allés se connecter à un chemin déjà existant, un chemin gaulois qui reliait l'oppidum des Parisii à celui d'Orléans...

En tout cas, le 30 avril 1804, dans cette rue Henri-Barbusse, appelée alors rue d'Enfer, des ouvriers chargés de relevés topographiques en sous-sol découvrent effarés un cadavre affreusement rongé par les rats... Un trousseau de clés trouvé près de celui-ci permet de reconnaître les restes du concierge de l'ancienne abbaye du Val-de-Grâce disparu onze ans plus tôt. Que s'est-il passé ?

En 1793, Philibert Aspairt, le concierge, savait qu'un vieil escalier conduisait à un important réseau souterrain de carrières, et le 3 novembre, sans même en parler à son épouse, il s'en alla dans les méandres des couloirs obscurs... Sans doute a-t-il erré sans jamais parvenir à repérer une sortie salvatrice.

Pourquoi était-il descendu dans ces boyaux ? Cherchait-il quelque trésor enfoui par les moines chassés de leur abbaye ? Était-il attiré par de bonnes bouteilles qui auraient été cachées sous terre ? Nul ne le saura jamais.

Les ouvriers ont enterré les restes du malheureux à l'endroit même où sa dépouille mutilée avait été trouvée. En 1810, des travaux de consolidation permirent d'élever un somptueux tombeau de style antique à la mémoire de Philibert Aspairt, devenu saint laïc, patron des cataphiles, la confrérie clandestine des amateurs de catacombes.

• À la pointe du boulevard Saint-Michel. La dernière pirouette du maréchal Ney.

Au 39, avenue Georges-Bernanos, à l'endroit précis où se dresse aujourd'hui un centre universitaire, il y avait un relais de poste prolongé d'un jardin qui se cachait derrière un haut mur... Dos à ce mur, le maréchal Ney, le brave des braves, fut fusillé au matin du 7 décembre 1815 : il avait eu le tort de se rallier à Napoléon durant l'épisode des Cent-Jours. Pour tous les nostalgiques de l'épopée napoléonienne et les anciens grognards, l'endroit devint sacré. Des mains anonymes y déposaient des fleurs, des couronnes mortuaires, des objets, élevant au fil des années un petit monticule de dévotion. Il fut décidé alors de canaliser l'ardeur populaire en dressant, à l'endroit précis où était tombé le condamné, une statue à sa gloire. François Rude représenta le prince de la Moskowa dans une fière attitude, le sabre brandi pour défendre la patrie en danger.

Le monument fut inauguré en 1853, au début du second Empire. Près de quarante ans plus tard, la ferveur était retombée, et la statue encombrait. Elle gênait non pas tant pour des considérations politiques

– la IIIe République était bien installée – que pour des raisons d'aménagement de l'espace public ! La ligne de Sceaux, qui menait le chemin de fer du faubourg jusque dans la banlieue, allait être prolongée pour atteindre, dans Paris, la gare du Luxembourg. Les rails, qui sont aujourd'hui ceux de la ligne B du RER, devaient-ils contourner la statue ? Non, en 1892, le maréchal de bronze traversa le boulevard pour se poser sur le trottoir d'en face.

• À l'Observatoire. La mire du Sud.

Le boulevard Saint-Michel et la rue Henri-Barbusse se noient définitivement dans le boulevard de Port-Royal, que nous traversons, et nos pas nous mènent sur ce cardo inférieur qui prend à présent le nom d'avenue Denfert-Rochereau. Sur la gauche se profile la silhouette majestueuse de l'Observatoire… Le plus ancien monument astronomique du monde encore en activité nous attend ici depuis bientôt trois siècles et demi. Comme il devait servir de terrain de jeux aux augustes membres de l'Académie royale des sciences, il fallait trouver un espace dégagé. On le dénicha dans ce quartier alors situé hors de Paris.

Le 21 juin 1667, jour du solstice d'été, les plus mathématiciens des académiciens se déplacèrent en ce lieu et définirent le méridien de Paris, qui passerait au cœur du futur observatoire. Ils tracèrent sur le sol la ligne de ce méridien et, vers les quatre horizons, les principaux points du bâtiment à venir.

Dans le but de parvenir à mesurer l'arc du méridien par de subtils calculs, un repère fut planté près d'un moulin de la butte Montmartre. En 1736, ce modeste poteau fut remplacé par un monument appelé la mire du Nord, petite pyramide que l'on peut toujours voir aux abords du moulin de la Galette (*1, rue Junot*).

Manquait la mire du Sud. En 1806, on dressa une stèle imposante, quatre mètres de haut, dans les jardins de l'Observatoire. Mais ne la cherchez pas, elle a été déplacée dans le parc Montsouris (*boulevard Jourdan*). Sur l'inscription, le nom de Napoléon Ier a été martelé après la chute de l'Empire, il en reste une plaie ouverte sur la pierre.

Le mot du quartier

Pharmacie, n.f. Science de la préparation et de l'administration des médicaments. Le terme désigne aussi l'établissement permettant l'entrepôt des remèdes ou leur distribution.

Il a beaucoup voyagé, ce mot, il s'est déplacé dans le temps et l'espace avant de venir échouer, en 1882, au 4, avenue de l'Observatoire, devenu la Faculté de pharmacie de Paris.

Oui, la pharmacie nous vient de loin : de l'égyptien ancien, celui que parlaient les pharaons ! Au bord du Nil, l'expression *Ph-ar-maki* signifiait « qui procure la sécurité », termes employés pour désigner Thot, le dieu à tête d'oiseau, le maître des écrits sacerdotaux et des sciences sacrées. Les Grecs ont emprunté l'expression et nous l'ont transmise pour forger d'abord farmacie, qui était un remède purgatif au Moyen Âge.

Le mot, toutefois, n'avait pas fini de muter... Le 25 avril 1777, une déclaration du roi Louis XVI donna son indépendance à la Corporation des apothicaires. Lentement, l'élaboration

49

des médicaments et des drogues devenait une science. Mais le terme « apothicaire » avait quand même un petit relent d'épicerie et d'alchimie. Il fallait trouver un vocable plus sérieux… C'est ainsi que la Corporation des apothicaires devint le Collège de pharmacie. Ce Collège s'installa dans la Maison de la charité chrétienne qui se dressait non loin du Quartier latin, rue de l'Arbalète. Fini les petites boutiques sinistres, les mystérieux préparateurs qui concoctaient des onguents secrets dans leur officine obscure ; désormais le Collège de pharmacie diffuserait des cours gratuits et publics de chimie, de botanique et d'histoire naturelle.

● **65, avenue Denfert-Rochereau. Ici naquirent les jeux d'eau de Versailles.**

De l'avenue, on ne voit qu'un mur interminable, il faut arriver à franchir ce rempart pour entrer dans ce qui fut, dès 1819, le couvent des Filles du Bon-Pasteur, destiné à accueillir des demoiselles pénitentes. Mais tout au fond du domaine se dresse un trésor qui, lui, date de 1619 : la maison du Fontainier. Cet édifice avait deux fonctions : en étage se trouvait le logement de l'intendant général des Eaux et Fontaines du roi ; en sous-sol se prolongeaient trois canalisations de l'aqueduc qui conduisait à Paris les eaux de Rungis. Thomas Francine fut le premier à s'installer ici. Pour Henri IV, il dessina les fontaines qui allaient agrémenter les terrasses du château neuf de Saint-Germain-en-Laye. Son fils François va lui succéder, à la fois dans ses fonctions et à son adresse. La tâche est d'importance pour le fontainier de la deuxième génération : c'est le parc de Versailles qu'il doit animer… Les plans et les dessins s'accumulent, les jeux d'eau, les canalisations, les bosquets, les bassins prennent forme… Les féeries de Versailles sont nées au premier étage de cette maison.

• Avenue Denfert-Rochererau. Comment on inventa les champignons de Paris.

En 1814, un maraîcher nommé Chambry exerce son métier sur un petit espace de la rue d'Enfer. Il cherche à faire pousser des champignons, mais le froid, le climat changeant ne lui permettent pas de mener à bien ses expériences fongiques. Lassé, il jette le purin devenu inutile dans le trou de carrière qui s'ouvre sur son terrain. Quelques semaines plus tard, surprise, le fond de la galerie est couvert de points blancs… des champignons qui ont prospéré grâce à trois éléments réunis par hasard : un taux d'hygrométrie élevé, une température constante, du fumier en abondance.

Il ne restait plus qu'à baptiser cette variété « champignons de Paris » et à multiplier les champignonnières dans le sous-sol du quartier et ailleurs dans la capitale : il y en aura plus de trois cents dans les décennies suivantes.

Aujourd'hui, le champignon de Paris a été délocalisé : la Chine en est le premier producteur mondial, suivie par la Pologne et les Pays-Bas. La France n'arrive qu'en quatrième position.

• 91, avenue Denfert-Rochereau. Paris s'effondre !

Quand on regarde bien le trottoir qui passe au ras du 91 de l'avenue Denfert-Rochereau et devant les

51

numéros alentour, il a l'air un peu bizarre, comme s'il n'était pas très sûr de lui, comme s'il hésitait entre le plat banal, l'ascension épuisante ou la descente réconfortante. C'est que le 17 décembre 1774, cette partie de la rue d'Enfer a été engloutie par le vide… Dans un grand roulement sourd, une portion pavée de trois cents mètres de long disparut d'un seul coup à vingt-cinq mètres de profondeur !

Pour la première fois les autorités et les Parisiens prenaient conscience du risque qu'il y avait à vivre au-dessus de galeries mal surveillées, mal étayées. Toute la ville risquait-elle de s'effondrer ainsi ? Louis XVI créa donc l'Inspection générale des carrières et en confia la direction à un architecte, Charles-Axel Guillaumot. Le 4 avril 1777, le jour même de l'installation du haut fonctionnaire à ce poste prestigieux, le sol s'ouvrit à nouveau rue d'Enfer, cette fois près du Luxembourg. Les remises d'une maison chutèrent de vingt-huit mètres. Décidément, il y avait urgence à entreprendre de grands travaux en sous-sol.

• 92, avenue Denfert-Rochereau. Le refuge de Chateaubriand.

Vers 1820, un jeune homme remonte nerveusement ce qui est encore la rue d'Enfer, il vient sonner à la porte de l'infirmerie Marie-Thérèse : une maison aux murs blancs, des vieux prêtres à la retraite qui errent dans les jardins, des religieuses en cornette… Régnant avec fermeté sur ce petit monde, voici Céleste de Chateaubriand, l'épouse de l'auteur du *Génie du christianisme*.

Cette femme laide et sèche, hautaine et glacée, reçoit le jeune homme qui vient pour tenter d'apercevoir le grand écrivain tant admiré. Mais on n'entre pas si facilement, la revêche cerbère veille à la tranquillité des lieux… Ce jour-là, exceptionnellement, elle se fait souriante, aimable, attentive même.

— Je vous ai réservé ceci. J'ai pensé que cela vous ferait plaisir…

Une pile de chocolats confectionnés par les religieuses s'amoncelle sur une table. La redoutable gorgone les vend au profit de ses bonnes œuvres. Comment refuser ? Il faut payer, et le jeune homme n'est ni riche ni généreux. Vingt francs ! L'aventure lui coûte vingt francs… Son budget nourriture pour une semaine.

Il n'en voudra pas au célèbre écrivain et, peu après, lui dédiera quelques vers…

Chateaubriand, je t'en atteste,
Toi qui, déplacé parmi nous,
Reçus du ciel le don funeste
Qui blesse notre orgueil jaloux…

Ces lignes sont publiées dans *Odes et Ballades*, un recueil bien accueilli qui fait connaître le nom de son auteur : un certain Victor Hugo.

Quant à Chateaubriand, il s'installe bientôt à demeure rue d'Enfer. Ici, il est à l'abri, loin de la politique dont il se méfie désormais, et si proche de la piété chrétienne qui le bouleverse. « Je n'aperçois pas une maison ; à deux cents lieues de Paris, je serais moins séparé du monde, écrit-il. J'entends bêler les chèvres qui nourrissent les orphelins délaissés… Je vois de ma fenêtre un calvaire qui s'élève entre un noyer et un sureau : des vaches, des poules, des pigeons et des abeilles… »

Dans cette atmosphère sereine, il commence la rédaction de sa grande œuvre : les *Mémoires d'outre-tombe*. Sa femme vient régulièrement lui voler ses plumes trop usées, petit trésor dérisoire qu'elle revend au profit des pauvres de son institution. Et les amateurs ne manquent pas, trop heureux d'emporter ces rebuts du grand homme.

Un souvenir touchant est parvenu jusqu'à nous, au fond d'un jardin qui appartient aujourd'hui à la Fondation Cartier : lové dans un écrin de verre dû à l'architecte Jean Nouvel, c'est un cèdre planté par Chateaubriand lui-même. Il nous confie en effet dans ses *Mémoires d'outre-tombe* : « Mes arbres sont de mille sortes, j'ai planté vingt-trois cèdres de Salomon. »

L'un d'entre eux est devant vous !

• 3 et 4, avenue du Colonel-Henri-Rol-Tanguy. Les pavillons de la barrière d'Enfer.

Continuons par l'avenue Denfert-Rochereau pour arriver sur la place. Voici le lion et son « manteau de bronze vert » chanté par Serge Reggiani. Ce fauve blessé évoque la résistance victorieuse menée en 1870 contre les Prussiens lors de leur attaque de Belfort. Quelques pas encore et l'on découvre deux pavillons solides et massifs, situés de part et d'autre de l'avenue. Ils datent de 1787. À cette époque, les fermiers généraux, chargés de la collecte des impôts indirects, obtiennent l'autorisation d'enfermer la capitale derrière une longue muraille. L'objectif de cette enceinte est de lutter efficacement contre les contrebandiers qui introduisent frauduleusement dans Paris marchandises, alcools, vins, bois, charbon et tabac, normalement taxés.

Pour surveiller les arrivages, des bureaux d'octroi

sont créés, et ces deux pavillons ferment la barrière d'Enfer, celle qui se dresse au bout de la rue du même nom. La population voit avec colère la ville se transformer en prison : « Le mur murant Paris rend Paris murmurant »… C'est la formule du moment, la maxime insoumise qui court de quartier en quartier.

• Rue de l'Empereur-Valentinien. L'eau des Romains.

Notre cardo inférieur, devenu voie romaine menant à Bourg-la-Reine, quitte Paris par l'avenue du Général-Leclerc. Un dernier vestige nous attend dans le secteur… Place d'Alésia (ils sont fous ces Gaulois de célébrer une défaite), prenez la rue du même nom en direction de la place Coluche (c'est déjà plus drôle). À hauteur de l'avenue de la Sibelle, tournez à droite et encore à droite rue Thomas-Francine, voilà un nom qui nous est familier : ce fut, on s'en souvient, l'intendant des Eaux de la maison du Fontainier. Plus loin, nous arrivons rue de l'Empereur-Valentinien.

En 1996, quand la ZAC Alésia-Montsouris a été aménagée, les travaux ont mis au jour des éléments de l'aqueduc de Lutèce qui permettait, au IIe siècle, d'apporter de l'eau dans la ville gallo-romaine pour alimenter les thermes. Deux tronçons des conduits antiques sont exposés dans des vitrines.

On peut aussi voir, derrière une grille, un peu de l'aqueduc ouvert par Marie de Médicis en 1623 et géré, justement, par Thomas Francine. Pour capter les sources de Rungis, cet aqueduc post-Renaissance suivait en grande partie le tracé de son prédécesseur romain. Insérés dans les bâtiments modernes, les vestiges des aqueducs se côtoient, comme si les barrières du temps étaient effacées.

AU FIL DE LA RUE
DE VAUGIRARD

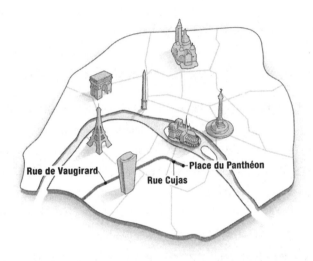

Rue de Vaugirard · *Place du Panthéon*
Rue Cujas

De la place Sainte-Geneviève jusqu'aux confins de la rue de Vaugirard, découvrons les surréalistes, le mètre-étalon, l'eau de mélisse des Carmes, l'Art nouveau, et retrouvons la maîtresse de Félix Faure.

Au début du IIIe siècle, Lutèce vit les derniers moments de la *pax romana*, la paix romaine. Pour l'instant, elle demeure une ville ouverte, paisible et sans remparts, une ville englobant la rive gauche et le mons Lucotitius, notre montagne Sainte-Geneviève.

Au cours des deux siècles précédents, nous avons parcouru les cardos, les axes verticaux nord-sud de Lutèce. Promenons-nous à présent sur l'un de ses axes horizontaux, les décumènes, de *decumenus*, voies est-ouest parallèles au décumène central et naturel de

Lutèce qu'est la Seine. On retrouve un de ces décumènes dans le tracé de la rue Cujas puis dans celui de la rue de Vaugirard.

Cet arc sinusoïdal, qui semble briser la logique rectiligne de l'urbanisme romain, lui reste en définitive fidèle puisqu'il est l'ombre portée du décumène central, et qu'il en suit les courbes.

• Panthéon. Les Robin des bois du patrimoine.

Nous commençons notre parcours place du Panthéon à l'angle de la rue Valette, limite orientale du quadrilatère romain de la ville. Nous voilà au sommet de la montagne Sainte-Geneviève, que coiffe aujourd'hui la lourde masse du Panthéon.

Ce lointain écho de son antique modèle romain devait être au départ une église abritant la châsse de sainte Geneviève, la patronne de Paris. Mais elle a été transformée à la Révolution en mausolée républicain des grands hommes de la patrie.

C'est à l'intérieur de ce sanctuaire que s'est produit, en 2005, un événement particulièrement croustillant.

Ils se font appeler les Untergunther, un mot qui sonne comme de l'allemand, mais qui ne veut rien dire, un mot dérisoire et dénué de sens, comme l'est parfois la vie... De septembre 2005 à septembre 2006, ce groupe clandestin investit secrètement le Panthéon. Son but : restaurer l'horloge Wagner de 1850, alors en panne depuis quarante ans.

Pour rester discrètement dans le monument en dehors des heures d'ouverture, les membres du commando s'y laissent enfermer, cachés derrière les tombeaux, ou empruntent les galeries souterraines des anciennes carrières dont un boyau conduit à la tombe de Jean Jaurès.

Pendant un an, les infiltrés installent leur atelier illégal dans la galerie circulaire située à la base du dôme. La restauration de l'horloge effectuée, ils alertent l'administrateur du monument, Bernard Jeannot, qui, avec le Centre des monuments nationaux, prend plutôt mal cette heureuse initiative…

Le groupe est poursuivi pour avoir fracturé un cadenas d'une grille extérieure : les Musées nationaux lui réclament quarante-huit mille trois cents euros de dommages et intérêts… Les Untergunther sont finalement relaxés, mais avec une sévère admonestation du procureur !

Détail piquant : de l'avis même des experts envoyés par les Musées nationaux, la restauration de l'horloge a été particulièrement bien exécutée, et le carillon fonctionne à nouveau parfaitement. Merci qui ?

• 10, place du Panthéon. Le rationalisme de Sainte-Geneviève.

Nous voici à l'emplacement du célèbre collège de Montaigu, l'un des plus misérables et des plus sévères de Paris au Moyen Âge. Rabelais, qui le fréquenta, décrit mieux que personne ce « collège de pouillerie, mieulx sont traictez les forçats chez les Maures et Tartares, les meurtriers en la prison criminelle, voire certes les chiens en vostre maison que ne sont ces malautruz audict colliege ! »

Pourtant, l'enseignement y est excellent. On voit y étudier Ignace de Loyola, Érasme ou Calvin, et le collège fonctionne à plein régime jusqu'à la Révolution. Là, il sera transformé en prison, puis détruit, et

l'architecte Labrouste construira à sa place la biblio-
thèque Sainte-Geneviève, superbe exemple architectural du courant rationaliste, dépouillé et fonctionnel.
On y voit toute l'importance du fer dans les constructions de ce temps. Le fer qu'on va retrouver partout
en ce siècle de révolution industrielle, des halles de
Baltard jusqu'à la tour Eiffel.

• 17, place du Panthéon. L'adresse des surréalistes.

Au printemps 1919, André Breton habite au troisième étage de l'hôtel des Grands Hommes et c'est là
qu'il compose avec Philippe Soupault *Les Champs
magnétiques,* recueil de textes qui seront publiés l'année
suivante… Marqués par la Grande Guerre, inspirés par
Sigmund Freud et les associations libres de la psycha-
nalyse, passant d'un mot à une idée, sans cohérence
apparente, les deux jeunes gens composent un ouvrage
heurté, décalé. Ils affirment péremptoirement : « Ce qui
nous sépare de la vie est bien autre chose que cette
petite flamme courant sur l'amiante comme une plante
sablonneuse. Nous ne pensons pas non plus à la
chanson envolée des feuilles d'or d'électroscope qu'on
trouve dans certains chapeaux haut de forme… » Com-
prenne qui pourra, mais le surréalisme est né. Breton
en deviendra le pape incontesté. Le mouvement réu-
nira des poètes comme Paul Éluard et Louis Aragon,
des peintres comme Salvador Dalí et René Magritte,
des cinéastes, même, avec Luis Buñuel. Quant à ceux
qui pourraient se demander ce qu'est le surréalisme,
Breton leur a répondu par avance : « C'est un automa-
tisme psychique pur par lequel on se propose d'exprimer le fonctionnement réel de la pensée. »

• Du vau Boistron au vau Girard…

Le décumène qui se retrouve dans le tracé de la rue Cujas borde ensuite le côté nord du forum situé entre la rue Saint-Jacques et le boulevard Saint-Michel. Au-delà de ce boulevard, la voie romaine horizontale se mue en route de l'Ouest vers Chartres. C'est notre rue de Vaugirard, la plus longue rue de Paris. Un peu plus loin, elle s'infléchit vers le sud-ouest pour suivre les courbes de la Seine. Nous empruntons ce chemin alors hors la ville, mais qui sera bientôt planté de quelques fermes… On l'appellera le vau Boistron.

Vau, rappelons-le, signifie val, et Boistron provient des vocables bas latins *bos* et *stare,* bœuf et habitation, et désigne donc une étable. La vallée de l'Étable… La formule décrit bien l'atmosphère bucolique de l'endroit.

Plus tard, dès le vi^e siècle, l'administration de cette terre relèvera de l'abbaye de Saint-Germain-des-Prés. Mais qu'en faire ? En 1258, un abbé se penche sur le devenir de cette étendue champêtre. Girard de Moret aime tant cet endroit qu'il fait construire au milieu des champs une maison destinée aux religieux convalescents, et bien sûr il flanque son hospice d'une chapelle. Cette innovation et les mouvements qui agitent désormais ces terres désertes attirent une nouvelle population au vau Boistron, qui devient le vau Girard…

Au-delà du vau Girard, le long de la route qui va vers l'ouest, se crée peu à peu un village, un village-rue qui fleure bon la campagne. « Tu viens de Vaugirard, ta gibecière sent le lard ! », disent les Parisiens certains de leur supériorité citadine.

Il faut désormais organiser le bourg. Côté religieux, une église accueille en 1453 les reliques de saint Lambert de Maastricht, fondateur de la ville de Liège, en Belgique, et dont les ossements viennent étrangement échouer ici. Côté voirie, le prévôt d'Issy, qui a autorité sur Vaugirard, fait tinter chaque matin une sonnette, c'est le signal pour les habitants de balayer la rue devant leur porte. Cette obligation est assortie de l'interdiction de jeter des ordures et des eaux puantes dans le ruisseau qui serpente par ici avant d'aller se jeter dans la Seine. L'écologie en action !

Dans les siècles qui suivent, on voit Vaugirard devenir un petit pays où se côtoient pacifiquement les institutions religieuses, les fermes, les champs cultivés, les guinguettes, les chaumières des ouvriers et les demeures des bourgeois attirés ici par l'air tellement plus pur qu'en ville ! Mais en 1860, patatras, l'air se fait soudain aussi vicié que dans la grande agglomération : la commune est annexée à Paris.

Le petit métier du coin

La marchande de plaisirs. On la voit d'abord au début de la rue de Vaugirard, près du jardin du Luxembourg, puis elle remonte la rue, son panier d'osier sous le bras. Elle crie pour appâter les amateurs…

V'là la p'tit' marchand' de plaisirs,
Qu'est-c' qui veut avoir du plaisir ?

Et on lui amène les enfants aux yeux déjà brillants à la perspective du plaisir promis. Ce plaisir-là est une friandise, une petite gaufre très plate roulée en volute, cassante, friable, faite simplement de farine, de sucre, d'œufs et de beurre.

– Un sou le cornet de plaisirs !

Jadis, on appelait cette légère pâtisserie des *oublies*, un terme inspiré du latin *oblata*, qui désignait une hostie non consacrée. Et puis, on a cru que le mot venait du verbe « oublier », parce que le goût est à peine sur la langue que déjà la pâtisserie a fondu et son parfum est oublié… « Fugitif comme le plaisir », remarqua un observateur narquois. C'est ainsi que les *oublies*, héritées du Moyen Âge, sont devenues des *plaisirs* au XIXe siècle.

Un jour, la marchande de plaisirs ajouta dans son panier des macarons, des sucres d'orge, des gaufres, des bonbons… Les enfants de la génération qui ferait le XXe siècle réclamaient plus de variété !

• Palais du Luxembourg. La journée des Dupes.

On l'appelle Luxembourg, ce palais, aujourd'hui siège du Sénat, Luxembourg parce que l'édifice d'origine a été construit au XVIe siècle par un duc de Luxembourg. Le nom est resté pour désigner non seulement le palais reconstruit mais aussi le jardin et finalement tout le quartier. C'est là, dans cette résidence de Marie de Médicis, mère de Louis XIII, que se déroule le 10 novembre 1630 la « journée des Dupes ». Enjeu de l'affrontement : le cardinal de Richelieu. Marie de Médicis veut le congédier, Louis XIII tient à le conserver à son côté. Entre la mère et le fils s'ouvre une lutte pour le pouvoir.

Le cardinal, qui connaît bien le plan du palais pour avoir présidé à sa reconstruction, parvient à déjouer la garde et à s'introduire dans la pièce où s'affrontent

Louis et Marie. Celle-ci déverse des tombereaux d'injures sur le ministre qui s'agenouille et baise la robe de la reine mère pour prouver sa loyauté envers sa royale personne…

— Préférez-vous un laquais à votre propre mère ? demande Marie de Médicis à son fils.

Sans accorder un regard au cardinal, le roi tourne les talons et va se réfugier à Versailles, dans son pavillon de chasse préféré.

Au palais du Luxembourg, Marie de Médicis et ses partisans exultent : ils croient avoir remporté la partie. Ils vont déchanter le lendemain : Richelieu reste à son poste et la reine mère doit partir en exil. Le roi règne.

C'est dans la chambre même de la reine que s'est déroulée cette scène fameuse. On peut s'y rendre à l'occasion des Journées du Patrimoine, quand le Sénat ouvre ses portes au public.

Le mot du quartier

Mètre, *n.m. Unité de mesure de longueur.*
Août 1793… la Convention nationale décrète l'unification du système des poids et mesures sur tout le territoire de la République. Cette décision, souvent évoquée dans le passé mais jamais adoptée, fait disparaître définitivement l'aune, le pied, la toise, la lieue… Désormais, en parlant de longueur, il faudra faire appel au mètre, mot nouveau tiré du grec *metron*, mesure.

Si le terme, adopté par tous, ne souffre aucune discussion, sa définition exacte, en revanche, fait l'objet de nombreux débats entre savants. La longueur du mètre n'est pas choisie au hasard, elle

---

correspond à la dix millionième partie de la moitié du méridien terrestre.

Et pour que la population sache à quoi se référer exactement quand il faut mesurer un mètre, on grave dans le marbre seize mètres-étalons placés sur les murs de Paris, de Croissy-sur-Seine et de Sceaux. Sous les arcades, au 36 de la rue de Vaugirard, subsiste le dernier d'entre eux encore fixé à sa place parisienne d'origine. L'autre rescapé de la capitale, déplacé en 1848, se trouve place Vendôme, à l'entrée du ministère de la Justice.

• **70, rue de Vaugirard. Pour un flacon d'eau de mélisse…**

Ce dôme, que l'on aperçoit à peine de la rue, a fortement impressionné les Parisiens des années 1640. À l'intérieur, les fidèles ont été stupéfiés par les décors et la coupole peinte où le prophète Élie est emmené au ciel sur un char de feu. C'était la première fois que l'on voyait dans la capitale ce débordement de couleurs vives et de dorures à la mode italienne. Cette église Saint-Joseph-des-Carmes reste comme un petit morceau d'Italie posé à Vaugirard. En effet, la reine Marie de Médicis et les deux moines génois venus fonder ici un couvent ont voulu célébrer le goût ultramontain.

Situé alors aux limites de Paris, le couvent dispose à cette époque d'un vaste jardin où les moines font pousser des plantes médicinales. Avec ces plantes, ils concoctent l'eau de mélisse, une liqueur faite de mélisse en fleur, mais aussi de cannelle, de girofle, de muscade, de coriandre… Cet élixir est réputé pour venir à bout de tous les maux, de la migraine tenace jusqu'au rythme cardiaque déficient.

Le cardinal de Richelieu, qui souffre lui-même de névralgies, de brûlures d'estomac et de digestions difficiles, déclare ne trouver soulagement que dans l'eau de mélisse des Carmes… Mais cet usage sans modération aurait pu causer sa perte ! En effet, un jour, des comploteurs bien décidés à se débarrasser du puissant ministre du roi Louis XIII versent un poison dans son flacon. En vain. Car le cardinal hume son eau de mélisse et, lui trouvant une odeur inhabituelle, renonce à sa rasade de panacée. Pour qu'une pareille aventure ne puisse jamais se répéter, les moines décident de sceller à l'avenir leurs bouteilles de cire pourpre, rappel de la couleur cardinalice.

Le jardin des Carmes a perdu de sa splendeur d'antan, et l'on n'y cueille plus la précieuse mélisse, mais on peut encore déambuler dans ses allées vertes. Pour raconter l'histoire…

• La crypte des suppliciés.

Dans cette église Saint-Joseph-des-Carmes nous attend une autre anecdote, plus douloureuse… En août 1792, le lieu de culte devient une prison et son jardin, celui que l'on peut toujours voir aujourd'hui, va être le théâtre des terribles massacres de Septembre au cours desquels cent quatorze prêtres seront assassinés par les révolutionnaires.

Partout, les prétendus ennemis de l'intérieur doivent en effet être éliminés ; tout ce qui porte soutane, symbole de l'ordre ancien, est pourchassé. Les prisons sont prises d'assaut pour exterminer les ennemis de la jeune République…

Aux Carmes, les prêtres sont décimés dans la fureur à coups de sabre, de fusil et de pique. Soudain, Stanislas-Marie Maillard, dit Tape-Dur, un enragé que l'on retrouvera dans plusieurs autres mauvais coups de ces journées terribles, ordonne qu'on rattrape les survivants.

— Il faut les juger, proclame-t-il.

On les entasse à l'intérieur d'un bâtiment dont subsistent encore l'escalier et la porte d'accès au jardin. On leur demande d'abjurer leur foi, et de se soumettre ainsi à la République. Ils refusent, alors on les conduit à nouveau dans le jardin. Et le massacre reprend de plus belle.

Aujourd'hui, sur le perron du bâtiment, l'inscription latine *Hic ceciderunt* — Ici ils tombèrent — rappelle l'endroit où les « condamnés » furent suppliciés.

Une crypte se visite, on y voit les ossements des victimes repêchés dans un puits en 1867. Au premier étage du bâtiment, une salle conserve encore des traces de sang laissées par les lames des bourreaux qui festoyèrent ici après leurs ignobles forfaits.

Rappelons que ces crimes étaient encouragés par la Convention nationale. Écoutez plutôt l'un de ses membres, Jacques Nicolas Billaud-Varenne.

— Respectables citoyens, vous venez d'égorger des scélérats, vous avez sauvé la patrie, la France entière vous doit une reconnaissance éternelle. Je suis chargé de vous offrir à chacun vingt-quatre livres qui vont vous être payées sur-le-champ. Continuez, respectables citoyens, et la patrie vous devra de nouveaux hommages…

La légende des lieux

Rue de Vaugirard. L'homme à la redingote. En 1925, Jean Romier est un sage étudiant en médecine. En ce début d'été, il prend le soleil au jardin du Luxembourg tout en révisant ses cours. Sur le banc, assis à côté de lui, se trouve un vieil homme maigre et pâle… La conversation s'engage. On parle musique.

— Vous m'êtes bien sympathique, déclare le vieil homme. Avec ma famille, j'ai constitué un petit orchestre de chambre. Vendredi, justement, nous interprétons un quatuor de Mozart. Voulez-vous venir ? Je m'appelle Alphonse Berruyer, j'habite rue de Vaugirard…

Rendez-vous est pris. Le vendredi suivant, vers 21 heures, l'étudiant arrive dans l'immeuble cossu indiqué par le vieillard. Il grimpe au troisième étage gauche, où monsieur Berruyer reçoit affablement son jeune invité.

— Je vous présente ma femme, et voici ma belle-sœur, mon petit-fils André qui va entrer à l'école navale, Marcel qui fait son droit et mon neveu, qui va entrer dans les ordres…

Bref, Jean est accueilli le plus chaleureusement du monde. On lui attribue un fauteuil profond, on lui sert à boire et bientôt le petit orchestre de chambre interprète brillamment un quatuor à flûte de Mozart. Ensuite, quand tombent les dernières notes, on parle de tout et de rien… Ces gens sont charmants, pense le jeune homme, mais avec leurs redingotes et leurs robes à flaflas, ils sont tous bien démodés…

Vient le moment de se séparer. En descendant l'escalier, Jean s'aperçoit qu'il a oublié son beau briquet en or ciselé. Il remonte, sonne à la porte... Pas de réponse. Il sonne encore, tambourine, appelle, et fait tant de bruit que le voisin de palier arrive en pyjama pour s'enquérir de la raison de ce tapage...

— Ce n'est guère l'heure de réveiller les bonnes gens, jeune homme. Que désirez-vous ?

— J'ai sonné chez monsieur Berruyer... marmonne Jean.

Le voisin éclate de rire.

— Monsieur Berruyer ? Mais il est mort depuis vingt ans, son appartement est vide !

— Vous devez vous tromper... Je viens de passer la soirée avec lui et toute sa famille.

D'autres habitants de l'immeuble surgissent, un sergent de ville est appelé, et tout le monde se retrouve au commissariat. Jean raconte sa soirée.

— J'ai rencontré une dizaine de personnes qui ont interprété un quatuor de Mozart ! Je peux vous décrire l'appartement...

— Nous ferons la visite demain avec le propriétaire des lieux, décide le commissaire.

Le lendemain, on se retrouve donc au troisième étage gauche. Monsieur Mauger, arrière-petit-fils de monsieur Berruyer, ouvre la porte... Jean pénètre dans un appartement vide et poussiéreux qui n'est visiblement plus occupé depuis longtemps. Soudain, l'étudiant s'arrête devant deux tableaux.

— C'est le portrait de monsieur Berruyer ; et celui-là, c'est Marcel, le jeune homme qui fait son droit.

Monsieur Mauger ouvre de grands yeux étonnés.

— C'est exact, j'ai bien connu Marcel, il était avocat !

Tous ces gens sont morts depuis des années… Sur le guéridon de la bibliothèque, Jean trouve son briquet recouvert de poussière.

Cette aventure hors de notre réalité a été rapportée au grand savant de l'époque Albert Einstein, qui aurait conclu par ces mots définitifs :

— Ce jeune homme a trébuché dans le temps, comme d'autres ratent une marche d'escalier.

Il ne manquait pas d'humour, le père de la relativité.

• 85, rue de Vaugirard. La borne campagnarde.

De quand date-t-elle, cette borne ? Elle indiquait autrefois que, de ce point du village de Vaugirard, il restait au voyageur à parcourir une demi-lieue (un peu plus de deux kilomètres) avant d'arriver au point zéro des routes de France, sur le parvis de la cathédrale Notre-Dame. On lui a gratté sa fleur de lys et ses indications ont été effacées par le temps… Elle ne dit plus rien, la borne de Vaugirard, mais elle nous parle en silence du passé. Sachons l'écouter.

• 95, rue de Vaugirard. Le précurseur de l'Art nouveau.

Dès la fin du XIXe siècle, l'Art nouveau prétendit remodeler Paris. C'est à cet art qu'appartiennent les entrées des bouches du métro faites de lignes courbes d'Hector Guimard.

En 1891 pourtant, alors que Guimard n'en était qu'aux balbutiements de son style, on ne parlait pas encore d'Art nouveau... Mais un architecte de Vaugirard, Ferdinand Glaize, traça sur la façade du 95 de la rue de Vaugirard les prémices d'une architecture repensée. Le concept était né. Si l'immeuble est constitué de pierres de taille, de meulières et de briques, les fenêtres en saillies faites de verre et de céramique verte courent sur tous les étages et surplombent une marquise en demi-cercle. Ces bow-windows – c'est le terme architectural – vont convaincre Paris d'adopter des formes à la fois douces et audacieuses. Trois ans plus tard, en 1894, une revue belge parlait pour la première fois d'Art nouveau...

• **150, rue de Vaugirard. Le mystère de l'impasse.**

À droite en remontant la rue de Vaugirard, au numéro 150, on trouve l'impasse Ronsin, aujourd'hui largement occupée par les extensions de l'hôpital Necker. Mais au début du siècle dernier, au numéro 6 *bis* de cette impasse se trouvait un joli pavillon au toit pentu. Ici habitaient le peintre Adolphe Steinheil et sa femme Marguerite...

Le 31 mai 1908 au matin, le domestique du couple découvre avec horreur le cadavre de monsieur Steinheil étendu dans la salle de bains, une corde au cou. Sur un lit gît le corps sans vie d'Émilie Japy, la belle-mère en visite chez sa fille. Et Marguerite ? Bâillonnée, elle est ligotée sur un fauteuil, bien vivante...

Aux policiers, la rescapée raconte une histoire abracadabrantesque et change de version plusieurs fois. Des cambrioleurs les auraient attaqués... ou plutôt le domestique... ou mieux encore le fils de sa gouvernante… En fait, la police écoute à peine ces divagations, elle soupçonne Margucrite Steinheil elle-même. Parce que la dame n'est pas une inconnue des services ! Neuf ans plus tôt, le président de la République Félix Faure, son amant, est mort dans ses bras au palais de l'Élysée. Lorsque le prêtre est arrivé, elle s'était éclipsée discrètement.

— Le président a-t-il toujours sa connaissance ? demanda l'abbé.

— Non, elle est sortie par l'escalier de service, répondit le planton.

Et si l'affaire sordide de l'impasse Ronsin avait un lien avec le président défunt ? Si de mystérieux agents avaient cherché dans la maison des Steinheil des papiers importants confiés naguère par le président à sa douce amie ?

La piste ne mène nulle part, et seule Marguerite Steinheil se retrouve sur le banc des accusés. Le procès se tient en novembre 1909 pour se terminer par un acquittement au bénéfice du doute : aucune preuve tangible de culpabilité n'a pu être retenue contre l'inculpée.

Retirée en Angleterre, remariée à un baron, Marguerite mènera la vie tranquille d'une lady jusqu'à sa disparition en 1954.

• 226, rue de Vaugirard. L'auberge du Soleil d'Or.

Elle a été sacrément remaniée, cette auberge du XVIIIe siècle ! Son enseigne, une tête d'ange entourée de rayons dorés, a même longtemps disparu de sa façade pour ne réapparaître, restaurée, qu'en 2013…

C'est ici qu'a été fomentée, en septembre 1796, une des plus importantes conjurations anti-thermidoriennes par des Montagnards nostalgiques de Robespierre.

Plusieurs centaines de conjurés avaient prévu de rallier à leur cause les militaires du camp de Grenelle voisin, mais dans la nuit du 9 septembre, la police avertie du complot investit les lieux. Cent trente-deux personnes furent arrêtées et des armes saisies… Trente et un conjurés seront fusillés, mais tous ne furent pas pris, certains parvinrent à s'échapper par les toits et les jardins pour emprunter la ruelle du Soleil-d'Or menant rue Blomet. La ruelle est toujours là, discrète… et idéale pour prendre la poudre d'escampette !

• 283, rue de Vaugirard. La cour cachée du vieux village.

À cette adresse, poussez la porte : vous sortirez aussitôt de l'agitation brouillonne de la rue pour pénétrer dans le village de Vaugirard. C'est vrai, l'ensemble qui paraît dater du XIXe siècle est un peu jeune pour prétendre au titre de vestige du village ancien. Mais enfin cette ruelle, ces pavés, cette fontaine… tout recrée une atmosphère disparue, quand Vaugirard était encore un faubourg tranquille, si loin de la grande ville.

• 399, rue de Vaugirard. Vous descendez à la prochaine ?

C'était avant le métro, avant le périph, au temps où les chemins de fer semblaient être l'unique solution des transports urbains. Le second Empire, qui croyait si fort au rail, se mit au travail dès 1852. Il s'agissait d'entourer Paris d'une Petite Ceinture où le panache blanc des locomotives serait le signe de la modernité, l'assurance d'apporter à tous les quartiers denrées et matériaux indispensables. Dix ans plus tard, on a même pensé aux voyageurs qui pouvaient désormais se déplacer aisément d'un point à l'autre de la capitale.

Voici la gare Vaugirard, un pont de fer au-dessus de la rue pour laisser passer les voies, un escalier qui grimpe, une gare en briques ocre, moellons et pierres blanches. On a l'impression de pouvoir embarquer immédiatement… Mais non, le trafic des voyageurs a été supprimé en 1934. Quant au transport des marchandises, il fut encore actif sur certains tronçons jusqu'en 1993. Et après ? Que faire de cette ligne qui court autour de Paris ?

En fait, le parcours de la Petite Ceinture a été depuis plus de dix ans réoccupé par la nature, les plantes et les petits animaux des villes ayant trouvé le champ libre pour s'épanouir. Mais le débat sur le devenir du trajet n'est pas terminé, et l'on s'achemine peut-être vers un réemploi mixte du tracé, mi-transports mi-promenade. En attendant, on peut finir son parcours en se baladant sur cet espace vert longitudinal qui offre une vue décalée sur Paris.

4

AU FIL DE LA RUE
SAINT-MARTIN

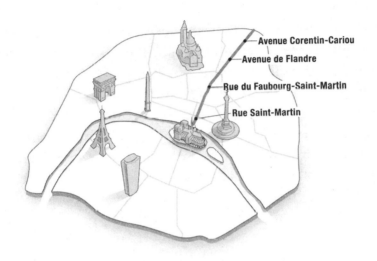

De la rue Saint-Martin à la Villette : la mort de Gavroche, les agioteurs de la rue Quincampoix, le premier des grands magasins, des marchés pittoresques et des femmes battues qui obtiennent enfin le divorce.

Depuis l'origine, la ville qui allait être Paris s'étendait sur l'île de la Cité et la rive gauche. La rive droite, elle, n'était qu'une sorte d'arrière-boutique de l'agglomération, une réserve où l'on puisait le limon dont on ferait les tuiles et où paissaient vaches et bœufs destinés à nourrir les habitants au-delà du fleuve. Les marais occupaient le reste de ces étendues.

Au IVe siècle, Lutèce se rétracte sur l'île de la Cité et s'entoure de remparts pour mieux se protéger des Barbares venus du nord et de l'est. La nature réinvestit la rive droite peu urbanisée, le marais redevient une zone fangeuse sur laquelle le cardo émerge, surélevé, pour filer vers le nord. Ce cardo, on le retrouve en longeant l'actuelle rue Saint-Martin puis la rue du Faubourg-Saint-Martin pour rejoindre ensuite notre avenue de Flandre.

Dès la fin de ce IVe siècle, le long du cardo, un oratoire consacré à saint Martin est construit. L'oratoire allait être transformé en chapelle, puis en monastère... et la rue tout entière devint Saint-Martin.

Au-delà, c'était la route de Senlis, donc notre avenue de Flandre, qui fut tour à tour un chemin hors de Paris bordé de terrains agricoles, une vaste décharge aussi, puis une route nationale pour rejoindre les Flandres et, finalement, en 1863, une rue parisienne... Cette rue devint avenue à la suite des grands travaux entrepris dès les années 1980. Opération immobilière qui bouleversa de fond en comble le paysage citadin de ce coin de Paris pour le muer en un catalogue à ciel ouvert des extravagances architecturales de la fin du siècle.

La légende des lieux

Rue Saint-Martin. Le Baphomet de Saint-Merri. Notre parcours sur le cardo nous conduit d'abord à hauteur de l'église Saint-Merri. Cette église de style gothique flamboyant abrite la plus vieille cloche de Paris : on l'aperçoit de l'extérieur dans le petit clocher de gauche. Elle date de 1331, un miracle !

Mais il y a autre chose, de moins traditionnel... Levez les yeux sur la clé de voûte du

---

portail principal, là où on s'attend à trouver le Christ ou la Vierge : vous découvrirez une étrange et monstrueuse figure hermaphrodite, une barbe, des seins, des ailes, des cornes : le Baphomet ! Qui est-il ? On a voulu voir dans cette forme une personnification du diable, mais ne serait-ce pas plutôt un signe alchimique ? Il n'y aurait rien d'étonnant à cela dans un quartier où ont vécu des Templiers avec leur secrète richesse, et plus tard Nicolas Flamel qui, selon la légende, aurait transformé du plomb en or, aidé dans son entreprise occulte par Dame Pernelle...

Alors enfer ou magie ? Rien de tout cela, à mon avis. Il me semble que parmi tous les commentaires sur le Baphomet, la meilleure interprétation reste celle d'une étymologie arabe : le mot viendrait de *bafè*, immersion, et *metis*, sagesse. Le Baphomet nous inciterait donc au « baptême de sagesse »... représentation symbolique d'une opération ésotérique apprise peut-être par les chevaliers du Temple en Orient.

• **89, rue Saint-Martin. Quand s'envolait la « petite grande âme » de Gavroche.**

« Le spectacle était épouvantable et charmant. Gavroche, fusillé, taquinait la fusillade. Il avait l'air de s'amuser beaucoup. C'était le moineau becquetant les chasseurs. Il répondait à chaque décharge par un couplet. On le visait sans cesse, on le manquait toujours. Les gardes nationaux et les soldats riaient en l'ajustant. Il se couchait, puis se redressait, s'effaçait dans un coin de porte, puis bondissait, disparaissait, reparaissait, se sauvait, revenait, ripostait à la mitraille par des pieds de nez [...] Une balle pourtant, mieux ajustée ou plus traître que les autres, finit par atteindre l'enfant feu follet. On vit Gavroche chanceler, puis il s'affaissa. Toute la barricade poussa un cri ; il resta assis sur son séant, un long filet de sang rayait son visage, il éleva ses deux bras en l'air, regarda du côté d'où était venu le coup, et se mit à chanter.

> *» Je suis tombé par terre,*
> *C'est la faute à Voltaire,*
> *Le nez dans le ruisseau,*
> *C'est la faute à...*

» Il n'acheva point. Une seconde balle du même tireur l'arrêta court. Cette fois il s'abattit la face contre le pavé, et ne remua plus. Cette petite grande âme venait de s'envoler. »

Pour décrire la mort de Gavroche dans *Les Misérables*, Victor Hugo s'est inspiré des combats sanglants qui se déroulèrent dans la nuit du 5 au 6 juin 1832 pour enlever une barricade qu'avaient dressée à cet endroit les révoltés républicains décidés à chasser du trône le roi Louis-Philippe.

C'est précisément ici, au numéro 89, que l'auteur situe cette scène sublime et dramatique... Le gamin de Paris a été fauché au pied d'un bas-relief ancien figurant l'Annonciation. Et l'archange de pierre semble encore, d'un geste montrant le Ciel, accueillir la « petite grande âme »...

• 157, rue Saint-Martin. Le passage Molière mène aux agioteurs.

On dit passage Molière, parce qu'il y avait ici un théâtre au nom de l'auteur du *Tartuffe*. Ce passage conduit en quelques pas rue Quincampoix... Il reste d'ailleurs des vestiges des loges du vieux théâtre au numéro 82 de cette rue.

Ah, Quincampoix ! Ce nom semble recéler quelque mystère médiéval. Déception, car Quincampoix ou Quinquenpoit ou Kiquenpoit fut simplement le patronyme du noble breton qui fit construire la première maison de la rue, il y a plus de huit cents ans. D'ailleurs, au XVIIIe siècle, on ne disait pas « rue Quincampoix », mais seulement « la Rue ». Et chacun savait de quelle rue il s'agissait : celle de la banque, celle du système, celle du papier-monnaie...

En 1715, un Écossais nommé John Law était arrivé dans une France exsangue. Les munificences et les guerres du Roi-Soleil avaient coûté cher. Très cher. Law apportait au régent Philippe d'Orléans la solution à tous les problèmes économiques du royaume... Il créa la Banque générale et émit des billets garantis par les dépôts d'or. Grande nouveauté ! En même temps, il développa la Compagnie d'Occident qui vendait des actions en promettant des gains faramineux grâce à la croissance du commerce avec le Nouveau Monde.

John Law a donc établi sa banque rue Quincampoix, à l'hôtel de Beaufort, qui n'existe plus. En revanche, la vieille demeure du 91, une annexe des bureaux de l'Écossais, est toujours là, avec son porche aussi lourd qu'impressionnant.

À peine la banque installée, tous les agioteurs de la ville se donnent rendez-vous dans la rue, les esprits s'enflamment, la spéculation enfle, une action de deux cents livres voit son prix multiplié par cent. De belles fortunes s'édifient sur un investissement rapide ou un coup d'audace. Chacun veut être rue Quincampoix pour acheter ou revendre des actions. Un savetier loue six mille livres par mois un tabouret où l'on peut s'installer pour signer des ordres, et les candidats à la richesse se précipitent dans sa boutique.

Et puis, bien évidemment, le brillant économiste est tenté d'imprimer un peu plus de billets, un peu trop... la banqueroute guette. Bientôt, les détenteurs de coupures et d'actions s'inquiètent et veulent changer leur papier en or... Le système s'écroule : il ne pouvait fonctionner que sur la confiance. Le 17 juillet 1720, c'est l'émeute rue Quincampoix ! Dans l'affolement, les spéculateurs font l'assaut des bureaux de Law, ils se piétinent, on relève dix-sept morts.

Cette aventure économique ne peut laisser indifférents les Français de notre temps. Je l'ai constaté en interprétant le rôle de l'Écossais dans *Le Système*, une pièce d'Antoine Rault. Une œuvre sur les coulisses du pouvoir et de la finance, a-t-on dit. Et c'est vrai que la course à l'argent facile, la panique boursière et le fonctionnement excessif de la planche à billets ont comme des relents d'actualité !

• 259, rue Saint-Martin. Divorce à la française.

En 1786, monsieur de La Baubignon épouse mademoiselle Barbereux. Événement banal que ces épousailles entre un conseiller de la Chambre des comptes de Rouen et une jeune fille dont tout le monde s'accorde à dire qu'elle est charmante et de doux caractère. Mais en quatre ans, monsieur de La Baubignon révèle un autre aspect de sa personnalité, il devient violent. Sa femme, épuisée par ce harcèlement continuel, se résout à entamer une procédure en séparation. Dans un royaume où le divorce n'existe pas, seule cette solution s'offre aux épouses victimes de mauvais traitements. La séparation ne dissout pas le mariage, certes, mais elle permet à la femme battue de quitter légalement un mari agressif.

La démarche entreprise par madame de La Baubignon rend son époux plus enragé encore. Sa proie risque de lui échapper... Il se persuade alors que sa belle-mère, madame Barbereux, est cause de tout le mal. C'est elle, certainement, qui a incité sa fille à se débarrasser des chaînes d'un mariage devenu une souffrance quotidienne.

Le dimanche 19 septembre 1790 en début de soirée, le mari fait irruption au domicile de sa belle-mère, rue Saint-Martin. Il insulte copieusement la vieille dame, sort un pistolet et tire. Madame Barbereux est blessée. Au bruit de la détonation, les habitants de l'immeuble se mettent à crier, assez pour alerter la garde nationale. Le forcené, retranché dans une chambre, fait feu par la fenêtre, touchant un grenadier à l'épaule. Le garde réplique d'un coup de fusil, et abat monsieur de La Baubignon. Le corps bascule par la croisée et tombe lourdement sur le pavé...

Les partisans du divorce se saisissent alors de ce drame pour réclamer une nouvelle législation : les convulsions révolutionnaires devraient rendre possible un tel bouleversement et doter la France de lois semblables à celles qui existent déjà en Suisse, en Angleterre ou aux États-Unis d'Amérique... Le 20 septembre 1792, deux ans après la mort de monsieur de La Baubignon, quasiment jour pour jour, la loi permettant le divorce est enfin adoptée. Elle sera pourtant abolie en 1816, puis rétablie, cette fois définitivement, en 1884.

• 67, rue du Faubourg-Saint-Martin. Le premier grand magasin.

Au-delà du boulevard Saint-Martin, qui matérialisait les enceintes de Paris au XIVe siècle, nous voilà en dehors de la ville et tout naturellement la rue Saint-Martin devient rue du Faubourg-Saint-Martin...

Depuis Émile Zola et son roman *Au Bonheur des dames*, chacun est persuadé que les grands magasins, séduisants temples de la consommation, sont un pur produit du second Empire. En fait, le premier grand magasin, Au Tapis Rouge, ouvrit ses portes en France avant la Révolution, en 1784 ! Deux frères, Émile et Alphonse Fleck, commerçants visionnaires, avaient pris l'initiative d'offrir à la convoitise du client des articles venus de toute l'Europe... Les frontières tombaient, pour la plus grande gloire du consumérisme !

Ce Tapis Rouge s'élève alors sur trois étages et s'étend sur deux immeubles surmontés de verrières qui font de la fête marchande une célébration de la lumière. On y trouve de tout et, notamment, pour vingt-neuf francs seulement, un « costume tout fait orné de broderies », c'est-à-dire une robe à la mode en prêt-à-porter.

Le 24 mai 1871, le grand magasin est la proie des flammes... mais rouvre ses portes quatre mois plus tard, encore plus beau, encore plus grand. Pourtant, le Tapis Rouge affronte maintenant la concurrence : d'autres grands magasins sont venus successivement faire les yeux doux aux grisettes, aux bourgeoises et aux dandys : le Bon Marché, le Printemps La Samaritaine, les Galeries Lafayette… Le précurseur de la nouvelle distribution ne résiste pas à la pression et disparaît en 1910. Après avoir été entrepôt pour le matériel des films Pathé, puis annexe du ministère du Travail et atelier de tricots, le grand magasin d'antan est aujourd'hui un centre de congrès. Bien sûr, le bâtiment a été remanié, restauré, transformé, mais ses ouvertures élégantes, ses colonnades striées et ses escaliers intérieurs se souviennent sans doute de leurs clientes en crinoline.

• 85, rue du Faubourg-Saint-Martin. Du plaisir à la douleur.

Non loin du Tapis Rouge, voici un autre grand magasin dont la façade est parvenue jusqu'à nous : « Aux Classes laborieuses », c'était son nom ! Il est devenu le magasin de meubles Levitan dans les années 1920 puis a été réquisitionné durant la Seconde Guerre mondiale par l'occupant allemand qui en fit une annexe du camp de Drancy et donc une antichambre de la déportation des juifs. Le passage du Désir, qui le jouxte, apparaît depuis bien mal nommé…

• 119, rue du Faubourg-Saint-Martin. Saint-Laurent ou la multiplication des marchés.

Nous voici au chevet de la pauvre église Saint-Laurent que le percement des boulevards de Strasbourg et Magenta, au milieu du XIXᵉ siècle, a rendu si difficile d'accès. Elle aurait même pu disparaître, comme ce fut le cas pour le marché couvert de la rue du Faubourg-Saint-Martin, situé au croisement de ces deux boulevards, carrefour d'un Paris moderne et remodelé. Mais la modernité a parfois du bon : cette disparition donna naissance à deux marchés situés de chaque côté du boulevard de Strasbourg. D'abord le nouveau marché Saint-Martin, un peu plus bas sur le faubourg en prenant le passage du marché : 20, rue Bouchardon. Il fut détruit en décembre 1879, quand son toit céda sous la pression de la neige, puis rebâti en 1880. Ensuite, le marché Saint-Quentin qui, lui, fut accueilli dans une halle nouvelle faite de briques roses, de verre et d'arcades en fonte. Cette construction est contemporaine des pavillons Baltard des Halles, ceux-là mêmes que l'obsession moderniste des années 1970 a voués à la destruction. Pour nous, ce marché demeure comme un témoignage de ce que fut l'architecture second Empire avec son style si particulier fait d'efficacité marchande, d'audace technique et d'esthétisme classique.

• 234, rue du Faubourg-Saint-Martin. Les corsets Claverie.

En 1890, pour correspondre aux canons de la beauté, une femme devait avoir une taille fine, extrafine, tellement fine qu'il fallait lacer les gaines jusqu'à l'étouffement. Et les élégantes tombaient parfois en pâmoison… à bout de souffle. Un orthopédiste nommé Auguste Claverie voulut changer tout cela. Il créa le corset sur mesure : « Un soutien discret qui s'assouplit aux formes », assurait une réclame de l'époque. Au 234, Faubourg-Saint-Martin, il ouvrit une boutique dont les vitraux, l'escalier d'acajou, les comptoirs et lustres en bronze semblent encore attendre Joséphine Baker ou Mistinguett…

• **Place Stalingrad. La barrière Saint-Martin.**

On l'appelle maintenant la rotonde de la Villette en raison de sa forme et de son emplacement, mais elle représentait jadis la limite de Paris tout au bout de la voie Saint-Martin. « La barrière », disait-on alors, quand Paris était limité par l'enceinte des Fermiers généraux. En 1784, lorsqu'il fallut clore la ville par un mur pour interdire l'entrée clandestine des produits soumis à taxations, plusieurs bâtiments furent élevés pour accueillir les bureaux nécessaires au paiement des inévitables redevances. L'affaire était fructueuse : deux tiers des droits revenaient à l'État, et un tiers à la Ville dont il assurait les ressources pour une part importante.

La « rotonde de la Villette », au style classique mâtiné de Renaissance italienne, avait essentiellement pour objectif d'accueillir un corps de cavaliers venus assurer la tranquillité du quartier et la surveillance de l'entrepôt regorgeant de marchandises. Après une première suppression de l'octroi, en 1791, le bâtiment servit de casernement pour les gardes municipaux puis de grenier à sel en 1860, quand les limites de Paris furent reportées plus loin avec les fortifications de Thiers. C'est aujourd'hui un restaurant.

• **44, avenue de Flandre. Le cimetière juif clandestin.**

Suivons maintenant l'avenue de Flandre qui reprend notre antique cardo du nord jusqu'à l'avenue Corentin-Cariou — résistant communiste du quartier tué par les Allemands dont on donna le nom à la station de métro ligne 7 toute proche, comme ce fut le cas aussi pour l'autre Corentin (Celton) sur la ligne 12. Et nous arrivons à la porte de la Villette. Au-delà, la route des Flandres s'est muée en nationale 2 et plus loin en nationale 17 jusqu'à Senlis.

Dès 1691, les Juifs qui vivent clandestinement dans Paris – ils ont été chassés du royaume par Charles VI en 1394 – se font enterrer secrètement quand vient l'heure dans le jardin d'un sieur Carnot qui tient une auberge à l'enseigne de l'Étoile. En 1773, le terrain est revendu à un certain Matard, écorcheur de son état. Le nouveau propriétaire utilise l'espace pour y enfouir les restes des animaux équarris. Les Juifs protestent contre cette profanation et, finalement, Jacob Pereire, « agent de la nation juive portugaise à Paris », achète le terrain voisin en mars 1780. Le lieutenant général de police décrète que les Juifs de Paris et de la région peuvent s'y faire enterrer « nuitamment, sans bruit, scandale ni appareil, en la manière accoutumée ».

En 1810, alors que le Père-Lachaise consacre un carré aux sépultures juives, ce petit cimetière ferme définitivement ses portes. Aujourd'hui, il est reclus dans une cour fermée, coincé entre les immeubles modernes.

Le petit métier du coin

Le chiffonnier. Mauvaise nouvelle pour cette profession en ce mois de novembre 1883 : le préfet de la Seine, Eugène Poubelle, vient de prendre un arrêté imposant des réceptacles fermés pour l'évacuation des ordures ménagères. Même le tri sélectif est prévu : il faudra trois contenants différenciés, un pour les déchets organiques, un autre pour le verre, un dernier pour la faïence et les coquilles d'huîtres. En définitive, ce tri des rebuts, trop compliqué à faire respecter, sera abandonné l'année suivante... Pour revenir cent seize ans plus tard, en 1999, mais modifié dans la répartition.

Au XIXe siècle, ces « boîtes Poubelle », régulièrement ramassées, ne font pas l'affaire des chiffonniers qui vivent entièrement de la récup. Comment vont-ils subsister s'ils ne peuvent plus fouiller au petit matin les tas de déchets qui s'amoncellent à chaque coin de rue ?

On les voit, rue de Flandre et ailleurs, ces « vers luisants du ruisseau », comme les appelle le bourgeois. Ils avancent, solitaires et tristes, la hotte sur le dos et le crochet à la main. Ils savent où il faut fouiner, sondent habilement les détritus, cherchent le papier et le tissu, autrement dit le chiffon. Ils ont un espoir chevillé au corps, celui de tomber sur la bonne fortune qui les attendrait sous les détritus... Une cuillère en argent égarée ou un portefeuille perdu, allez savoir ! Malgré le préfet Poubelle, ce jour viendra, croyez-le bien... demain.

• 67, avenue de Flandre. Demain, c'était hier.

Voici un mélange audacieux de futurisme débridé, garanti fin XXe siècle, et de classicisme sage. Le futurisme pour les Orgues de Flandre, un ensemble de quatre tours qui évoquent si bien le modernisme vu de naguère. Levez la tête pour voir la tour Prélude, ses trente-neuf étages, ses cent vingt mètres de hauteur... le plus haut immeuble d'habitations de Paris !

Quant au classicisme, il est représenté, timidement, par la porte des Flamands, une arche de pierre du XIXᵉ siècle qui s'ouvrait autrefois sur une cité ouvrière. Quelques scrupules architecturaux et historiques ont dû saisir les promoteurs et nous valent de pouvoir aujourd'hui contempler ce vestige inséré entre deux souffleries de ventilation du parking en sous-sol.

Le mot du quartier

Loufoque, adj. Qualifie un comportement ou une chose insolite. En revanche, ses dérivés (louf, louftingue) font plutôt référence à la folie.

Sur l'ancienne rue de Flandre s'ouvraient les abattoirs de la Villette… Une petite ville consacrée à la viande ! Les bouchers y développèrent le louchébem, l'argot de la profession, une sorte de verlan amélioré. Mettez un L à la place de la première consonne du mot et replacez cette première consonne à la fin. Par exemple, le mot « fou » devient « louf », et l'expression « en douce » devient « en loucedé ».

— *Laufem être loufoque pour lenirvic lavaillétrem à la Lillettevem !*

Voilà ce que pouvait dire un boucher de l'époque.

Traduction :

— Faut être fou pour venir travailler à la Villette !

Le terme « loufoque » était donc une adaptation louchébemienne de « fou ». Et si la plupart des vocables utilisés par les bouchers de la Villette restent obscurs au commun des mortels, ce mot a été adopté dans le français régulier grâce à Pierre Dac, dont le père avait tenu une boucherie à deux pas des abattoirs. De 1937 à 1940, sur les ondes du Poste parisien, l'humoriste anima l'émission « La Société des Loufoques », mélange de discours saugrenus et de reportages incertains, faisant passer le mot du sens précis de « fou » à celui plus atténué de « burlesque ».

Il annonçait ainsi la création de la SDL, la Société des Loufoques, allusion transparente à la SDN, la Société des Nations.

— Étant donné le dérèglement dont les gens soi-disant sensés nous donnent l'exemple à chaque instant, je crois pouvoir affirmer sans crainte d'être révoqué en doute que la saine vision des choses n'est plus que l'apanage de ceux que l'on dénomme péjorativement loufoques.

Le mot était lancé.

• 30, avenue Corentin-Cariou. Musique, sciences et bovidés.

Vous connaissez, au nord de Paris, le parc de la Villette avec sa Cité des sciences et sa Cité de la musique. Ici, sous de grands hangars aux charpentes métalliques, se situaient les abattoirs, actifs de 1867 à 1974…

Après avoir franchi les pavillons d'entrée, on arrivait sur une grande place où se dressait la tour carrée de l'horloge, point central de l'activité bouchère. Elle ne faisait pas que donner l'heure, cette horloge monumentale : un panneau visible de loin indiquait les cours du jour, et chacun, vendeur ou acheteur, pouvait s'y référer clairement, sans contestation possible.

Dans cette ruche active qu'étaient les abattoirs, il y avait les animaux qui beuglaient, les tueurs qui faisaient leur office, les pansiers qui récupéraient les abats, les boyaudiers qui s'occupaient des intestins, les sanguins qui collectaient le sang et, plus loin, les chevillards qui négociaient... Ouvriers et commerçants constituaient deux sociétés distinctes, soigneusement séparées par le canal de l'Ourcq, et l'on passait d'un monde à l'autre en empruntant un pont étroit, celui que prenaient ovins et bovins promis à l'abattoir.

Que reste-t-il de tout cela ? La grande horloge indique toujours l'heure, mais elle rythme aujourd'hui les entrées des concerts et des spectacles qui animent le site. Hélas, affreusement modernisée, constituée en partie de loufoques tiges métalliques, elle a bien perdu de sa majesté d'antan. Quant à la rotonde des vétérinaires, toute proche, elle a été affligée d'une décoration aussi moderne qu'agressive pour mieux accueillir des créations contemporaines. De l'autre côté du canal, d'autres vestiges ont été mieux préservés. Pour les trouver, il suffit de passer le petit pont, comme le faisaient autrefois les bestiaux... Et l'on arrive à la grande halle aux bœufs, construite en 1865, parfaitement parvenue jusqu'à nous et recyclée avec bonheur dans la création artistique. Devant l'entrée, on peut même contempler la fontaine aux lions de Nubie où les bovins allaient s'abreuver. Quant au beau théâtre Paris-Villette, c'était l'ancienne Bourse aux bestiaux.

5

AU FIL DE L'AVENUE
D'ITALIE

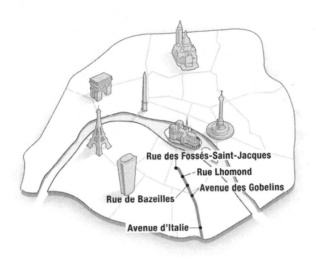

De la rue Lhomond au Kremlin-Bicêtre, nous retrouvons Charles VI le roi fou, le souvenir de Diderot et de Modigliani, Rodin à ses débuts, des vendeurs de crottes et des tapisseries…

Dès le Vᵉ siècle, tous les chemins ne mènent plus à Rome, qui a cessé d'être le centre du monde… Depuis les origines, pourtant, Lutèce a regardé vers la Ville éternelle, mais tout change. Lutèce devient Paris et l'Empire romain s'effondre. En effet, en septembre 476, Flavius Augustule, l'ultime empereur, est vaincu par un chef germanique nommé Odoacre. Ce dernier se pare du titre de « roi en Italie »… Paris n'est plus une cité sous influence romaine, en même temps il se ratatine et s'appauvrit. Je l'ai dit, les menaces d'invasions ont repoussé les Parisiens sur l'île de la Cité.

Rive gauche et rive droite sont largement délaissées : notre cardo maximus file à présent vers le sud à travers les ruines et les terrains abandonnés.

Pour rejoindre l'Italie, une diagonale avait été tracée à partir du cardo maximus pour aller en ligne droite vers le sud-est et gagner Rome, la mère patrie. C'est la rue des Fossés-Saint-Jacques, qui devient rue Lhomond pour descendre la montagne Sainte-Geneviève jusqu'à la rivière de Bièvre et le bourg Saint-Marcel. Ensuite, on filait tout droit par l'avenue des Gobelins puis l'avenue d'Italie, qui sera, plus tard, le point de départ de la mythique nationale 7.

Ce qui n'était, jusque-là, qu'une voie pour se diriger vers le sud va désormais s'intégrer à la ville. Tout ce qui est imaginé, construit, rêvé le long de cet itinéraire est marqué par la volonté des Parisiens de se créer une identité nouvelle.

- **Place de l'Estrapade. Le souvenir de l'horreur.**

La rue Lhomond commence place de l'Estrapade… Un joli mot qui résonne comme un jeu d'enfants. Pourtant ce fut un horrible instrument de torture que l'on dressa ici jusqu'en 1776. Le condamné, les bras liés dans le dos, des poids attachés aux pieds, était hissé par une corde au sommet d'un mât et brusquement lâché dans le vide, de quoi désarticuler tout son corps dans de terribles douleurs… Opération répétée jusqu'à la mort du malheureux. En principe, cette peine ne devait être appliquée qu'aux soldats déserteurs, mais au plus fort des guerres de Religion, de nombreux protestants périrent sur l'estrapade.

Le mot du quartier

Encyclopédie, n.f. *Ouvrage où sont exposés, par ordre alphabétique ou par thèmes successifs, la totalité des connaissances en général ou celles circonscrites à un domaine particulier.*

En 1747, Denis Diderot s'installe au deuxième étage du 3, rue de l'Estrapade. À trente-quatre ans, il vient de publier son premier écrit personnel : *Les Pensées philosophiques.* « Si ces pensées ne plaisent à personne, elles pourront n'être que mauvaises ; mais je les tiens pour détestables si elles plaisent à tout le monde », a écrit Diderot en frontispice. Il peut être rassuré : son recueil d'aphorismes fait scandale, et l'ouvrage est condamné au feu par le parlement de Paris.

Maintenant, l'auteur se lance dans une entreprise gigantesque : établir la nomenclature du savoir universel dans un vaste catalogue détaillé ! Une ambition un peu démesurée pour un seul homme, alors Diderot s'adjoint les forces du mathématicien d'Alembert et réclame la contribution de plus de cent soixante collaborateurs, dont Voltaire et Rousseau. Mais c'est bien Diderot, depuis son cabinet de travail de la rue de l'Estrapade, qui dirige le projet. Le premier volume de cette tâche titanesque paraît en 1751 sous le titre : *Encyclopédie ou Dictionnaire raisonné des sciences, des arts et des métiers.* Encyclopédie... l'intitulé étonne ! Diderot a tiré ce vieux mot de l'oubli. Le terme « encyclopédie », qui vient du grec *enkuklopaideia,* littéralement « cercle éducatif de l'enfant », désignait un manuel d'instruction destiné aux jeunes élèves. L'auteur l'a récupéré et l'a transformé... Selon le dictionnaire étymologique publié en 1809 par Jean-Baptiste Morin, l'encyclopédie est devenue avec Diderot « le dépôt de toutes les connaissances humaines ». Avec ce sens nouveau, le mot n'est plus sorti de la langue.

• Les Gallo-Romains de la rue Lhomond.

Au XVe siècle, dans cette voie vers Rome si courue, si animée au temps des Gallo-Romains, on découvrit d'antiques poteries. La rue devint alors tout naturellement la rue des Poteries, puis on dit plus simplement rue des Pots et enfin, par assonance, rue des Postes. En 1867, on lui donna le nom du grammairien Charles-François Lhomond. Pour nous souvenir des poteries d'autrefois, il reste le petit passage des Postes, qui a conservé son aspect intime et calme, même s'il débouche dans l'animation de la rue Mouffetard.

• 1, rue Lhomond. Les curieux accouchements de mademoiselle Biheron.

À cet endroit un ancien atelier, agrémenté d'un étage unique, marque l'emplacement d'un étrange musée qu'installa en sa demeure la demoiselle Marie-Marguerite Biheron. Sous le règne de Louis XVI, cette curieuse demoiselle se livra à une activité originale et surprenante : la fabrication et l'exposition de pièces anatomiques en cire ! Sa spécialité : les accouchements... Tous les mercredis, moyennant trois francs, chacun pouvait venir assister aux phases successives – et figées – d'une naissance. Les corps de cire de mademoiselle Biheron amusèrent le quidam, fascinèrent les scientifiques et provoquèrent l'hostilité ouverte de la quasi-totalité du corps médical. Mademoiselle Biheron s'éteignit en 1795 et la collection étrange qu'elle avait confectionnée fut rachetée par l'impératrice Catherine II de Russie.

La légende des lieux

10, rue Amyot. Le puits bavard. Cette rue a vu naître une légende parisienne très populaire : celle du puits qui accuse…

Au XVᵉ siècle, ce haut de la montagne Sainte-Geneviève est planté de petites habitations modestes qui bordent un sentier. C'est là qu'un mari colérique, lassé des continuelles chamailleries de son épouse, se débarrasse brusquement de cette acrimonieuse compagne en la jetant dans le puits creusé devant leur logis. Après quoi, satisfait de lui-même, il va se coucher avec l'esprit tranquille du devoir accompli. Le lendemain matin, il se dirige vers le lieu du crime, se penche sur la margelle afin de tenter d'apercevoir le corps de la noyée… À cet instant, des profondeurs du gouffre, une voix s'élève, un cri violent répété par l'écho.

— Assassin ! Assassin ! Assassin !

En fait, la victime a pu se réfugier dans une anfractuosité du puits et attendre ainsi patiemment l'heure de sa vengeance.

Aux cris sortis de la fosse, les voisins se précipitent, les archers sont alertés, la femme est délivrée. Quant au mari, il sera pendu.

Dès lors, le sentier qui n'avait pas de nom

---

devient la rue du Puits-Qui-Parle, et conserve cette appellation jusqu'en 1867. À cette date, rien ne semble plus urgent que de donner à cette voie le patronyme de Jacques Amyot, un évêque du XVIe siècle.

Mais de la tentative assassine du mari reste un témoin rendu au silence : le puits lui-même, dont le cylindre de briques est conservé dans les sous-sols de l'immeuble.

• 8 *bis*, rue Amyot. Mourir pour Modigliani.

Le 25 janvier 1920, Jeanne Hébuterne, âgée de vingt-deux ans et enceinte de huit mois, s'est jetée du cinquième étage de cet immeuble où habitaient ses parents... Elle venait d'apprendre la mort de son amant, le peintre Amedeo Modigliani, qui avait succombé la veille à une méningite tuberculeuse. Le père refusa que sa fille soit enterrée au cimetière du Père-Lachaise au côté de celui qu'il s'obstinait à considérer comme un vagabond sans le sou, drogué et alcoolique de surcroît. Achille Hébuterne revint sur sa décision dix ans plus tard... Entre-temps, il est vrai, le nom de Modigliani était entré dans l'histoire de l'art.

• 32, rue Lhomond. Les crochets de la vertu.

Levez la tête entre les immeubles où débouche ici la petite rue Rataud... Vous les voyez, ces dix-neuf crochets alignés sur une barre transversale ? S'agit-il du râteau de la rue Rataud ? Non, parce que ce Rataud-là était simplement le maire de l'arrondissement en 1860.

En fait, au XVIIe siècle, cette ruelle, alors cul-de-sac des Vignes, aboutissait à un cimetière de pestiférés. Et seuls osaient s'aventurer en ces lieux les larrons des bas-fonds… Bien vite l'impasse connut la gloire d'être l'un des coupe-gorge les plus réputés de la capitale. Aussi, quand en 1712, la pieuse communauté de l'Enfant Jésus ouvrit dans cette impasse un asile pour orphelines pauvres de la campagne, on grillagea soigneusement l'entrée du cul-de-sac. Il fallait empêcher les mauvais garçons de venir pervertir ces demoiselles… Les crochets en hauteur dissuadaient les audacieux de tenter l'escalade de la clôture.

• En suivant la Bièvre… avant de l'enterrer.

Notre rue Lhomond disparaît dans le tissu urbain peu avant de rejoindre la Bièvre. À cet endroit, à la fin du XIXe siècle, notre voie d'Italie a été curieusement renommée rue de Bazeilles, du nom d'une commune des Ardennes ayant résisté héroïquement aux Prussiens durant la guerre de 1870. C'est à cette même époque que le prolongement de la rue Mouffetard devint l'avenue des « Gobelins », patronyme le plus célèbre du quartier… après saint Marcel, bien sûr.

En effet, sur la voie romaine d'Italie, nous parvenons au bourg Saint-Marcel. À sa mort, en 436, Marcel, évêque de Paris, fut enterré par ici, et le lieu, devenu un rendez-vous de la dévotion, donna naissance à un petit village hors les murs, un faubourg traversé par la Bièvre. Dès le XIVe siècle, de nombreux artisans vinrent s'installer sur les rives du cours d'eau où s'ébattaient les castors. D'ailleurs, Bièvre vient d'un vieux mot dérivé du celte désignant justement le castor ou la mangouste. C'est dire que ces petits rongeurs devaient y proliférer ! Mais bouchers, tanneurs et teinturiers les firent bientôt fuir.

La Bièvre, qui habituellement semblait être un cours d'eau tranquille, se réveillait parfois dans une colère tumultueuse. Ainsi, le 15 mai 1526, le faubourg Saint-Marcel fut submergé par une crue si violente que les flots montèrent jusqu'au deuxième étage des habitations ; des maisons furent emportées et plusieurs dizaines de personnes noyées. Après d'autres inondations de ce genre, la rivière déborda une dernière fois en 1665... À la suite de cette catastrophe, les eaux furent domestiquées, leur parcours muré et canalisé. Cette Bièvre devenue sage pouvait désormais être exploitée sans risque, mais avec le temps, gravement polluée, elle se révéla source de tant de puanteurs et vecteur de si nombreuses maladies qu'en 1912 décision fut prise de l'enterrer, de la bétonner et de l'oublier. La géographie de ce coin de Paris s'en trouva profondément modifiée...

Dans cet espace réaménagé, saint Marcel n'était pas oublié. La légende n'assure-t-elle pas qu'il avait, d'un coup de crosse, libéré les Parisiens d'un dragon terrifiant ? En reconnaissance, on lui donna un boulevard puis une station de métro.

• 2, rue du Fer-à-Moulin. Chevaux à vendre.

En suivant l'avenue des Gobelins, à gauche, on s'enfonce dans la rue du Fer-à-Moulin et l'on découvre une étrange maisonnette au toit pointu et au fronton surmonté d'une tête de cheval joliment sculptée... Cette maison abritait les anciennes écuries du marché aux chevaux qui se tenait tous les mercredis et samedis entre les boulevards de l'Hôpital et Saint-Marcel... D'ailleurs, pour qui sait voir, le quartier cache encore quelques traces de cette immense foire aux chevaux disparue en 1906... Ainsi, sur la façade 1760 du numéro 5 de la rue Geoffroy-Saint-Hilaire, qui fut autrefois le pavillon de surveillance du marché, on peut voir la grue et le coq, symboles de la patience et de la vigilance nécessaires aux agents de la sécurité. Au numéro 11, un bâtiment du XIXe siècle affiche encore cette annonce : « Marchand de chevaux, poneys, doubles poneys de toutes provenances et chevaux de trait ». Toujours dans cette rue, la charmante impasse du Marché aux Chevaux conserve les bornes qui empêchaient jadis les carrioles de racler les murs des habitations. Et par son nom, la rue de l'Essai rappelle aussi le lieu où les acheteurs pouvaient tester les montures avant achat ferme et définitif...

Elle était née en 1641, cette foire aux chevaux. Louis XIII avait d'abord décidé l'ouverture d'un marché au bourg Saint-Marcel pour y vendre, deux fois par semaine, des chevaux le matin, des porcs le soir. Puis finalement, le marché se consacra exclusivement aux chevaux, mais à tous les chevaux, les vieilles rosses promises à la boucherie comme les fiers pursang destinés aux champs de courses. Attention, il fallait ouvrir l'œil, de nombreux trucs du maquignonnage étaient utilisés pour rendre l'animal plus jeune et plus beau : dents limées, gingembre glissé sous la queue pour en relever le port, teintures, excitants... L'acheteur devait rester attentif, car les écarts de prix étaient impressionnants : à la fin du XIXe siècle, il fallait compter mille six cent vingt francs pour un étalon encore solide, et soixante-dix seulement pour un canasson hors d'âge destiné à l'abattoir.

• 42, avenue des Gobelins. La tapisserie, enfant de la Bièvre.

Retournons avenue des Gobelins et arrêtons-nous devant la manufacture du même nom... Franchement, pour une industrie qui remonte au XVe siècle, cette façade pompeuse aux aspects de gare du second Empire semble un peu décalée. Effectivement, elle date de 1913. Mais il ne faut pas se laisser rebuter par cet aspect superficiel des choses : les cariatides blanchâtres, les colonnades marmoréennes, les briques roses dissimulent une belle histoire et d'émouvants vestiges.

Vers 1450, un teinturier venu de Reims, Jean Gobelin, établit ses ateliers au bord de la Bièvre. L'homme fut rapidement connu pour le rouge écarlate qu'il parvenait à donner à ses tissus. Un secret bien gardé qui fit sa fortune. Après lui, son fils Philibert continua de faire prospérer l'entreprise de son père, et ainsi de génération en génération... Finalement, « Gobelin » devint si bien synonyme de teinture que tout le quartier prit ce nom, devenant « les Gobelins ». Le patronyme du Rémois se transformait presque en nom commun...

Après la teinture, les Gobelin, alliés à la famille milanaise des Canaye, diversifièrent leurs activités avec le tissage de draps et la tapisserie... La perfection des ouvrages produits attira l'attention de Jean-Baptiste Colbert, ministre de Louis XIV, qui accorda aux Gobelin la protection de la nation. Un édit de 1667 établit que la manufacture des Gobelins devra être « remplie de bons peintres, maîtres-tapissiers, orfèvres, fondeurs, sculpteurs, graveurs, lapidaires, menuisiers en ébène, teinturiers et autres ouvriers en toutes sortes d'arts et métiers ». L'excellence française prenait la forme d'un texte de loi !

Les bâtiments intérieurs remontent en partie à cette époque. Au centre, on trouve un édifice à la façade décorée de trophées et de guirlandes, ce fut le logement de Charles Le Brun, premier directeur de la manufacture. Le bâtiment d'en face abrita un atelier dès 1662. Dans la cour se dresse l'ancienne chapelle édifiée en 1723 et qui a conservé une partie de son décor original.

Mais si l'on veut s'imaginer ce que furent, jadis, la manufacture et ses activités, il faut contourner l'édifice jusqu'à la rue Berbier-du-Mets. Cette rue, c'est la Bièvre ! Le déroulé de bâtiments qui s'allonge en une courbe élégante suit en effet le cours de la rivière qui maintenant coule en sous-sol. Tout cela affiche aujourd'hui un air propret et ordonné qui reflète mal l'activité d'autrefois.... À ces constructions de pierres s'ajoutait alors un embrouillamini de petits ateliers de bois bâtis cahin-caha le long des eaux pour teindre, blanchir, tanner. Et tout un monde animé vivait de la Bièvre...

Le petit métier du coin

Le ramasseur de crottes. Eh oui, ce fut un job bien parisien ! Les professionnels de la discipline allaient dans toute la ville pour recueillir les déjections canines ou chevalines. Puis ils se rendaient sur les bords de la Bièvre pour vendre l'or brun aux tanneurs dont les ateliers se regroupaient ici.

Car pour les fabricants de cuir, la crotte était un instrument de travail précieux ! En effet, l'acidité de ces excréments aidait à éliminer la graisse des peaux. Avec les carcasses animales qui se décomposaient, les teintures et ces crottes entassées, on imagine le fumet particulier qui s'échappait de cet endroit.

• 17, rue des Gobelins. Le fantasme de la reine blanche.

Pour revenir sur notre parcours, nous finissons de contourner la manufacture en prenant la rue des Gobelins, et nous nous arrêtons devant une curieuse construction…

Ce château médiéval, visible en plein Paris, excite les imaginations depuis sa construction en 1520. Avec son faux air de forteresse, on se demande ce qu'il défendait, et son appellation de « château de la reine blanche » ajoute au mystère. Qui fut cette reine ? Quand on sait que le blanc était, à cette époque, la couleur du deuil chez les souveraines de France, on se dit que « reine blanche » pouvait peut-être simplement désigner une reine veuve.

Quoi qu'il en soit, cette appellation royale fait vraisemblablement allusion à un bâtiment disparu qui se trouvait autrefois à peu près sur cet emplacement. Et c'est sans doute ici qu'eut lieu le sinistre bal des Ardents… Le 28 janvier 1393, une fête est donnée pour distraire le roi fou Charles VI. Cinq gentilshommes se sont déguisés pour amuser le souverain. Ils portent des vêtements et des masques faits de résine et de poix. Une torche approchée un peu trop près met le feu à ces habits… L'un des ardents a l'idée de se jeter dans un baquet d'eau, mais les autres périssent, brûlés vifs. À la suite de ce drame Charles VI perdra définitivement l'esprit et le château de la reine blanche sera détruit.

Le château que nous avons sous les yeux, lui, est l'éclatante expression de la réussite des teinturiers et tapissiers qui exerçaient leur activité au bord de la Bièvre. En effet, les familles Gobelin et Canaye, souvent alliées, se firent bâtir ici cette luxueuse habitation. D'ailleurs, en 1532, dans son *Pantagruel*, Rabelais évoque ce château, désigné sous le nom moins prétentieux de « Folie-Goubelin », qui confirme le nom de ses propriétaires.

Plus tard, sans respect pour ces lieux qui se voudraient historiques, la construction devint une brasserie, puis le siège d'un club jacobin en 1790, ensuite une tannerie, enfin une habitation privée. Aucune reine blanche à signaler !

On peut pousser la visite au 15 ou au 19 de cette rue des Gobelins, car ces maisons appartenaient sans doute au même ensemble. Si vous avez la possibilité d'accéder à l'intérieur, vous découvrirez de nombreux vestiges du XVIe siècle, notamment un vieux puits et un remarquable escalier à vis.

• 73, avenue des Gobelins. Quand Rodin débutait...

La façade de cet ancien théâtre, construit en 1869, représente l'allégorie du drame et de la comédie. Afin de limiter les frais, les promoteurs engagèrent pour cette décoration un étudiant des Beaux-Arts âgé de vingt-neuf ans et encore inconnu... Bonne pioche : il s'appelait Auguste Rodin ! Comment ne pas vous refiler cette anecdote que l'on m'a suffisamment serinée quand je fréquentais le lycée Rodin tout proche ?

L'ancien théâtre, devenu ensuite un cinéma, est aujourd'hui occupé par la fondation Jérôme Seydoux-Pathé, qui retrace l'histoire de la famille Pathé, ces pionniers du cinéma.

Mais autant la façade sur rue est magnifiquement préservée, autant celle sur cour, avec cette espèce de larve géante créée par Renzo Piano, laisse perplexe...

• Avenue d'Italie. Un projet grandiose dans l'esprit de Le Corbusier.

L'avenue des Gobelins s'achève place d'Italie, limite de Paris jusqu'en 1860. Au-delà, c'était la campagne et la route de Fontainebleau rebaptisée avenue d'Italie en 1867 pour rappeler le but ultime de cette voie.

Cent ans plus tard, inspiré par Le Corbusier, célèbre architecte, un projet extravagant visa à réaménager l'avenue. Il s'agissait de faire passer la circulation automobile sous la place. Quant à l'avenue, elle aurait été entièrement bordée de tours... Le projet, qui avait connu un début de réalisation, fut abandonné en 1975. De la forêt de béton promise, il reste les quelques tours que l'on aperçoit après la place.

• 103, avenue d'Italie. Maisons rouges et maisons blanches.

Au XVIIIe siècle se trouvait ici un relais de poste appelé Maison Blanche, qui a donné son nom à une rue adjacente et à la station de métro toute proche.

Sur cette route en pleine campagne, il n'y avait jadis que de rares constructions et l'auberge devait être la bienvenue pour les voyageurs arrivant à Paris et désireux de se remettre des fatigues d'un long périple avant d'entrer dans la grande ville.

Cette auberge renvoie à une pratique qui remonte aux Romains… En effet, c'est à eux que l'on doit les relais et auberges disposés le long des grandes voies de communication. Distants d'environ quarante kilomètres chacun, ils permettaient de prendre du repos et de changer de chevaux. Ces relais, on les appelait souvent Maison Rouge, car ils étaient, comme la plupart des bâtiments romains, construits en briques rouges et se repéraient facilement dans les campagnes.

En fait, l'habitude de distinguer les auberges par des couleurs a perduré dans le temps et l'on trouve toujours, ici ou là, un hôtel du Cheval Blanc, une pension de la Jument Verte, un relais du Lion d'Or…

• 78, rue du Général-Leclerc. L'origine du Kremlin-Bicêtre.

En quittant Paris par notre porte d'Italie, nous traversons des zones jadis incultes et dangereuses. Dans des temps reculés, on disait que cette plaine aux arbres chétifs abritait des loups-garous, des sorciers, des gnomes qui hurlaient sous la lune et glaçaient le sang des rares voyageurs assez inconscients pour traverser ces terres désolées. Au milieu de ces espaces redoutables se dressait une ruine informe, un donjon éboulé, des murs écroulés, une citadelle frappée au cœur qui se mourait de toute éternité… Ces vieilles pierres hébergeaient le monde obscur et insaisissable de la canaille parisienne, les démons venus des enfers, le diable lui-même peut-être… En tout cas, ces vestiges ont été surnommés la Grange-aux-Gueux, un mot que l'on ne prononçait qu'en tremblant.

En 1286, un homme semble ne pas craindre les créatures malfaisantes surgies des entrailles de la terre. C'est Jean de Pontoise, évêque de Winchester, représentant du roi d'Angleterre à la cour de Philippe le Bel. Il veut acheter la Grange-aux-Gueux, mais on lui fait remarquer que l'endroit est maudit...

C'est alors qu'entre en scène un barbier gascon fraîchement débarqué à Paris. Ses affaires ne vont pas fort : pas la moindre barbe à tailler, pas la plus petite saignée à pratiquer. Bref, il a du temps et des besoins. Il demande audience à l'évêque de Winchester et lui affirme connaître la manière infaillible de faire fuir ombres et revenants...

— Tente l'aventure, lui répond le prélat. Si tu réussis, cent écus d'or iront loger dans ta poche. Mais si tu n'es qu'un vil imposteur, je te ferai fouetter en place de Grève et chasser de Paris.

Armé d'un cierge et d'une bouteille d'eau bénite, le Gascon s'en va affronter le diable de la Grange-aux-Gueux. Et le maître des enfers lui apparaît sous la forme d'un vieillard cérémonieux et gourmé, tout habillé de velours rouge...

— L'évêque de Winchester a grande envie de détenir ce domaine, et je viens en prendre possession en son nom...

À ces mots, le diable rouge part d'un grand rire et demande à l'intrépide mortel comment il envisage de payer ces ruines.

— Avec mon âme, c'est une âme de premier choix !

Convaincu, le diable remet au Gascon un acte de propriété en bonne et due forme sur vélin, mais l'âme à vendre se rebiffe soudain, le gaillard repousse le malin en allumant le cierge et en faisant gicler de l'eau bénite tout autour de lui. C'est ainsi qu'il sauve son

âme pure, et l'évêque de Winchester devient officiellement, de par le diable, acquéreur de la Grange-aux-
Gueux.

Voilà pour la légende, entrons maintenant dans
l'Histoire... Car l'évêque existait bel et bien et fit raser
le séjour des démons pour construire sur le même
emplacement un château luxueux. Si luxueux que,
pour la première fois dans le royaume de France, les
fenêtres furent garnies de vitres... Du verre grossier, à
vrai dire, qui déformait un peu le paysage, mais qui
laissait entrer la lumière tellement mieux que la toile
huilée dont on avait, jusqu'ici, l'habitude de garnir les
ouvertures des plus belles résidences. Cette demeure
prestigieuse, le peuple l'appela Vincestre, manière française de prononcer le trop *british* Winchester, puis on
dit Bincestre et finalement Bicêtre.

Les siècles passèrent... Ruiné, incendié, détruit,
rebâti, le château devint hospice pour soldats invalides
sous Louis XIII, puis asile d'aliénés, plus tard prison
et enfin hôpital général. De retour de la campagne de
Russie, de nombreux soldats de la Grande Armée
furent soignés ici. Pour détendre ces grognards du
premier Empire, une gargote s'ouvrit à deux pas : Au
sergent du Kremlin... Hommage aux braves des
braves ! Et quand la commune se développa, à la fin
du XIXe siècle, on accola l'évocation de la forteresse
moscovite au souvenir de l'évêque anglais pour faire
naître, aux portes de Paris, le Kremlin-Bicêtre.

L'hôpital d'aujourd'hui est riche encore de son
passé agité. On y trouve notamment une lingerie de
1634, des cachots de 1729, le grand puits de 1733, le
portail d'entrée de 1757... Depuis que le diable a
perdu ses pouvoirs, les constructions parviennent plus
facilement à traverser le temps.

6

AU FIL DE LA RUE DE SÈVRES

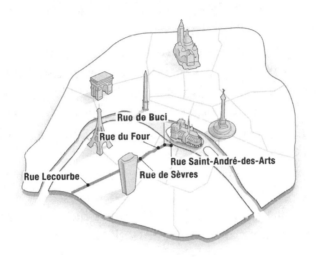

De la rue Saint-André-des-Arts à la rue Lecourbe…
Bernard Palissy brûle ses meubles, Guillotin affûte sa lame,
l'absinthe sort d'un calice, la première loge maçonnique de
France voit le jour et Picasso peint Guernica.

En recevant le roi Clovis en son giron, l'Église
confie en quelque sorte les clés du royaume au souverain franc et à ses descendants. En échange, le pouvoir
accepte de céder d'immenses terres aux congrégations
religieuses…

Au VIe siècle, au moment de sa fondation, autour de
l'actuelle église Saint-Germain-des-Prés se trouve un
ensemble ecclésiastique en plein champ, qui va bientôt
prendre le nom de Germain, l'évêque de Paris, un
saint homme, proche des pauvres et capable de
miracles pour aider son prochain…

Voici venu le temps du Moyen Âge : l'évêque représentant l'Église et le comte délégué du roi se partagent désormais le pouvoir, les hommes, la terre.

Sur la rive gauche abandonnée, l'abbaye Saint-Germain-des-Prés et l'abbaye Sainte-Geneviève vont s'en répartir les meilleurs morceaux.

L'abbaye Saint-Germain-des-Prés devient vite une affaire florissante et s'impose comme une puissance économique. Un bourg se crée tout autour, sur un espace qui va de notre rue Saint-Sulpice jusqu'à la Seine en englobant ce qui est aujourd'hui le boulevard Saint-Michel.

En février et mars de chaque année, se tient près de l'abbaye une foire annuelle très courue, grand rendez-vous des orfèvres, des ébénistes, des marchands de tissus, mais aussi des montreurs d'animaux féroces, des funambules et des marionnettistes. L'abbaye ne cesse de prospérer, étendant son autorité sur de vastes territoires non seulement à Paris, mais encore dans ses faubourgs, en particulier dans tout le Sud-Ouest parisien.

Parfois se pose la question de la juridiction à appliquer. Celle de l'abbaye ou celle du roi ? En mai 1256, deux faux-monnayeurs sont arrêtés à Villeneuve-Saint-Georges et pendus à Paris selon la justice de Saint-Germain-des-Prés puisque l'abbaye possède des terres dans ce bourg d'Île-de-France et entend bien y imposer sa loi. Oui, mais l'autre justice, celle du roi, prétend alors que le dossier relevait de sa seule responsabilité, elle réclame les deux cadavres et les fait pendre à nouveau. Là-dessus, le parlement de Melun proteste contre ces exécutions : puisque les arrestations ont eu lieu à Villeneuve-Saint-Georges, cette cour souveraine doit avoir le dernier mot. Finalement, en septembre 1257, après plus d'une année de débats, le Parlement ordonne une nouvelle exhumation des condamnés… Et les deux squelettes sont pendus une troisième fois !

De temps à autre, les religieux doivent obéir à une autorité plus forte qu'eux. Ainsi, en 1551, la rue du Four n'est pas encore pavée et les habitants s'en plaignent auprès du prévôt de Paris, qui condamne l'abbaye à faire paver cette voie au plus vite.

Suivons maintenant l'abbé de Saint-Germain-des-Prés sur ses terres. Émergeant des ruines romaines de Lutèce, un petit chemin prolonge l'ancienne voie de la rue Saint-Séverin, il n'a déjà plus la rectitude des voies romaines et serpente à travers les joncs et les terrains inondables. C'est notre rue Saint-André-des-Arts et, plus loin, la rue de Buci qui conduit à l'abbaye.

Au-delà, l'abbé prend l'antique chemin qui traverse ses immenses domaines pour gagner au loin Sèvres, dans notre département des Hauts-de-Seine, ville qui dépend aussi de son autorité depuis que saint Germain lui-même a bâti à cet endroit en 558 une chapelle après avoir miraculeusement rendu la vue à une jeune aveugle. Ce chemin est conservé dans le tracé de la rue du Four, qui finira donc par être pavée, jusqu'au carrefour de la Croix-Rouge. Le chemin de Sèvres se retrouve ensuite dans la rue du même nom qui y file tout droit, même si elle a été renommée Lecourbe dans sa seconde partie.

• 62, rue Saint-André-des-Arts, le fantôme de l'église.

À l'entrée de cette rue, nous pénétrons dans un étrange espace vide… la place Saint-André-des-Arts ! Une place, vraiment ? Ce type d'infrastructure au cœur du vieux Paris dénote ! La notion même de place est quasiment ignorée au Moyen Âge, les villes sont denses, resserrées, il n'y a que deux places à Paris à cette époque... Non, cet espace n'est pas une place, c'est un vide aménagé au XIXe siècle après la démolition d'une église, l'église Saint-André-des-Arts dont il ne reste que le nom. Les références religieuses du quartier ont déjà été effacées durant la Révolution. Nous l'avons constaté précédemment rue Saint-Séverin, eh bien ici aussi, au numéro 52 de la rue, à l'angle du magnifique immeuble Louis XV, le nom du saint a été gratté. Mais en cherchant bien, et en levant le nez, on trouve tout de même une ultime référence à l'église d'autrefois : une statue de saint André nous attend au numéro 62, à l'angle de la façade.

• 7, rue des Grands-Augustins. *Guernica...*

En nous promenant rue Saint-André-des-Arts, nous croisons la rue des Grands-Augustins... Au dernier étage de l'ancien hôtel d'Hercule, Pablo Picasso vint installer son atelier en 1936, au moment où éclatait la guerre d'Espagne. C'est là qu'il devait peindre son célèbre tableau *Guernica*, toile monumentale en noir et blanc, fresque cubiste destinée à dénoncer le bombardement de cette ville espagnole par l'aviation allemande. Des corps tordus, des visages terrifiés, déchirés sous les bombes...

Pendant l'Occupation, Picasso vivait toujours rue des Grands-Augustins et c'est là qu'il reçut la visite de l'ambassadeur allemand Otto Abetz. Devant une reproduction de *Guernica*, alors conservé au MoMa de New York, Abetz s'étonna.

— C'est vous qui avez fait cela ?

112

— Non, c'est vous ! aurait répondu Picasso.

Aujourd'hui, l'hôtel de la rue des Grands-Augustins s'apprête à célébrer la présence du génie espagnol : le bâtiment doit être transformé en fondation artistique et culturelle sous la houlette des héritiers du peintre et du musée Picasso.

• 9, cour du Commerce-Saint-André. Les expériences du docteur Guillotin.

Cette cour se trouve à l'emplacement d'une porte creusée dans l'enceinte de Philippe Auguste, porte qui appartenait à l'abbaye Saint-Germain-des-Prés. Au XIVe siècle, le bail en fut cédé au président du parlement de Paris, Simon de Buci, pour vingt livres de rente. Une bonne affaire : le passage par cette porte ne se faisait qu'après paiement d'une taxe sur les marchandises. De quoi assurer la fortune de l'heureux bailleur...

En 1789 se trouve dans cette cour l'atelier d'un facteur de clavecins nommé Tobias Schmidt, un Allemand habile à manier la menuiserie, si habile d'ailleurs que le docteur Joseph-Ignace Guillotin lui confie la réalisation de sa machine à trancher les têtes. Schmidt améliore même un peu le projet : il remplace la corde destinée à actionner le couperet par un ressort bien pratique sur lequel il suffit de presser... Plus rapide, plus fonctionnel. Dans la paisible cour, le mécanicien et le médecin testent leur engin sur plusieurs moutons. Une question essentielle se pose : la lame doit-elle être droite, arrondie ou en biseau ? Quelques moutons décapités plus tard, il apparaît que le biseau est la forme la plus efficace.

Les inventeurs soumettent donc leur innovation aux autorités. Durant plus de deux ans, l'Assemblée nationale constituante hésite… Faut-il adopter ce redoutable engin ? Guillotin s'en fait pourtant le VRP enthousiaste.

— Avec ma machine, je vous fais sauter la tête en un clin d'œil… Le patient n'a même pas le temps de ressentir une sensation de fraîcheur dans la nuque… Voilà le moyen le plus sûr, le plus rapide et le moins barbare.

Le 25 mars 1792, en menuisier averti, Louis XVI confirme qu'une lame en biseau serait plus efficace ; mais c'est en souverain qu'il signe la loi faisant adopter la fameuse machine. Il ignore qu'il en sera bientôt l'un des « patients »… Cour du Commerce-Saint-André, les moutons ne risquent plus rien.

• 6, rue Grégoire-de-Tours. Le sans-culotte de la Révolution.

Au-delà des limites du Paris médiéval, notre chemin menant à Saint-Germain-des-Prés passe par la rue de Buci. Nous croisons alors la rue Grégoire-de-Tours, le temps de remarquer sur la façade une statue XVIIe siècle d'un homme à demi nu. Durant la Révolution, la bâtisse a été baptisée « la maison du sans-culotte »… Serions-nous devant l'un des tout premiers patriotes ? C'est en tout cas ce que pensaient les passants de 1789, qui venaient respectueusement saluer le bonhomme de pierre.

— Salut et fraternité, citoyen !

En fait, il s'agirait plutôt – Ô outrage pour les révolutionnaires – d'une représentation d'Hercule, le demi-dieu cher à Louis XIII et référence mythologique jadis très populaire.

• 12, rue de Buci. La première loge maçonnique de France.

On dit que se trouvait ici le jeu de boules de la Croix Blanche, et qu'un certain Jean-Baptiste Poquelin aurait joué en ce lieu avec son Illustre-Théâtre avant son départ de Paris en 1646. Ici, sur les tréteaux disparus, il aurait décidé d'abandonner son patronyme pour adopter un nom de comédie : Molière.

En tout cas, un peu plus tard, il y avait au sous-sol de la bâtisse un cabaret, le Caveau, où l'on chantait et déclamait des vers... Dans le silence de la salle du haut, le duc Louis d'Aumont, premier gentilhomme de la Chambre du roi, installa en 1732 la première loge maçonnique de France. On s'avinait en bas, on philosophait en haut...

Si Molière a triomphé ailleurs, si le souvenir du Caveau s'est effacé, une étoile sur la façade évoque discrètement la naissance de la franc-maçonnerie hexagonale.

• 43, rue du Four. Le four banal de Saint-Germain.

La rue de Buci nous conduit ensuite à Saint-Germain-des-Prés et nous continuons notre chemin en direction de Sèvres par la rue du Four...

Cette rue s'appela longtemps rue du Four-Saint-Germain, comme il y avait ailleurs la rue du Four-Saint-Honoré, la rue du Four-Saint-Jacques et quelques autres de ce goût-là... Tous les quartiers possédaient leur four pour la cuisson du pain. Celui de Saint-Germain se trouvait à l'angle de cette rue du Four et de l'actuelle rue de Rennes. Four banal, disait-on... Cela ne voulait pas dire qu'il ressemblait à tous les autres : le mot « banal » était forgé sur le terme francique

« ban », qui désignait une loi dont la non-observance entraînait une sanction. En effet, chaque seigneur, dont l'abbé de Saint-Germain-des-Prés, avait le privilège de bâtir un four, mais aussi un moulin ou un pressoir, et d'obliger les populations vivant sous sa juridiction à s'en servir exclusivement… moyennant finance bien entendu.

Le mot du quartier

Atelier, *n.m. Lieu de travail d'un ou de plusieurs artisans.*

Au XIVe siècle, ce mot, sous la forme *astelier*, désignait une menuiserie ou, plus généralement, tout endroit où l'on travaillait le bois. Construction sémantique naturelle puisque le terme *astelle* désignait justement un tas de bois.

Au débouché de la rue du Four, nous arrivons au carrefour de la Croix-Rouge, nom provenant d'une croix peinte en rouge qui venait de l'abbaye Saint-Germain et avait été déplacée ici au XVIe siècle.

Ce carrefour a toujours été un important nœud de communication entre de nombreux chemins, dont la rue du Dragon qui était, vers 1560, la rue du Sépulcre. C'est là qu'habitait et travaillait Bernard Palissy.

Obsédé par l'idée de trouver le secret de la céramique émaillée, celui-ci usa son temps et sa santé à étudier avec acharnement cette difficulté artisanale et artistique. Tout fut englouti dans cette quête. Pour faire du feu, pour alimenter son four, pour observer la réaction des terres et des minéraux en fusion, il fit venir du bois, beaucoup de bois, et quand l'argent manquait il brûlait ses meubles et arrachait le plancher de son lieu de travail… Qui devint ainsi, en quelque sorte, un « atelier », puisque l'on y brûlait tant de bois ! En tout cas, Palissy lui-même, par humour ou dérision, baptisa ainsi les lieux de ses expériences.

Sa femme, alarmée de voir le patrimoine familial partir en fumée, récriminait en vain, et les voisins ricanaient ouvertement devant ce pauvre fou prêt à jeter au feu tout ce qui lui tombait sous la main ! N'empêche, le céramiste parvint à ses fins et put finalement couvrir ses porcelaines d'un émail qui en fit toute la beauté et tout le prix. Il eut plusieurs « ateliers », notamment à Bordeaux et au palais des Tuileries, mais c'est sans doute ici, dans sa demeure de la rue du Sépulcre, qu'il œuvra avec le plus de persévérance.

La rue du Sépulcre devint ensuite la rue du Dragon, et l'on voyait encore, au milieu du XIXe siècle, sur la façade du numéro 24, un bas-relief en terre cuite représentant une scène biblique : Samson terrassant le lion. C'était l'enseigne de l'hôtel qui occupait les lieux : Au fort Samson. La rumeur du quartier assurait que cette œuvre avait été façonnée par le maître de jadis… De tout cela, il reste un mot : « atelier », et un vague souvenir entretenu par la rue Bernard-Palissy qui s'ouvre à deux pas. Aujourd'hui, toujours au numéro 24 de la rue du Dragon, un macaron néo-Renaissance en céramique placé il y a peu semble rendre un respectueux hommage au célèbre artisan.

• Rue de Sèvres. Le secours et la foi.

Au-delà du carrefour de la Croix-Rouge, nous pour-suivons notre chemin par la rue de Sèvres. Jusqu'à une époque récente, tout rappelait ici les terres de l'ab-baye Saint-Germain-des-Prés vouées à la foi et à la piété religieuse. D'ailleurs les taxis parisiens ont long-temps appelé ce segment de la rue de Sèvres « le Vatican ». En effet, nous longeons bon nombre de congrégations religieuses qui, au fil du temps, se sont installées dans ce domaine abbatial... Ainsi le couvent des Prémontrés réformés, construit ici au XVIIe siècle et dont l'immeuble qui fait l'angle avec la rue du Cherche-Midi est un vestige. Puis voici l'Abbaye-aux-Bois, qui date également du XVIIe siècle, détruite en 1907, et dont quelques traces sont malgré tout encore visibles au 11, rue de la Chaise. Cette abbaye devint pensionnat de jeunes filles et maison de retraite pour vieilles dames, et madame Récamier, ruinée et revenue d'exil à la chute de l'Empire, y tint un salon célèbre durant la Restauration. Le square Récamier est un sou-venir des jardins de l'abbaye dans lesquels elle se pro-menait en devisant avec Chateaubriand, Sainte-Beuve, Lamartine ou Balzac.

Ensuite, à hauteur du square Boucicaut, il y avait l'hôpital des Petites-Maisons tenu par les sœurs de la Charité et, plus loin, le couvent de la communauté des filles de saint Thomas de Villeneuve, que le creuse-ment du boulevard Raspail condamna.

Il y avait également l'église diocésaine des Étran-gers, autrefois foyer de jésuites, et qui semble, elle encore, avoir disparu du paysage... Mais non ! Au 33, rue de Sèvres, un curieux panneau vous invite à vous engager dans la glaciale construction moderne qui longe la rue. Suivez-le. Encore quelques pas, et vous voilà devant cette église néogothique flamboyante qui surgit du passé ! Un petit jeu de piste pour retrouver cette église, la mieux cachée de Paris.

La légende des lieux

La semaine des quatre jeudis. Notre fervente rue de Sèvres était en émoi, le pape allait entrer dans Paris. Toutes les congrégations religieuses s'apprêtaient à recevoir le successeur de saint Pierre, et l'abbaye de Saint-Germain-des-Prés pavoisait. Jeudi, c'était jeudi que le saint homme devait arriver... Mais ce jeudi-là, un orage terrible éclata au-dessus de la ville et Sa Sainteté jugea que sa dignité ne lui permettait pas de faire son entrée sous la pluie. Elle reporta donc son entrée solennelle au lendemain. Oui, mais le lendemain était bien logiquement vendredi, jour maigre. Comment faire bombance pour cette réception un tel jour ? Qu'importe ! Le pape débaptisa le vendredi de cette semaine-là et l'appela « jeudi renouvelé ». On put donc, impunément, s'abreuver de bon vin et faire honneur aux agapes.

On parla alors de « la semaine des deux jeudis » pour évoquer un événement improbable... Et puis, par inflation de langage, on dit ensuite « la semaine des trois jeudis », et même finalement « la semaine des quatre jeudis ».

• 24, rue de Sèvres. Les petits secrets du Bon Marché.

– *Premier secret : les cimetières cachés.* Voilà peut-être le meilleur symbole de la fin de l'emprise religieuse sur le quartier : avec le Bon Marché, construit ici en 1852, le monde du commerce a supplanté le monde de la foi. En effet, qui sait aujourd'hui que le nec plus ultra des grands magasins parisiens a pris la place d'un cimetière ? Ou plus exactement de deux cimetières : celui de l'hôpital des Petites-Maisons et celui de la paroisse Saint-Sulpice... Les paradis célestes ont été terrassés par les vaines félicités de la consommation.

– *Deuxième secret : ce n'est pas une innovation !* Quand, en 1852, Aristide Boucicaut transforme le vieux Bon Marché pour en faire un grand magasin, il sait que, pour attirer la clientèle, il lui faut non seulement des produits moins chers qu'ailleurs, mais aussi une abondante publicité sous toutes les formes : affichages, catalogues, slogans et légendes... Côté légende, le patron insiste pour dire qu'il a tout inventé, et cette fable est depuis répétée aux détours des dictionnaires et des guides. Mais nous qui sommes passés pas la rue du Faubourg-Saint-Martin[1], nous savons bien que le premier des grands magasins a ouvert ses portes à Paris en 1784.

– *Troisième secret : les victimes de la consommation.* Le public – et singulièrement le public féminin – n'a pas tardé à se ruer au Bon Marché et dans les autres grands magasins qui poussaient à Paris à la fin du XIXe siècle. Rubans, colifichets, dentelles, robes et chapeaux, tout était proposé, tout était exposé à portée de

---

1. Voir chapitre 4, p. 82.

main. La tentation était forte, trop forte. Des clients ont été attrapés à chaparder… Entre 1884 et 1886, en seulement trois ans, dix-sept femmes se sont suicidées à cause de cette tentation, dix-sept malheureuses qui ne pouvaient survivre à la honte d'avoir cédé à une pulsion momentanée.

— *Quatrième secret : le siège de Paris.* Dès septembre 1870 et durant cinq mois, l'armée prussienne fait le siège de Paris. Le grand souci de la population parisienne est alors de pouvoir manger. Comment nourrir plus de deux millions d'âmes ? Dans cette sombre atmosphère, un grand magasin semble incongru, alors l'immeuble du Bon Marché devient centre de distribution de vivres. Six cent mille nécessiteux ont été recensés, et la municipalité organise pour eux un vaste réseau de répartition gratuite de denrées alimentaires. Au Bon Marché, on fait la queue pour obtenir quotidiennement trente-trois grammes de viande par personne et quelques légumes.

• 23, rue de Sèvres. Un palace pour les provinciaux.

On a beau dire que le Bon Marché était destiné à un public peu fortuné, les consommateurs aisés devaient tout de même constituer une part de la clientèle. Une bonne part, puisque madame Boucicaut, la propriétaire, s'inquiète du confort des riches provinciaux montés à la capitale afin de faire leurs emplettes. Pour eux, elle voudrait un hôtel de luxe juste en face du grand magasin : ce sera l'hôtel Lutetia, construit après sa mort en 1887.

Siège du renseignement allemand sous l'Occupation, l'hôtel, en signe expiatoire, fut mis à disposition de la Résistance au moment de la Libération. C'est pourquoi ses salons devinrent le lieu d'accueil des survivants sortis des camps de concentration nazis.

• 42, rue de Sèvres. Quand restauration rime avec destruction.

Nous voilà parvenus devant la restauration pimpante de l'hôpital Laennec, autrefois hôpital des Incurables, fondé en 1634, où les filles de la Charité prenaient soin des malades en stade terminal afin de leur offrir une fin chrétienne.

Cette réhabilitation des bâtiments est plutôt réussie, mais… La sacristie de la chapelle devait déranger les promoteurs. Protégée comme monument historique, elle interdisait une réfection complète du site. Alors, que pensez-vous qu'il arriva ? Elle a été purement et simplement rasée en 2011, et les responsables invoquèrent une « erreur humaine » pour justifier ce vandalisme.

• 62, rue de Sèvres. Sous les fromages, le rugissement des lions que l'on tue.

La rue de Sèvres prend ici un aspect provincial, aéré, bien tranquille… C'est pourtant ici que se donna, jusqu'en 1778, un spectacle des plus cruels. Quand les théâtres faisaient relâche, spécialement durant la semaine sainte, s'organisaient en ce lieu des combats d'animaux. Taureaux, lions, tigres, loups et ours affamés s'entredéchiraient. Le spectacle finissait par un divertissement prétendument humoristique, en tout cas fort apprécié : les chiens s'arrachaient un âne vite dépecé avant qu'éclate un feu d'artifice. Sous les applaudissements d'un public ravi.

Entre les spectacles, attendant de mourir sur scène, les animaux en cage rugissaient, hurlaient, feulaient, grognaient, beuglaient, conférant un aspect inquiétant à cet endroit qui semblait avoir réuni la férocité des bêtes et celle des hommes.

Cette horrible arène a aujourd'hui disparu, et l'endroit est occupé par la fromagerie Quatrehomme... une institution depuis 1953.

Et puisqu'on parle d'institution, regardez en face le musée de la Banque postale, l'ancien hôtel de Choiseul-Praslin, qui date du XVIIIe siècle et a été, lui, le témoin de ces spectacles sanguinaires.

• 149, rue de Sèvres. L'absinthe est de sortie.

La rue de Sèvres, on l'a vu, était largement consacrée à la ferveur religieuse et au soulagement des misères humaines. À cet endroit précis se dressait le pensionnat de l'Enfant Jésus qui, au XVIIIe siècle, prenait en charge des jeunes filles pauvres de la noblesse et distribuait des vivres aux nécessiteuses du quartier. De cette structure subsiste l'impressionnant pavillon Archambault de l'hôpital Necker, qui accueille les familles des enfants malades.

En 1777, la Vaudoise Suzanne Necker, épouse de Jacques Necker, ministre de Louis XVI et contrôleur général des Finances, étend la bienfaisance du pensionnat en ouvrant un hospice à sa place. Grande particularité de cet établissement luxueusement pourvu de cent vingt lits : chaque malade a droit à son lit individuel, plus besoin de partager sa couche avec quatre ou cinq autres souffrants, comme c'est le cas ailleurs. Hôpital de l'Ouest, puis hôpital des Enfants malades, cet hospice prend en 1802 le nom de Necker, en souvenir de sa fondatrice.

La Révolution conserve la sœur supérieure, connue pour ses compétences. Celle-ci a renoncé à se rendre aux offices de la chapelle mais continue, par habitude et conscience professionnelle, à surveiller la propreté des lieux et à remplir les burettes de l'autel, c'est-à-dire les flacons contenant le vin de messe. Un jour, le prêtre constitutionnel qui vient tenir régulièrement l'office vide d'un trait le calice… et perd connaissance. Au réveil, il accuse la ci-devant religieuse d'avoir voulu l'empoisonner ! Le comité de quartier fait arrêter la dame et saisir les burettes pour analyse. Le pharmacien reconnaît sans peine de l'absinthe pure… À cette époque, le « vin d'absinthe », si fortement alcoolisé, est utilisé exclusivement comme remède destiné à fouetter les sangs et à dégager l'estomac. L'aventure du prêtre constitutionnel met brusquement au jour les qualités gustatives, euphoriques et récréatives de la liqueur… Elle sort dès lors de la pharmacopée des hôpitaux pour occuper la première place sur les comptoirs des caboulots. Tout est prêt pour que la « fée verte » puisse accomplir ses terribles ravages, avant d'être interdite en 1915.

• Le cylindromane de l'hôpital Necker.

Un jour de 1816, René Théophile Laennec, chef de service à Necker, reçoit en consultation une jeune femme qui se plaint de douleurs au cœur… Mais la patiente est obèse, difficile de tenter l'auscultation à l'oreille. Comment percevoir les bruits du cœur sous cette abondance de chairs ?

Laennec se souvient alors d'une petite scène entrevue dans la rue quelques semaines auparavant : deux gamins jouaient avec une poutre, l'un d'eux grattait l'extrémité avec une épingle tandis que l'autre écoutait, à l'autre bout, les bruits transmis et amplifiés par le bois... Et si le son pouvait se transmettre d'une aussi simple manière ?

Le médecin se saisit d'un cahier qui traîne sur le bureau, en fait un rouleau très serré, applique un bout sur le thorax de la dame et colle son oreille à l'autre bout... Stupéfaction ! Il entend les battements du cœur de sa patiente plus distinctement qu'il ne les perçoit d'habitude en appliquant son oreille sur la poitrine.

Très vite, Laennec affine sa découverte et fait construire des appareils en bois, petits cylindres de trente centimètres percés d'un canal central. Instruments encore rudimentaires, mais déjà efficaces : par les fibres de la matière et l'effet de résonance, le conduit transmet parfaitement les sons. L'inventeur baptise sa création d'un terme tiré du grec : stéthoscope, littéralement « qui observe la poitrine ».

Certains de ses confrères, peu convaincus, affublèrent alors le médecin d'un surnom moqueur : « le cylindromane » ! Mais cette raillerie ne pouvait rien contre la réalité : le stéthoscope révolutionna la médecine. Développé, amélioré, il continue d'être utilisé quotidiennement, et l'on ne pourrait plus imaginer un médecin sans son stéthoscope autour du cou.

• Les fumées blanches de la rue Lecourbe.

La rue de Sèvres, au-delà de l'enceinte des Fermiers généraux du XVIIIe siècle, devient Lecourbe, non pour décrire cette voie – qui file plutôt droit –, mais en mémoire de Claude-Jacques Lecourbe, un général de la fin du XVIIIe siècle.

Grande nouveauté en ce mois d'août 1834 : une diligence sans chevaux caracole le long de cette rue.

Ce « remorqueur à chaudière » avance sur trois roues, emportant quatre-vingts passagers à un train d'enfer : douze kilomètres à l'heure ! Les habitants de la rue sont terrorisés par cet engin brinquebalant sur la chaussée, et la fumée blanche qui s'échappe de cet étrange remorqueur ne les rassure guère. Pourtant, une ligne Paris-Versailles, via Sèvres, est instituée : la durée du trajet n'est plus que de deux heures au lieu des trois ou quatre nécessaires ordinairement.

Cette invention est due à Charles Dietz, un Allemand installé à Paris. *Herr* Dietz est persuadé que son innovation va changer le monde. Il se trompe, et les riverains n'auront pas à subir longtemps ses excentricités routières. Bientôt, le service régulier des remorqueurs à vapeur doit s'interrompre, faute de clientèle, et d'autres inventions – le chemin de fer et l'automobile – vont faire oublier l'ingénieur et ses divagations.

Pourtant, sans même s'en apercevoir, l'Allemand a apporté sa pierre au progrès. En effet, pour protéger ses voyageurs des cahots du chemin, il a porté une attention extrême aux roues de ses véhicules afin de les rendre plus résistantes et plus souples. En posant une couche de feutre goudronné puis du caoutchouc entre la jante de bois et la roue de métal, il a inventé l'ancêtre du pneu, promis à un plus bel avenir que son remorqueur.

• Rue Lecourbe. La mâchoire du mammouth.

Entre le haut de la rue Lecourbe et la rue du Hameau se situait, au début du XXe siècle, une carrière de sable. Et c'est là que l'on découvrit, en 1902, la vie néolithique du quartier : des haches, des silex… et une mâchoire de mammouth avec deux dents encore bien solides ! Sommes-nous sur le terrain où chassaient les ancêtres des Parisiens ? Ces trouvailles ont été déposées au Muséum d'histoire naturelle, galerie de géologie.

Le petit métier du coin

Le fouilleur d'argile. Après avoir traversé les villages d'Issy-les-Moulineaux et de Meudon, nous arrivons à Sèvres, dans les Hauts-de-Seine. Voici le haut lieu de la manufacture de porcelaine qui borde les rives de la Seine depuis 1756.

Si vous poussez la curiosité jusqu'à visiter la manufacture, vous serez accueilli par la statue de Bernard Palissy, notre savant fou de porcelaine émaillée. Cette statue semble vous rappeler quelque chose ? C'est normal : elle est la jumelle d'une autre statue placée, elle, dans le square Saint-Germain-des-Prés… Décidément, tout ici est lié à saint Germain !

Comme Palissy, les céramistes avaient besoin d'énormément de bois pour travailler ; mais pour certaines pièces, ils leur fallait de l'argile… et justement la terre des alentours en recelait des veines riches et abondantes.

Dans les carrières, le fouilleur explorait la terre à l'aide d'une tarière, sorte de grand tire-bouchon qui pénétrait dans le sol pour en extraire des échantillons permettant d'estimer la présence ou non d'argile… Ensuite, il fallait creuser de larges tranchées et recueillir la précieuse terre dans une brouette.

Le métier était difficile, et ne pouvait être exercé qu'en fonction des caprices de la météo.

Trop de soleil, et l'argile se faisait dure, difficile à extraire. Trop de pluie, et l'argile devenait malcommode à manier. En hiver, tout s'arrêtait, car le sol gelé empêchait d'y travailler. Durant ces longues périodes d'inactivité, le fouilleur retournait à Paris... pour trouver un autre petit métier qui l'aiderait à passer la mauvaise saison.

7

AU FIL DE LA RUE
DE CLICHY

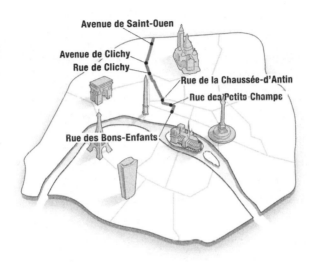

De la Cité jusqu'à Clichy, découvrons la tirelire de l'État, Vidocq devenu détective privé, la naissance du strip-tease, les plâtriers de la rue Blanche, le célèbre Chabanais et les rituels littéraires chez Drouant.

Le début de ce VIIe siècle est joyeux. En décembre 626, Dagobert épouse Gomatrude. C'est le père du jeune marié, le roi Clotaire II, qui a imposé cette union pour la stabilité du trône et la solidité de la dynastie. Mariage de convenance et d'intérêt, certes, mais qui donne lieu à un déploiement impressionnant de personnages considérables… Évêques, députés de toute la nation, nobles de chaque contrée de Francie sont de la cérémonie. Et cette solennité n'a pas lieu à Paris, mais dans la villa de Clippiacum, dont nous ferons Clichy, la résidence que le souverain s'est fait construire à quelques lieues de la grande ville.

Deux ans plus tard, à la mort de Clotaire, Dagobert devient roi et fait de la villa de Clichy le cœur même du pouvoir. Un Versailles avant la lettre, en quelque sorte. C'est là qu'il reçoit les députés de la Gascogne rebelle, là qu'il accepte la soumission de Judicaël, duc de Bretagne, là qu'il répudie Gomatrude, et là qu'il épouse sa maîtresse, Nantilde…

Le roi et la Cour viennent toutefois occasionnellement occuper le vieux palais de l'île de la Cité, à Paris, car il faut organiser là-bas les grandes assemblées et les réceptions des ambassadeurs, mais bien vite tout le monde reprend le chemin de Clichy.

Au-delà de la Cité, la rive droite est toujours engluée dans les marais et les terres inondables. Le chemin de Clichy nous conduit sur les anciennes voies romaines qui s'échappent de Paris vers le nord-ouest à partir des actuelles rues des Bons-Enfants, des Petits-Champs, Gaillon, de La Michodière, de la Chaussée-d'Antin, de Clichy puis enfin avenue de Saint-Ouen…

Comme Dagobert, commençons notre promenade à son départ au cœur de Paris…

• Parking, rue de Harlay. Quelques vieilles pierres en lointain souvenir.

Sur l'île de la Cité, l'antique palais a disparu, l'ensemble qui constitue aujourd'hui le Palais de justice et la Conciergerie n'a gardé aucune trace de son héritage romain ou mérovingien. Quelques pierres nous appellent pourtant dans un ancien couloir du métro Cité aujourd'hui interdit à la visite… sauf pour un entêté comme moi ! Situé sous le Palais de justice, il permettait autrefois aux usagers du métro d'accéder directement au palais sans avoir à sortir dans la rue.

Ici, un fragment de l'enceinte romaine du Bas Empire a été dégagé et préservé. Il m'avait échappé lorsque j'ai décrit en détail le palais dans *Métronome* « 1 » ! C'est contre ces pierres bien abîmées que s'appuyaient donc les antiques palais, romain puis mérovingien.

La légende des lieux

Le méchant du jeu de paume. En cheminant un peu dans l'île de la Cité avant de rejoindre la rive droite, on croisait autrefois, à la place de l'hôtel-Dieu, la petite rue Perpignan. Ce nom n'avait rien à voir avec la ville du sud de la France. En fait, dans un joli jardin planté de roses que longeait cette venelle s'établit le premier jeu de paume que l'on vit à Paris. Mais c'était encore un jeu sans raquette, et les compétiteurs lançaient la pelote avec le poing... *per pugnum*, disait-on en latin. D'où Perpignan !

Il y eut un sportif plus bravache que les autres, et surtout plus irrespectueux. Il lançait d'un poing rageur sa pelote sur un sein de la Madone du jeu de paume, une Vierge de pierre qui protégeait les joueurs. Le châtiment n'allait pas tarder à s'abattre sur le profanateur.

Un jour, devant une assistance fournie, le méchant allait emporter la partie, chacun comptait les points en retenant son souffle... Soudain, les balles allèrent, comme en voletant, se poser au pied de la Madone. Le public tomba à genoux, mais l'impie proféra un chapelet de blasphèmes et voulut lancer une ultime pelote sur la statue. Alors qu'il levait le poing, il tomba foudroyé. Son cadavre couvert d'ordures fut jeté dans la Seine.

Est-ce pour cela que, par la suite, les paumiers furent munis d'une raquette ? En tout cas, cette triste aventure n'empêcha pas le développement prodigieux de ce jeu, ancêtre du tennis.

• 21, rue des Bons-Enfants. La bombe anarchiste.

Si l'on pouvait escorter le roi Dagobert rejoignant sa villa de Clichy, on suivrait la longue procession faite de chevaux et de charrettes, on emprunterait le pont de bois qui enjambe la Seine, puis la rue Saint-Martin et la rue Saint-Honoré…

… Et l'on arriverait ainsi à notre rue des Bons-Enfants. Ils n'étaient pas très nombreux, ces gamins si parfaits, treize en tout ! Treize écoliers pauvres pour lesquels un collège fut fondé ici en 1208.

Au matin du 8 novembre 1892, une violente explosion secoue le quartier du Palais-Royal. C'est le commissariat de police de la rue des Bons-Enfants qui vient d'être soufflé par une bombe… On relèvera cinq victimes déchiquetées par le souffle, un sous-brigadier, un garçon de bureau, un secrétaire, un inspecteur et un visiteur. Les murs du poste sont crevassés, les portes et les fenêtres ont été précipitées sur la chaussée.

Pourtant, l'engin n'était pas destiné à tuer des policiers. En fait, il a été déposé avenue de l'Opéra, au siège de la Société minière de Carmaux. Quand le concierge a découvert l'objet homicide, il a cru bien faire en l'apportant immédiatement au commissariat ! Mauvaise idée.

La bombe a été placée par l'anarchiste Émile Henry qui se fait arrêter deux ans plus tard, après un nouvel attentat à la gare du Nord. Bilan : un mort, une vingtaine de blessés. À son procès, l'anarchiste cite Émile Zola qui fait dire à l'un des personnages de son *Germinal* :

– Tous les raisonnements sur l'avenir sont criminels, parce qu'ils empêchent la destruction pure et simple et entravent la marche de la révolution.

Dans le box des accusés, il parle longuement, Émile Henry, mais ne convainc pas ses juges qui le condamnent à la peine capitale.

• 1, rue de la Vrillière. Notre tirelire.

La procession de Dagobert progresse au milieu des espaces incultes et des marais, nous sommes passés rue des Petits-Champs, nom particulièrement bien choisi pour décrire les paysages que traverse le souverain mérovingien.

Les époques s'entrechoquent, et nous nous arrêtons devant l'hôtel de Toulouse. Mais pour une fois ce n'est pas la façade que nous allons contempler... Ce qui nous attire ici, c'est « la Souterraine », le huitième sous-sol du bâtiment ! Sur onze mille mètres carrés s'entassent plus de trois mille tonnes d'or protégées par une sorte de verrou surréaliste : une tourelle de trente-cinq tonnes ! Il faut bien cela pour garder nos économies, enfin... celles du pays.

Pour abriter ce pécule, il n'existait autrefois qu'une salle accessible par un petit escalier en colimaçon et fermée par une plaque de fer. En 1871, lors de la Commune de Paris, pour assurer la sécurité du trésor, l'escalier fut simplement noyé dans le sable... Désormais inaccessible, l'or de la Nation resta à l'abri des tentations.

En 1920 fut décidée la construction du coffre-fort géant qui existe aujourd'hui, dont nous sommes tous un peu propriétaires. On n'avait pas tellement peur des cambrioleurs – les lieux étaient déjà sécurisés, on l'a vu –, mais on craignait les bombardements : la guerre de 1870 et la Première Guerre mondiale avaient démontré que Paris pouvait être la proie des obus ravageurs.

• La bonne affaire du Palais-Royal.

En 1633, le tout-puissant cardinal de Richelieu achète ici un vieil hôtel particulier adossé aux remparts de la ville et des terrains situés, eux, en grande partie hors les murs… Cette localisation défavorable permet à l'acquéreur d'obtenir des conditions avantageuses. Mais Richelieu est un rusé, il sait déjà qu'il va repousser l'ancienne enceinte qui fermait Paris à cet endroit… Par ce tour de passe-passe, le Palais-Cardinal qu'il se fait construire et les jardins tout autour vont se retrouver en ville. Bref, avec son palais, Richelieu réalise une des plus belles opérations immobilières de l'Histoire ! À sa mort, neuf ans plus tard, le cardinal lègue son domaine au futur Louis XIV. Ce sera désormais le Palais-Royal.

Le somptueux bâtiment sera fortement remanié au XVIIIe siècle, mais la galerie des Proues et ses macarons aux motifs d'éperons de galère et d'ancres marines date encore du premier propriétaire des lieux… Rappelons qu'il était ministre de la Marine de Louis XIII.

• 13, rue des Petits-Champs. La reconversion de Vidocq.

Au 4, rue des Petits-Champs, s'ouvre la galerie Vivienne. Vous le voyez, au numéro 13 de la galerie, ce large escalier qui tourne en majesté ? En 1833, il menait au « bureau de renseignements dans l'intérêt du commerce » créé par François Vidocq. La première agence de détectives privés du monde !

Petit escroc à vingt ans, Vidocq a été condamné au bagne, s'est échappé, a été repris, s'est échappé encore... Et puis, fort de son expérience du milieu, il s'est fait mouchard et a pris la tête, dès 1811, d'une brigade des sûreté formée d'anciens taulards qui, sur ses ordres, s'infiltraient dans le milieu du crime.

Après sa démission de ce poste officiel, il commence donc sa fructueuse carrière de détective privé et peut rapidement se vanter d'avoir huit mille clients ! Il y a les abonnés qui, pour vingt francs par an, ont accès au fichier d'escrocs établi par l'agence, il y a aussi tous ceux qui se rendent occasionnellement galerie Vivienne pour recouvrer une créance, mettre la main sur un débiteur en fuite ou simplement obtenir des informations sur une relation d'affaires. Et n'oublions pas les maris jaloux qui viennent demander aux hommes de Vidocq de surveiller leur épouse... C'est d'ailleurs ce que fait le poète Alfred de Vigny qui doute de la fidélité de sa belle maîtresse, la comédienne Marie Dorval. Est-ce après avoir lu les rapports des détectives qu'il renoncera à son grand amour, quelques semaines seulement après avoir poussé la porte de l'agence ?

• Galerie Vivienne. Quand Chirac inventait le strip-tease.

Ce Chirac-là n'est pas celui auquel vous pensez. Ici, on parle de Frédéric de Chirac. Employé de bureau à la Compagnie des chemins de fer départementaux, il avait une passion : le théâtre réaliste. Son réalisme à lui, c'était les caresses d'alcôve, les rencontres sexuelles sulfureuses, les amours tarifées... Et cette réalité, il tenait à la faire vivre sur scène ! En juin 1891, il ouvrit dans la galerie un petit théâtre qui donna notamment une saynète intitulée *Le Gueux*. Une certaine Odette Merainval y tenait le rôle poignant de la fille d'un garde forestier assez généreux pour offrir l'hospitalité à un vagabond... Préambule nécessaire à la rencontre entre la demoiselle et le nécessiteux.

Et voilà que la jeune fille dégrafe son corsage et lance cette réplique :

– Tiens, gueux, voici ma chair, plantes-y ton baiser !

Tout cela finira au tribunal. Chirac et sa comédienne seront condamnés à quinze mois de prison et deux cents francs d'amende pour outrage public à la pudeur.

Ce soir-là, Chirac venait d'inventer un genre... D'autres s'empresseront de reprendre le concept, mais en débarrassant la scène des préambules mélodramatiques... L'effeuillage était né, il sera baptisé strip-tease quarante ans plus tard.

• 45, rue des Petits-Champs. Bienvenue chez Lully.

En 1670, Jean-Baptiste Lully n'a pas encore créé l'opéra français, mais il est déjà le compositeur dont Louis XIV ne peut se passer, le surintendant de la musique de la Chambre du roi. Il veut alors s'installer dans une demeure digne de son rang. C'est au-delà du Louvre, dans ce quartier en pleine mutation qu'il va faire construire son hôtel particulier. Quand Lully arrive rue des Petits-Champs, l'ancienne butte des Moulins s'est totalement transformée en deux ans. Ce monticule irrégulier formé au cours des siècles par l'accumulation de boues, de décombres, de détritus, d'immondices de toutes sortes a été aplani, les moulins ont disparu et des rues élégantes, bordées de luxueuses constructions, ont été tracées.

Lully, qui sent naître en lui une vocation de spéculateur, se passionne pour de vastes travaux d'aménagement dans lesquels il investit sa fortune nouvelle.

Attenant à son hôtel, il fait construire un immeuble de rapport... Mais ces projets sont terriblement coûteux et bien vite les ressources manquent. L'audacieux bâtisseur s'en ouvre à l'un de ses amis... Molière lui-même. Les deux hommes ont collaboré sur la scène, l'un a écrit les musiques des comédies de l'autre. Maintenant, ils vont être unis par des intérêts plus matériels. Molière prête onze mille livres à Lully et obtient ainsi une rente de cinq cent cinquante livres qui lui sera effectivement versée jusqu'à sa mort, trois ans plus tard.

De toute cette aventure, il reste l'hôtel de Lully avec ses masques de comédie sur la façade, ses boiseries sculptées d'instruments de musique et ses plafonds peints de faunes et de feuillages. Il abrite aujourd'hui le Centre allemand d'histoire de l'art.

Le mot du quartier

Binette, n.f. *Terme familier et plaisant pour désigner un visage.*

Je viens d'évoquer Louis XIV, comment quitter ce quartier sans parler de son perruquier, qui habitait rue des Petits-Champs ? Benoît Binet eut le bon goût de fabriquer des perruques de plus en plus exubérantes au fur et à mesure des progrès de la calvitie royale… Si exubérantes que l'on finit par parler de « binette » quand un visage semblait un peu particulier. Le mot vous semble vieillot ? Il pourrait bien revenir en force dans le langage informatique. En effet, l'Office québécois de la langue française recommande d'utiliser ce terme, binette, plutôt que l'anglicisme *smiley*. Et si nous faisions comme nos cousins canadiens ? Pensez-y quand vous cliquerez sur un petit sourire jaune fluo.

• 12, rue Chabanais. Le rêve de nos grands-pères.

C'est un immeuble discret et sans charme… Rien qu'une façade banale. Et pourtant, il en a entretenu des fantasmes, cet immeuble si commun ! Ici se tenait le Chabanais, l'une des maisons closes les plus luxueuses de Paris. Le client pouvait non seulement choisir la fille avec laquelle il allait passer un moment intime, mais aussi le décor propre à enflammer ses sens. Décision délicate. Fallait-il opter pour la chambre Louis XV, pour l'hindoue, la Directoire, la médiévale ou la mauresque ? Comble d'imagination, il y avait même un wagon de train reconstitué dans lequel le client pouvait, en option, choisir de se faire surprendre en pleins ébats par le contrôleur !

Tolérante et bienveillante, la République organisait un passage au Chabanais pour ses hôtes prestigieux qui en faisaient la discrète demande. Sur le programme officiel, on inscrivait simplement « visite au président du Sénat », et chacun comprenait de quelle chambre il s'agissait.

Il en vit des célébrités, le Chabanais, mais le plus connu et le plus assidu fut le prince de Galles, futur Édouard VII, qui s'était fait installer un mobilier particulier dont une vaste baignoire de cuivre rouge où il barbotait dans le champagne en compagnie de ses belles amies d'un moment.

Tous ces agréments ont été dispersés aux enchères en 1951, et le pauvre numéro 12 de la rue Chabanais n'a plus qu'une rampe d'escalier pour se souvenir de son passé prestigieux.

• 16, place Gaillon. Rituel chez Drouant.

La rue Gaillon sur laquelle nous débouchons doit son nom à un hôtel aujourd'hui disparu. En effet, le chemin de Clichy passait par une porte élevée sous Louis XIII, la porte Gaillon, située tout au bout de la rue, sur l'emplacement de l'actuel théâtre de La Michodière.

Littérature, petits vins et repas fins se côtoient ici, au restaurant Drouant qui accueille les académiciens Goncourt depuis 1914. Chaque mois de novembre, c'est le même rituel : la bousculade des journalistes, la forêt de micros, les caméras, les académiciens qui font mine d'être surpris et le lauréat qui débarque, des étoiles plein les yeux.

Cet ancêtre des prix littéraires reste le plus prestigieux. À l'origine, il était doté d'une récompense de cinq mille francs, mais ce pécule a été rogné de lustre en lustre pour dégringoler à dix euros... Somme que certains lauréats renoncent à toucher pour encadrer le chèque et le suspendre au mur comme un trophée. Mais le retentissement du prix permet à l'heureux élu de voir son ouvrage assuré d'un tirage de cent mille exemplaires au minimum.

L'initiative d'Edmond de Goncourt a d'ailleurs donné quelques idées à d'autres... Pour honorer la mémoire d'un auteur, pour assurer la promotion d'un restaurant, pour faire parler d'un vignoble, pour stimuler le tourisme en province, et pour d'autres raisons tout aussi honorables, que faire ? Créer un prix littéraire ! En 1929, le journaliste Léon Deffoux regrettait cette inflation et comptait plus de cinquante prix littéraires en France... Aujourd'hui, il y en a environ deux mille !

• **Rue de La Michodière.** *Bis repetita placent.*

La rue de La Michodière suit approximativement l'ancien tracé de la voie de Clichy jusqu'à la Chaussée-d'Antin. Approximativement, parce que cette rue est une création du XVIIIᵉ siècle voulue par le prévôt des marchands qui lui donna son nom. Enfin... approximativement, encore une fois, parce que ce prévôt s'appelait Jean-Baptiste Delamichodière, sans espace ni particule. Il devait penser que, pour entrer dans la postérité de la géographie parisienne, mieux valait s'appeler de La Michodière ! Et pourtant, il était noble puisque comte d'Hauteville ! Eh bien, le croirez-vous ? Il se réserva aussi, sous ce nom-là, une rue à sa gloire du côté des Grands Boulevards. Cet obscur prévôt réalisa ainsi l'exploit d'avoir deux rues à son nom… Même Louis XIV ne peut pas en dire autant !

• Pourquoi chaussée d'Antin ?

Notre convoi progresse toujours vers Clichy, et emprunte à présent la rue de la Chaussée-d'Antin. On dit « d'Antin » parce que se dressa non loin l'hôtel élevé par un duc de ce nom, mais pourquoi « chaussée » ? Parce que la rue a dû être surélevée d'une chaussée, justement, en raison des marécages qui s'étendaient ici et des égouts qui s'y déversaient. Il y avait même un élégant petit pont de pierre qui passait sur l'égout. Élégant peut-être, étroit sûrement. Si étroit que lorsque les voitures de deux gentilshommes devaient se croiser, aucun des deux, évidemment, ne voulait céder le passage à l'autre… Et tout cela finissait par un semblant de duel, plutôt joyeux, qui animait le quartier et faisait le bonheur des passants.

Cette voie fut d'ailleurs longtemps le chemin de l'Égout-de-Gaillon. C'est sûr, sous ce nom-là, elle aurait nettement moins bien réussi. Mais en 1721, l'égout fut détourné et recouvert d'une voûte discrète. Avec sa belle appellation de Chaussé-d'Antin, la rue pouvait désormais afficher sa vocation d'opulence aristocratique. Au milieu du XIX siècle encore, les soixante-sept propriétés qui la bordaient rapportaient davantage au fisc que les quatre cent cinquante maisons du quartier Saint-Marcel !

Cette appellation est particulièrement bien choisie pour nous qui suivons les rois mérovingiens… En effet, on a pris l'habitude de désigner comme « chaussées » ces voies héritées de l'Antiquité et que cette dynastie royale a réempierrées et rétablies.

• 2, rue de la Chaussée-d'Antin. Les prémices de la Révolution.

Il y avait ici une caserne, celle du régiment de cavalerie Royal-Allemand commandé par Charles-Eugène de Lorraine, prince de Lambesc. Le 12 juillet 1789 au matin, les quatre cents cavaliers sortent de leur cantonnement pour tenter d'entrer dans le jardin des Tuileries où l'émeute gronde. La rumeur court, on dit que Lambesc a sabré des promeneurs, qu'il a étranglé de ses mains un vieillard qui demandait grâce. Au Palais-Royal, devenu haut lieu de la vie parisienne, Camille Desmoulins exhorte le peuple au soulèvement.

— Ce soir même, tous les bataillons suisses et allemands sortiront du Champ-de-Mars pour nous égorger. Une ressource nous reste, c'est de courir aux armes !

Vers 21 heures, le Royal-Allemand retourne rue de la Chaussée-d'Antin, mais le régiment se heurte à la Garde nationale favorable aux idées nouvelles, et la Garde fait parler la poudre… Trois cavaliers sont blessés.

Dès le lendemain, 13 juillet, Louis XVI donne ordre au régiment de se replier sur Metz. L'Histoire est en marche…

En 1792, la caserne, démolie, doit être remplacée par un immeuble d'habitations. À la fin de l'année, le ci-devant roi est extrait régulièrement de la prison du Temple pour être conduit à la salle du Manège des Tuileries, où se déroule son procès. Et quand l'accusé passe devant le chantier de la Chaussée-d'Antin, il se renseigne sur l'avancement des travaux. Il pose des questions, s'intéresse, demande des détails… Bref moment de répit avant de replonger dans l'histoire de France.

• 20, rue de la Chaussée-d'Antin. Le complot du Consulat.

Dans cet hôtel Lakanal, alors propriété du général Victor Moreau, fut préparé le coup d'État du 18 brumaire. Le 9 novembre 1799 et les jours suivants, un nouveau régime s'installe qui met fin à la Révolution. C'est le Consulat avec, à sa tête, Napoléon Bonaparte.

En avril 1977, au cours de travaux de restauration de l'hôtel, vingt et une têtes des rois de Juda et d'Israël ont été retrouvées enfouies sous la cour. Sculptées dans les années 1220, les statues de ces rois ornaient la façade principale de la cathédrale Notre-Dame, mais elles furent décapitées à la Révolution : les émeutiers pensaient qu'il s'agissait des rois de France ! Les vingt et une têtes sont exposées aujourd'hui au musée de Cluny (*6, place Paul-Painlevé, V* arrondissement*).

• 87, rue Saint-Lazare. Ce coq-là ne chantait pas.

Avant de passer devant l'église de la Trinité qui se dresse au bout de la Chaussée-d'Antin, un petit écart sur la gauche nous fait découvrir l'avenue du Coq qui s'ouvre au 87, rue Saint-Lazare… Cette avenue est une impasse. Si vous pouvez entrer, malgré la grille, allez tout au bout, et vous découvrirez une fontaine… Voilà le dernier vestige du château du Coq, puissant castel sur la route de Clichy. Le nom du château d'autrefois et celui de l'avenue d'aujourd'hui ne doivent rien au maître de la basse-cour… Au XIVe siècle, la résidence était propriété d'un seigneur nommé Jean Cocq.

143

• 84, rue de Clichy. Le dernier jeu.

La procession royale de Dagobert a traversé des espaces qui ne sont alors que marais et champs. Et puis, le rythme ralentit un peu, car il faut grimper ce chemin caillouteux… notre rue de Clichy ! On l'a appelée un temps rue du Coq en raison du château que je viens d'évoquer, mais – le croirait-on ? – elle fut longtemps une sorte de parc d'attractions où les Parisiens venaient joyeusement guincher. Au début de la rue, le promeneur était accueilli par des acacias… et des melons à vendre. Quelques pas encore et un comptoir en étain proposait un vin un peu âcre, mais qui donnait la force de grimper encore pour atteindre le Tivoli, un jardin avec rochers et fausses ruines romaines… Un morceau d'Italie en contrefaçon !

De toute cette joyeuse atmosphère il reste la salle du Casino de Paris, le théâtre de l'Œuvre et, au numéro 84 de la rue, l'Académie de billard créée en 1947 sur l'emplacement d'un parc qui avait été successivement, entre 1760 et 1842, une copie du Trianon avec ses attrayantes charmilles puis une nouvelle interprétation du Tivoli avec tir aux pigeons, danses, musiques et vin blanc frais.

Le petit métier du coin

Le charretier-plâtrier. Au temps où Montmartre était crevassé de carrières, les charretiers emportaient chaque jour vers Paris leur cargaison de plâtre. Les carrioles dévalaient la rue Lepic puis la rue qui descend vers la Trinité, et qu'on appelait déjà rue Blanche, parce que le plâtre friable voletait jusqu'à couvrir toute la voie d'une fine couche blanche qui s'échappait au premier souffle de vent, mais revenait aussitôt avec la charrette suivante.

Et puis les plâtrières furent comblées par des éboulements intempestifs ou des remblais volontaires. Montmartre changeait, sur l'emplacement d'une ancienne carrière ont vit pousser des arbres et verdoyer des champs. Dès 1813, l'exploitation des carrières souterraines était interdite, mais la dernière des plâtrières montmartroises ne fut abandonnée qu'en 1872. La rue où dévalaient les carrioles de plâtre fut définitivement débarrassée de son blanc manteau, mais elle resta pour tous la rue Blanche…

• 7, avenue de Clichy. Le cinéma du père Lathuille.

C'est aujourd'hui un cinéma d'art et d'essai, mais ce fut auparavant le Kursaal où chanta notamment Maurice Chevalier et, avant encore, le cabaret du père Lathuille. C'est là que le général Moncey – celui que représente la statue de la place Clichy – installa son QG le 30 mars 1814 pour organiser la défense contre l'attaque cosaque… Devant la patrie en danger, le père Lathuille réagit avec cœur et abnégation : il ouvrit gratuitement sa cave aux soldats.

— Allez-y, buvez les enfants, c'est toujours ça que les cosaques n'auront pas !

Le mot ne fut pas oublié. Il revint en 1870, en 1914, en 1940… Mais ce n'est plus aux cosaques que l'on pensait.

145

• 11, avenue de Clichy. Les couleurs de Manet et des autres.

Toutes les boutiques de ce coin de l'avenue semblent banales. Du prêt-à-porter, des photocopies, des articles de sport… Mais levez les yeux au numéro 11 et vous verrez une mosaïque qui indique que la maison a été fondée en 1830… Cet établissement fut celui du père Hennequin, un marchand de couleurs. Édouard Manet, Claude Monet, Auguste Renoir, Edgar Degas, Camille Pissarro venaient ici s'approvisionner de la grande innovation de l'époque : des tubes de couleurs prêts à l'emploi ! Et ce n'est pas anecdotique : cette nouveauté bouleversait l'art… Désormais, les peintres, libérés des lourdes contraintes des pots, pouvaient sortir de l'atelier et se confronter à la nature. L'impressionnisme est né aussi de ce détail technique.

Si ces grands noms de la peinture se fournissaient chez le père Hennequin, c'est que juste à côté, au numéro 9, le café Guerbois attirait tous les pourfendeurs de l'académisme figé venus débattre sur l'art du futur.

• Rue Belliard. L'expression du *street art.*

Quittons l'avenue de Clichy pour prendre l'avenue de Saint-Ouen à hauteur de La Fourche… Une fourche déjà très fréquentée au VIIe siècle, et j'ai la curieuse sensation de me trouver à l'entrée d'un périphérique vieux de plus de mille ans avec, au choix, direction Clichy-Ouest ou Clichy-Est !

En tout cas, si l'on veut tenter de retrouver Dagobert et sa villa de Clichy, il faut se diriger vers Saint-Ouen… D'ailleurs, Saint-Ouen et Clichy furent longtemps confondus. Dans son *Théâtre des antiquités de*

Paris, l'historien genevois Jean Tronchin du Breuil écrivait en 1612 : « Le village de Saint-Ouen s'appelait anciennement Clippiacum, et en français Clichy. » Donc, tout porte à croire que la villa mérovingienne de Clichy se dressait dans l'actuel Saint-Ouen.

Et c'est ainsi que nous rejoignons la rue Belliard pour passer, au numéro 185, devant l'immeuble de l'architecte Henri Deneux, élevé peu avant la Grande Guerre. Lumière, air, couleurs, plantes… tels semblent avoir été les principes de cette construction originale qui fait paraître bien ternes les bâtiments alentour.

D'ailleurs, juste en face, sur l'ancienne Petite Ceinture qui encerclait Paris de son joyeux chemin de fer, les parois des quais d'autrefois donnent l'impression de faire écho aux audaces architecturales du siècle passé… Ici, les bombes à peinture deviennent une forme d'expression, le *street art* explose ! Figures allongées, lettres déformées, signes éclatants composent une symphonie aux frontières improbables du sublime et du vulgaire.

• 4, rue du Planty, Saint-Ouen. Le souvenir de la villa de Dagobert.

Au-delà de Paris, nous continuons par l'avenue Gabriel-Péri jusqu'à l'avenue Albert-Dhalenne qui nous conduit au terme de ce périple : la rue du Planty à Saint-Ouen. C'est là sans doute, sur ce petit promontoire, que se dressait la villa du roi Dagobert. La chronique nous apprend que saint Ouen, évêque de Rouen, est mort en 683 dans la villa de Clichy de son ami Dagobert… Or, sur ce site s'élevèrent une chapelle puis une église, lieu de pèlerinage. C'est aujourd'hui l'église de Saint-Ouen-le-Vieux. Maigre vestige, penserez-vous, car des fastes du monarque il ne reste que ce souvenir pour rêver, le palais et ses dépendances, construits entièrement en bois, n'ayant pas résisté au temps.

8

AU FIL DE LA RUE
DE CHARENTON

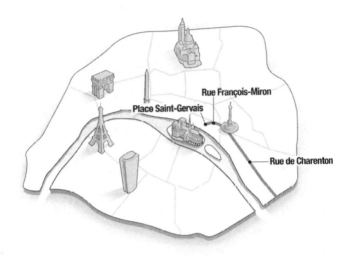

De la place Saint-Gervais à Charenton : les porcs bannis de Paris, les chasseurs de rats, la première maîtresse de Louis XIV, le génie de Mozart, le souterrain de Cartouche et un asile bien connu.

Au VIIIe siècle, les rois mérovingiens qui baguenau-daient du côté de Clichy ont laissé la place aux Caro-lingiens. En 751, Pépin le Bref, premier de la nouvelle dynastie, monte sur le trône des Francs. Mais le sou-verain ne montre pas un grand empressement à venir établir son pouvoir à Paris. Il se fait sacrer chez lui à Soissons, dans sa capitale de Neustrie, là où se tiennent les grandes assemblées des seigneurs francs. Plus tard, son fils Charles, qui deviendra Charlemagne, couronné empereur d'Occident, fixera sa capitale à Aix-la-Chapelle, en Allemagne actuelle.

Si Paris n'est plus qu'un petit port sur la rive droite de la Seine, si sa population se réduit à quelques milliers d'habitants, la ville demeure un verrou important des circulations fluviale et routière. La rive droite se développe sur trois éminences naturelles : Saint-Germain-l'Auxerrois, Saint-Jacques-la-Boucherie et Saint-Gervais.

Le petit port s'organise à hauteur de ce qui sera la place de l'Hôtel-de-Ville. Tout autour, le monceau de Saint-Gervais, c'est-à-dire la butte de gravier à l'abri des caprices du fleuve, se développe avec une rue centrale qui file vers l'est, notre rue François-Miron. Ce vieux sentier hérité des Romains suit la Seine à distance respectable, restant ainsi hors d'atteinte des eaux montantes. Et cet itinéraire au sec devient plus loin la rue Saint-Antoine puis notre rue de Charenton, car c'est vers ce village et surtout vers le pont qui contrôle la confluence de la Marne et de la Seine que nous nous dirigeons. Un chemin essentiel pour Paris : longtemps, le pont de Charenton a été stratégiquement considéré comme la clé de la ville.

Remontons donc parallèlement à la Seine, direction Charenton.

• Le monceau de Saint-Gervais.

La rue François-Miron est la colonne vertébrale du quartier Saint-Gervais. Observez cette surélévation du terrain qui borde un côté de la rue... et nécessite même une volée de marches. À cet endroit s'entassèrent durant des siècles les « gravois » des environs. Pour être clair, il s'agissait d'une décharge à ciel ouvert dont les traces n'ont jamais pu être effacées.

La légende des lieux

Place Saint-Gervais. L'orme magique. Il a l'air un peu jeune pour son histoire médiévale, cet orme planté devant l'église Saint-Gervais. On a beau l'entourer de chaînes lourdes et solides, comme pour mieux le vénérer, on ne changera pas la réalité : cet arbre de douze mètres de haut a été planté en 1936, ce qui lui fait, en années de bois, une tendre adolescence ! Pensez, il peut vivre cinq cents ans et atteindre quarante mètres de hauteur.

Mais le rêve est le plus fort. Cet orme, dit-on, protège les habitants du quartier depuis le Moyen Âge, et si ce n'est lui, c'est quelqu'un de sa lignée. En tout cas, pour sceller un accord ou résoudre un conflit, les voisins de l'église venaient jadis s'asseoir ici, à l'ombre du feuillage. On prétend même que, comme il le faisait sous les chênes de Vincennes, Saint Louis venait rendre la justice sous ses frondaisons…

Cet orme fabuleux avait aussi le pouvoir de guérir. Un peu de son écorce en décoction constituait un remède souverain contre les fièvres, prétendaient les paroissiens confiants.

Aujourd'hui, on ne fait plus de tisane avec les éclats du tronc de cet arbre magique, mais on cherche son aide d'une autre manière : grâce à son magnétisme. Il suffirait de le toucher quelques instants ou de l'enlacer avec conviction pour se sentir aussitôt tout ragaillardi ! Faudra que j'essaie, un de ces jours…

D'ailleurs, on retrouve la silhouette de cet

orme « sacré » dans les décors des balcons qui ornent les façades des 2 et 14, rue François-Miron. Ils nous rappellent que nous sommes ici dans la plus ancienne paroisse de la rive droite !

• Les miséricordes de l'église Saint-Gervais.

Je vous invite vivement à pénétrer dans ce lieu, car je voudrais vous parler de miséricorde. Non pour faire du prosélytisme religieux, rassurez-vous, encore qu'il convienne de se rappeler que les églises ne sont pas des vaisseaux vides. Pour les croyants, ce sont des lieux sacrés de prière et de recueillement, ne les visitez pas comme vous arpenteriez un musée. Mais ouvrez les yeux quand même ! Tenez, ici, en vous rapprochant du chœur, vous les voyez, de chaque côté, ces stalles en bois verni ? Ces stalles disposent de petites consoles qui permettent au prêtre de s'appuyer ou de s'asseoir tout en donnant l'impression d'être debout comme le rite l'exige. On appelle ces légères saillies des « miséricordes » ! Des petits arrangements avec le Ciel, en somme… Les stalles de bois sculpté de l'église Saint-Gervais, qui datent du XVIe siècle et offrent un véritable livre d'images sur le quotidien des Parisiens de l'époque, sont sublimes.

• Rue François-Miron. La plaque qui condamne.

Au chevet de cette même église Saint-Gervais, qui donne sur la rue François-Miron, vous trouverez une plaque en ardoise datant de la Révolution. Ce genre de plaque nous rappelle où le culte catholique fut interdit et quels lieux de prière furent réquisitionnés par la toute jeune République.

- **Le bannissement des porcs.**

Le 12 octobre 1131, Philippe, fils aîné de Philippe VI le Gros, se promène sur sa monture rue du Martroi, une venelle disparue du quartier Saint-Gervais. Soudain, un porc se jette dans les jambes du cheval qui se cabre et tombe, entraînant sous lui son jeune cavalier de quinze ans. Le garçon, héritier du trône, est transporté dans une maison voisine, mais rien n'y fait, il meurt le lendemain de ses blessures. Désormais, les porcs n'auront plus le droit de vaguer dans les rues de Paris.

Le petit métier du coin

Le chasseur de rats. Au XVIe siècle déjà, Joachim du Bellay chantait les mérites d'un certain Belaud passé maître en la matière :

Belaud savait mille manières
De les surprendre en leurs tanières...

C'est un métier qui a existé de toute éternité et qui n'a pas disparu aujourd'hui... La guerre s'est engagée depuis longtemps, mais le rat n'a pas désarmé : il y aurait, dit-on, plus de rongeurs dans les sous-sols de Paris que d'humains à la surface !

À la fin du XIXe siècle, les chasseurs de rats sont environ deux cents dans la capitale. Ils opèrent dans les vieilles demeures partout dans Paris. On les voit arriver de nuit, munis d'une lanterne, d'une tige de fer et d'une cage, accompagnés d'un fox-terrier dressé à cette traque particulière. Au chien est dévolu le rôle de flairer le

---

rat ; quand il a débusqué sa proie, il se met en arrêt devant le trou ou la gouttière qui a servi de refuge à celle-ci tandis que le chasseur pose la cage devant l'orifice et excite le rat avec sa barre de fer jusqu'à ce que, affolé, il tente de fuir et se précipite dans la cage. Un bon chasseur est capable de prendre ainsi quinze à vingt rats dans une nuit. Une belle affaire car chaque bestiole se vend entre vingt-cinq et cinquante centimes. Pour faire quoi ? Des gants avec sa peau… Quant à la chair, elle est servie, sous différentes appellations, dans bien des gargotes de la ville !

D'ailleurs, pendant le siège de Paris par l'armée prussienne, de septembre 1870 à janvier 1871, la population parisienne a pris l'habitude de manger du rat. On le présentait cuit à l'étouffée, tout rouge dans son ravier, la queue dressée en trompette avec, touche délicate, un peu de persil autour du museau. On venait d'inventer « le rat goût de mouton » !

Même si je vous oblige à un petit détour, je ne résiste pas à l'envie de vous parler ici de la maison Aurouze, véritable monument historique pour les chasseurs de rats ! La vitrine éloquente de ce magasin démontre son savoir-faire depuis 1872… (*8, rue des Halles*).

• 11, rue François-Miron. C'était ça, Paris au Moyen Âge !

Ces deux maisons à colombages sont des rescapées du Paris médiéval. Certes, elles ont été souvent restaurées, jusque dans les années 1960, mais elles offrent une vue grandeur nature des habitations chics du XIVᵉ siècle. Bien sûr, l'époque connaissait en même temps son lot de masures sordides et d'emplacements miséreux, mais la ville avait aussi cet aspect élégant, élancé, qui semblait prêt à défier le temps.

• 30, rue François-Miron. La maison de l'amour.

Par un long couloir, on parvient à une courette où se dresse une petite maison du XVIᵉ siècle, la demeure de Marie Touchet, maîtresse de Charles IX.

On connaît l'amour très fort qui unissait les deux amants… Mais après la mort du roi Charles, dont elle a eu un fils, le bâtard d'Angoulême, Marie aura deux filles d'une autre liaison, dont la célèbre Henriette qui deviendra la favorite du roi Henri IV. Une favorite qui n'avait pas sa langue dans la poche.

— Vous avez de la chance d'être roi, car en vérité, sire, vous puez comme une charogne… lui a-t-elle assené un jour.

À quoi le Vert Galant aurait répondu :

— Effectivement, j'ai le gousset qui sent un peu fin…

• 68, rue François-Miron. La première maîtresse du Soleil.

Cet hôtel de Beauvais aux façades ondulantes qui rappellent un peu la Florence des Médicis sert aujourd'hui de cadre à la cour d'appel administrative.

Construit en 1657 par l'architecte royal Lapautre, il eut comme première propriétaire Catherine Bellier, surnommée Cateau-la-Borgnesse parce qu'il lui manquait un œil. Regardez les visages de pierre dans la cour d'honneur, repérez le plus moche, le plus grotesque…

Bingo, c'est elle ! Mais attention, tous les goûts sont dans la nature, et la fameuse Cateau eut l'insigne honneur de déniaiser le futur Louis XIV qui se prit de passion pour elle... Il n'avait pas encore un goût très sûr... ou elle avait des charmes cachés !

• 68, rue François-Miron (*bis*). Les belles notes de Wolfgang.

Un siècle après Catherine Bellier, l'hôtel particulier est occupé par le comte van Eyck, ambassadeur de Bavière. C'est là que, le 18 novembre 1763, sont accueillis Leopold Mozart et son fils de sept ans, Wolfgang, qui arrivent de Francfort via Bruxelles. La comtesse fait porter son clavecin, dont elle ne se sert pas, dans la chambre de l'enfant. Et le petit Wolfgang peut se livrer à ce qui le passionne déjà : la composition. Au printemps précédent, il a déjà écrit un *Double Menuet en sol*... Pourquoi ne pas continuer dans cette voie ? Sur le clavecin de la comtesse, il compose deux recueils de sonates « qui peuvent se jouer avec l'accompagnement de violon ».

Et c'est à Paris que Mozart commence à connaître la célébrité ! Un Allemand installé en France, Friedrich Grimm, se fait le chantre enthousiaste de l'enfant prodige : « Ce qui est incroyable, écrit-il dans sa *Correspondance littéraire*, c'est de le voir jouer de tête pendant une heure de suite, et là s'abandonner à l'inspiration de son génie... » Quand les Mozart prennent la route de l'Angleterre, après cinq mois de séjour parisien, Wolfgang Amadeus est entré dans la légende.

• Rue de Charenton. Le drame de l'intolérance.

La rue François-Miron retrouve plus loin son ancien nom de rue Saint-Antoine, nom qu'elle portait avant 1865, avant qu'on ne la baptise François-Miron, en souvenir d'un prévôt des marchands du XVIe siècle. Je veux voir dans cette attribution un marqueur fort pour cette rive droite tournée vers le commerce et le travail, par opposition à la rive gauche consacrée essentiellement à la prière et à l'étude.

La rue Saint-Antoine nous propulse en plein cœur du Marais et la station de métro Saint-Paul « Le Marais » offre un nom bien choisi pour décrire les lieux en ce VIIIe siècle : un chemin perdu au milieu des marécages et des méandres de la Seine. Nous arrivons place de la Bastille où le chemin se divise en deux, chemin de Meaux et chemin de Charenton. Ce dernier porte à présent le nom de rue de Charenton... C'est là que le dimanche 26 septembre 1621 se déroula un terrible drame. Ce jour-là, des protestants qui revenaient de Charenton, où se dressait le temple réformé, furent attaqués par des bandes de catholiques zélés. Cette expression violente de l'intolérance religieuse fit plusieurs morts, dont le pasteur de la communauté à qui l'on trancha le nez, les oreilles et les lèvres... avant d'exhiber dans tout Paris ces trophées plantés à la pointe d'une épée.

• 28, rue de Charenton. Chez les mousquetaires.

En 1710 s'installèrent ici les mousquetaires noirs, appelés ainsi en raison de la couleur de la robe de leurs chevaux. De cette caserne il reste le portail d'entrée et la chapelle, toute simple. Le pavé du sol aussi est d'époque, on dit même qu'il servait de table de jeu à ces cavaliers de la Maison du roi.

Quand ils sortaient de leur cantonnement, fiers sur leur destrier sombre, mousquet au côté, c'était parfois pour aller faire la guerre ; mais le plus souvent, ils paradaient dans les grandes fêtes royales.

En 1775, lorsque le corps des mousquetaires fut dissous par Louis XVI pour des raisons d'économie, il fallut bien faire quelque chose de ses casernements... Alors le cardinal de Rohan, grand aumônier de France, transporta en ces lieux l'hôpital des Quinze-Vingts spécialisé dans les maladies des yeux dont il avait la charge et qui se situait, jusque-là, rue Saint-Honoré. Cet établissement, fondé au XIIIe siècle par Saint Louis, avait été la Maison des pauvres aveugles de Paris dont la mission était d'accueillir quinze fois vingt non-voyants, c'est-à-dire trois cents handicapés de la vue, car on comptait alors par vingtaines. Moins éphémères que les mousquetaires, les ophtalmologistes sont restés rue de Charenton et ont fait de cette vieille institution un hôpital de pointe.

• Rue de Charenton. La crue quand même.

Cette voie devait être, en principe, hors de portée des débordements de la Seine. Pourtant, en 1740, la crue qui envahit tout monta bien haut dans la rue. Si haut qu'un voisin des mousquetaires, impressionné, grava une pierre du mur d'enceinte de leur caserne. Pour qu'on se souvienne des colères du fleuve. Elle est là, cette pierre, discrète, sur le mur à droite de l'entrée de l'hôpital des Quinze-Vingts.

Le mot du quartier

Casaque, n.f. *Vêtement que l'on porte par-dessus la veste.*

Ils avaient belle allure, les mousquetaires de notre rue de Charenton. Il fallait les voir défiler avec leur veste rouge surpiquée d'argent sur laquelle ils revêtaient une sorte de cape bleue frappée d'une croix fleurdelisée en velours blanc, signe de leur appartenance à la Maison du roi. Cette cape, on l'a appelée « casaque », un terme qui fait allusion à un peuple d'Asie centrale, les Kazakhs, eux-mêmes cavaliers émérites.

Aujourd'hui, le terme désigne la blouse du chirurgien, mais il s'entend aussi régulièrement dans les commentaires des courses hippiques. En effet, les jockeys se distinguent par une casaque aux teintes vives, chemise de soie aux couleurs du propriétaire du cheval.

Si le mot est devenu très spécialisé, il demeure d'une acception plus large dans l'expression « tourner casaque »… Des mots que les mousquetaires ne voulaient pas entendre puisqu'ils signifiaient à l'origine « fuir sur le champ de bataille ». Le sens actuel, plus pacifique, fait allusion à un changement rapide de projet ou d'opinion.

• **302, rue de Charenton. Ici se trouvait le souterrain de Cartouche.**

Il faudrait creuser pour retrouver le souterrain qui, dit-on, partait d'un puits creusé à cette adresse et se prolongeait jusqu'à la campagne avoisinante. Ici, vers

1720, se trouvait l'estaminet de la Vieille Pinte, qui servait de QG à Cartouche… Le couloir souterrain aurait été imaginé pour permettre au bandit et à sa bande de prendre discrètement la poudre d'escampette en cas de survenue des archers du roi. En attendant, Cartouche pillait les nobles oisifs, dépouillait les marchands opulents et assassinait à l'occasion. Il devint très vite le Robin des bois des Parisiens, et ses frasques le rendirent célèbre et très aimé de la population… En dépit de la trentaine de meurtres qu'on lui attribuait !

Un jour, il vola une épée au Régent et la lui retourna accompagnée de ce billet : « Au premier voleur du royaume qui a tenté de faire tort à Cartouche, son confrère ».

Une autre fois, il pénétra chez une duchesse de nuit, braqua ses pistolets sur la belle endormie qui s'attendait à être volée et violée… Mais Cartouche lui ordonna simplement de commander un souper et du champagne. Le vin n'étant pas à son goût, il fera porter à la duchesse une caisse d'un fin millésime…

• 304, rue de Charenton. Ne dépassez pas la ligne !

Il serait bien déconcerté, Louis XV, s'il pouvait revenir… En 1726, il fit déposer à cet endroit un avertissement gravé sur la pierre : « Défense de construire au-delà de cette limite ! » C'était ici l'extrémité, non pas de Paris, mais de la banlieue. Après, il ne fallait rien jusqu'au premier village. Rien que des champs… S'agissait-il d'une sorte d'écologie urbaine avant la lettre ? La pierre est toujours là, mais elle n'a pas su arrêter les constructions.

En fait cette pierre a d'abord été réemployée dans le carrelage du sol de la demeure du 304, rue de Charenton, mais elle fut repérée en 1910 par l'historien Lucien Lambeau. Le propriétaire des lieux accepta de la refixer sur le mur de sa maison moyennant une indemnité de cent francs.

• Jusqu'au pont de Charenton…

Notre rue de Charenton se poursuit jusqu'aux limites actuelles de Paris puis devient rue de Paris pour gagner le pont jeté sur la Marne, juste avant sa jonction avec la Seine… C'est le pont de Charenton ou plus exactement de Carentos, peut-être du nom d'un Celte qui dut être assez prestigieux pour que son patronyme soit donné à cet ouvrage. Ce nom servit finalement à désigner la longue voie que nous arpentons et même le bourg qui en est l'aboutissement.

Le pont actuel ne date que de 1972, mais il est le descendant d'une longue lignée, et ces lieux furent le théâtre de luttes obstinées pour la conquête de la capitale. Comme si celui qui tenait le pont de Charenton tenait Paris. En 1436, les troupes de Charles VII y délogèrent les Anglais ; en 1649, les armées royales y affrontèrent les frondeurs ; en 1814, les alliés y attaquèrent le dernier carré des troupes impériales ; en 1944 s'y déroulèrent des combats stratégiques pour la libération de Paris.

• 28, rue du Maréchal-Leclerc. Saint-Maurice, le moulin de la Chaussée.

Aux abords du pont de tous les combats, dans ce « Saint-Maurice » qui s'appela Charenton jusqu'en 1843, un bâtiment attire notre attention : le moulin de la *Chaussée* – vocable médiéval qui désignait les routes… Ce bâtiment lourd, puissant, solide, qui lèche les eaux de la Marne est un rescapé. Le rescapé de l'autoroute A4 ! En effet, il a failli être démoli pour laisser passer le flux des voitures… Et puis, miracle, il est resté debout. Une chance, car un moulin a été construit ici en 1394, et celui que nous voyons encore aujourd'hui a pris sa suite en 1650. Sa roue ne s'est arrêtée qu'en 1972.

• 12, rue du Val-d'Osne. Saint-Maurice, l'asile de Charenton.

C'est là que s'établit un hôpital destiné, dès 1660, à recevoir essentiellement des aliénés. Mais comment traite-t-on la maladie mentale en un temps où la médecine en est encore à ses balbutiements ? Douches ou bains glacés, claustration et camisole de force sont censés calmer les agités. On confond folie et contestation, délire et originalité. On envoie à Charenton non seulement de véritables « insensés », comme on disait alors, mais aussi des personnalités qui dérangent l'ordre social et les familles. Le marquis de Sade, dont les œuvres sulfureuses font si peur, y sera enfermé de 1803 jusqu'à sa mort, neuf ans plus tard.

En 1825, Jean-Étienne Esquirol est nommé médecin-chef de l'établissement, et il apporte à Charenton cette grande idée, si novatrice : l'asile d'aliénés doit être un lieu de soins et non un centre de coercitions. Cette réelle avancée marque le début d'une approche plus thérapeutique et plus humaine de la maladie mentale. On tente même une étude rationnelle des causes de la folie. En 1829, environ cinq cents patients sont mis en fiche et l'on extrait de ces statistiques les raisons supposées de leurs troubles. Parmi ces causes, on liste allégrement la masturbation, le libertinage et la lecture de romans… Mais à ces divagations s'ajoute l'essentiel : à Charenton, on évite désormais d'enfermer et d'attacher les internés.

Esquirol est pourtant confronté à des cas bouleversants. Un baron est persuadé que le préfet de police tient l'extrémité d'un fil de laiton qui aboutit à son nez et lui provoque des secousses électriques pour le faire éternuer. Un ancien haut fonctionnaire de la préfecture de police croit que le monde entier l'accuse d'actes infâmes, il pleure tout au long du jour et pense que s'il se nourrit exclusivement de pain et de légumes la vérité éclatera. Un lieutenant de chasseurs à pied, certain d'avoir été tué à la bataille de Solferino, réclame son inhumation et s'étonne que les vers ne l'aient pas encore dévoré…

Pour tous ces malades, et bien d'autres, s'impose une médecine nouvelle, qui débouche sur une architecture repensée de l'hôpital. En 1833, Esquirol imagine un bâtiment symétrique dont les lignes parallèles pourraient apaiser les malades et induire un « traitement moral » de la pathologie. Les travaux débutent en 1838 mais, interrompus plusieurs fois faute de crédits, ils ne s'achèveront que près de cinquante ans plus tard.

Les parties anciennes des actuels hôpitaux de Saint-Maurice, et même leurs espaces verts, sont les témoignages d'une psychiatrie en pleine mutation, qui se débarrassait des anciens errements pour tenter d'apporter aux malades mentaux le secours d'une médecine bienveillante et bienfaisante.

• Charenton. Un brassard rouge pour l'inspecteur la bavure.

Une information vient de tomber à la préfecture de police : une bande de malfrats prépare un hold-up avec pour objectif une bijouterie rue de la Brèche-aux-Loups, qui se jette dans la rue de Charenton.

Au jour J, 23 juillet 1975, tout est prêt pour faire tomber la bande. Afin de renforcer son équipe, la 4ᵉ brigade territoriale a demandé le soutien de la brigade de recherche et d'intervention, autrement dit l'antigang. Sept inspecteurs de l'antigang et huit de la territoriale sont en position dans des véhicules banalisés : la bande est surveillée de près. Rue de Valmy, petite voie déserte de Charenton-le-Pont, les truands ont garé une voiture destinée à leur fuite.

Vers 18 heures, quatre braqueurs entrent en action rue de la Brèche-aux-Loups. Deux d'entre eux neutralisent la circulation de la rue, tandis que les deux autres, Thierry et Kamal, entrent dans la bijouterie. Thierry s'empare d'une sacoche, mais le bijoutier tente de résister. Il est abattu par Kamal. Les malfrats détalent, emportant dix mille francs. Ils se dirigent vers Charenton, la rue de Valmy, la voiture... Mais le groupe de l'inspecteur Jacques Pottier, de la territoriale, est sur place. Seulement ces policiers ignorent que, pendant ce temps, une seconde équipe de l'antigang a été mobilisée en renfort : on ne les a pas prévenus. Or cette seconde équipe arrive aussi sur les lieux. Rappelons que tous ces hommes sont en civil et ne se connaissent pas. La bavure guette.

Soudain un inspecteur de l'antigang se dresse, met en joue l'inspecteur Pottier et lui crie de jeter son arme... Déconcerté, l'inspecteur hésite. Quelques secondes.

Sept coups de feu claquent. Le policier de vingt-six ans est mort. Victime du devoir. Abattu par des collègues.

La bande de truands est arrêtée au grand complet, mais la presse évoque surtout la guerre des polices. Quant à Michel Poniatowski, ministre de l'Intérieur, il décide que, désormais, tous les agents en civil porteront, au cours des opérations, un brassard rouge marqué « police », afin d'être reconnus « par leurs collègues ou par les citoyens ».

9

AU FIL DE LA RUE
MONTMARTRE

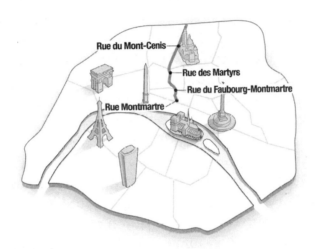

Sur le chemin du martyre de saint Denis, nous croisons Bruant et Toulouse-Lautrec au Chat Noir, le naïf Douanier Rousseau au Bateau-Lavoir, des Russes pressés place du Tertre, et les derniers moulins de Paris.

Au IXe siècle, Hilduin, abbé de Saint-Denis, fit connaître à tous la légende du saint condamné par les Romains à être décapité pour avoir prêché un peu trop ouvertement sa foi dans le Christ. Cette démarche était éminemment politique : l'empereur d'Occident Louis le Pieux se devait de renforcer l'unité de ses territoires devant les menaces extérieures représentées par les Vikings et les menaces intérieures liées aux querelles d'héritage entre ses fils… Plus que jamais, la chrétienté devait être le lien, le ciment, l'unité d'un empire fragilisé.

Hilduin voulait frapper les esprits et en même temps prêcher pour sa paroisse, c'est le cas de le dire ! Il nous raconte donc qu'après avoir été décapité par les Romains, Denis prit sa tête entre ses mains et marcha jusqu'à l'emplacement précis où il allait être inhumé à six kilomètres de là, dans l'abbaye de Saint-Denis. L'abbé Hilduin offrait ainsi à son abbaye une aura miraculeuse et, d'ailleurs, cette balade post mortem du saint patron de Paris restera très ancrée dans l'imaginaire des Parisiens.

Le parcours hypothétique qu'emprunta le condamné est encore bien présent dans la toponymie des rues de Paris. Depuis sa prison de l'île de la Cité, saint Denis aurait emprunté la rue qui porte aujourd'hui son nom puis, à hauteur des Halles qui n'étaient alors qu'un grand terrain vague, aurait pris la rue Montmartre et grimpé la butte Montmartre. Pourquoi ce nom ? Parce que c'était la rue du martyre, devenue par contraction la rue Montmartre.

Ce serait donc à hauteur du 11, rue Yvonne-Le-Tac, que saint Denis fut décapité… Il aurait alors ramassé sa tête pour marcher jusqu'à Saint-Denis en passant par la rue du Mont-Cenis, qui s'appela longtemps Saint-Denis avant de prendre son nouveau nom en 1868. On peut légitimement se demander ce que le mont Cenis vient faire dans cette histoire. Pourquoi cet hommage aux Alpes en plein Montmartre ? Parce que les pentes abruptes de la Butte évoquaient les flancs pentus des sommets alpins ? Parce que l'allitération Denis-Cenis permettait de changer l'appellation de la voie sans trop perturber les habitants du quartier ? Denis ou Cenis, c'est en tout cas une voie très ancienne de la colline, celle qui permettait de s'échapper vers le nord et de découvrir de nouveaux horizons.

Prenons, nous aussi, ce chemin légendaire du martyr, qui commence rue Montmartre.

• À l'angle de la rue Montmartre et du boulevard Montmartre. L'ancêtre des feux tricolores.

L'agitation de ce quartier était telle que ce carrefour devint vraiment risqué, au point qu'on l'appelait « le carrefour des écrasés ». Vu le nombre d'accidents, le 10 mai 1912, on inaugure l'arme absolue contre les drames de la circulation : le premier kiosque-signal. À l'intérieur de cet édicule vitré, un agent commande à l'aide d'un volant des disques blanc et rouge qui sont censés réguler le trafic. Mais en fait, les gesticulations de l'agent troublent autant les piétons que les automobilistes et c'est presque pire qu'avant. On doit donc abandonner ce système… Le premier « vrai » feu rouge automatique sera finalement installé un peu plus loin, le 5 mai 1923, au croisement des boulevards Saint-Denis et Sébastopol.

• 146, rue Montmartre. L'assassinat de Jean Jaurès.

Nous voici en plein cœur du quartier de la presse parisienne depuis le milieu du XIXᵉ siècle. De nombreux vestiges témoignent de l'intense activité des lieux… Au numéro 144 de la rue Montmartre, une large inscription dans la pierre rappelle la présence d'anciennes rédactions dont celle de *La France, journal du soir*. Mais c'est surtout le café du Croissant, au 146, qui est devenu le symbole de cette époque où le sang, hélas, s'est mêlé à l'encre. C'est ici en effet que, le

31 juillet 1914, Raoul Villain a assassiné d'un coup de revolver Jean Jaurès, coupable de vouloir la paix !

En 1919, la France était encore assez belliciste pour acquitter Villain de son crime... L'assassin ira se faire fusiller dix-sept ans plus tard à Ibiza par des anarchistes espagnols.

• 10, rue des Martyrs. La réclame, monument historique.

Quels martyrs célèbre-t-on dans cette rue qui fait suite à la rue Montmartre ? Il s'agit de saint Denis, bien sûr, puisque c'est le chemin qu'il est censé avoir emprunté, mais on y adjoint ses deux acolytes, saint Rustique et saint Éleuthère. Pourtant, ce ne sont pas des prières qui nous donnent ici rendez-vous, mais les balbutiements de la publicité...

Longtemps, au numéro 10 de la rue, de vieilles réclames ont été cachées et protégées par des panneaux fixés au-dessus de l'échoppe d'un marchand de légumes. En 1909, elles ont été peintes sur le mur transversal de l'immeuble. Elles chantent en couleurs la gloire de la peinture Ripolin et de la liqueur Bénédictine. Redécouvertes en 2013, voilà qu'au bout d'un siècle elles changent de statut : destinées d'abord à inciter le public à la grande fête du consumérisme, elles sont devenues œuvres d'art ! Bichonnées, restaurées, elles ont l'honneur d'être inscrites à l'inventaire des monuments historiques. Une première pour des publicités.

• 84, boulevard Rochechouart. Le ronronnement du Chat Noir.

La rue des Martyrs nous conduit boulevard Rochechouart... Nous sommes dans le quartier de Pigalle, lieu légendaire de la nuit parisienne. Paris la nuit, c'est fini, tout le monde vous le dira, Pigalle n'est plus que l'ombre de lui-même, paraît-il… Il n'empêche qu'il a de beaux restes avec le Moulin-Rouge, les Trois Baudets, la Cigale, la Boule Noire, Michou…

Mais nous, nous nous arrêtons au numéro 84, devant une boutique de souvenirs. Aucune trace visible d'un passé spectaculaire, contrairement à ses deux glorieux voisins Le Trianon ou L'Élysée-Montmartre. Les touristes échappés des cars trouvent ici les tee-shirts, les mugs et les porte-clés *made in China* de rigueur. Mais ne prenez pas la fuite, laissez parler ces vieux murs…

En 1882, le bureau de poste qui se trouvait ici a baissé définitivement son rideau. Ordre de l'Administration. Alors, Rodolphe Salis peut entrer dans l'histoire de Montmartre. Ce peintre de genre investit l'endroit pour y ouvrir son cabaret… Fièrement il accroche son enseigne : Au Chat Noir. Cheminée grandiose, lustres anciens, chaises de bois tourné, vitraux de couleur aux fenêtres et pots d'étain posés sur les tables composent un décor faussement Louis XIII qui ravit les buveurs. Si la salle est animée, elle ne permet guère les grands rassemblements, ou alors il faut appliquer le principe de la sardine à l'huile. Heureusement, le cabaret pourra bientôt s'agrandir un tantinet en annexant la boutique contiguë d'un horloger.

Littérateurs et peintres se regroupent en ce lieu, au pied de la colline inspirée, mais les souteneurs des boulevards voient d'un fort mauvais œil cette invasion artistique qui pourrait bien nuire à leurs petites affaires ! Ils décident donc de chasser de leur terre ces concurrents trop heureux. Un soir, ils attaquent le cabaret, les lames d'acier luisent sous les lustres, les clients prennent la fuite, Salis reçoit une estafilade au bras, l'un de ses garçons s'effondre, le tablier blanc maculé de sang, on veut lui porter secours mais il est trop tard, il est mort sans comprendre pourquoi, victime de son devoir de sommelier. Dès lors, le malheur semble régner sur le petit cabaret, la rumeur accuse Salis d'avoir tué accidentellement son employé dans l'affolement de la rixe, lui brisant une chaise sur le crâne. Rien ne peut être prouvé, mais la police s'intéresse de près à l'affaire, de quoi inquiéter la clientèle.

Après trois ans d'activité, il est temps d'opérer une prudente retraite et d'abandonner le boulevard Rochechouart. Salis veut à présent voir grand, il lui faut un local vaste et luxueux, de quoi attirer dans son antre les bourgeois des beaux arrondissements. Il le trouve au 12, rue de Laval (aujourd'hui rue Victor-Massé).

Le déménagement du boulevard de Rochechouart à la rue de Laval se fait en grande pompe. Durant la soirée du 20 mai 1885, au son de la fanfare et à la lueur des torches, une longue procession traverse Montmartre, qui n'a plus rien à voir avec la douloureuse marche de saint Denis. En tête, dans un rutilant uniforme de préfet premier Empire, épée au côté, s'avance Salis lui-même ; à quelques pas de lui marchent le gérant en conseiller de préfecture et quatre serveurs affublés de tenues d'académiciens. Respectueusement en retrait, graves et recueillis, viennent ensuite les poètes et les peintres habitués du cabaret. Pas tous, car de nombreux artistes estiment que le bon vieux Chat Noir se renie en se faisant gras matou dans un hôtel particulier. D'autant que l'ancien cabaret existe toujours, repris par un certain Aristide Bruant.

• **Quand Bruant impose Toulouse-Lautrec...**

— Vous voilà, salauds !... Tas de cochons !... Qu'est-ce que vous venez foutre ici ?

Planté bien droit devant le piano, les mains sur les hanches et le regard fier, sombrero noir sur la tête, bottes aux pieds, large écharpe rouge négligemment nouée autour du cou, Aristide Bruant braille. En cette soirée du mois de mai 1885, sur le boulevard Roche-chouart, le Mirliton a pris la place de l'ancien Chat Noir. Hélas, pour la première veillée de chansons, la salle est presque déserte, seuls trois clients n'ont pas suivi le Chat Noir dans sa nouvelle demeure. Le gargotier fait vite son calcul : sept francs de recette en tout et pour tout, et les trois égarés ne font pas mine de vouloir renouveler leurs consommations ! Le chansonnier en oublie toute poésie, il insulte copieusement sa clientèle clairsemée qui affiche un triple sourire ravi et applaudit de bon cœur.

— Ah ! Vous aimez qu'on vous engueule, marmonne Bruant, vous en aurez pour votre argent...

Au Mirliton, on a effacé les dernières traces du Chat Noir, point de style antique à présent, mais de rudes banquettes de bois. Pour agrémenter un peu les murs de plâtre craquelé, un obscur nabot a brossé des fresques aux teintes vives, portraits étonnants de Bruant et des héros patibulaires de ses chansons. Ces peintures déconcertantes plongent l'endroit dans une atmosphère d'étrangeté, les figures grimacent et sourient tout à la fois, les corps disproportionnés se répandent en taches colorées jusque dans les recoins. Personne encore ne se soucie de ce gnome qui suit Bruant comme une ombre, ne quitte pratiquement jamais les misérables coulisses du bastringue et signe ses graffiti du nom aristocratique de Toulouse-Lautrec.

Très vite, le trio de la première soirée se multiplie, les clients sont attirés par Bruant, qui a délibérément opté pour la vulgarité. Il se plaît à mépriser son public et crache son dégoût à chaque nouvelle entrée.

Mais un jour, tout ça n'amuse plus le chansonnier. Après dix ans de chansons et d'éructations coléreuses, Bruant se lasse de son rôle, mais surtout du quartier et de sa clientèle. Bien souvent, il déserte le Mirliton, son public doit se contenter de quelque remplaçant inconnu qui s'applique avec bonne volonté à beugler les œuvres attendues, *Nini peau d'chien*, *À Montmerte*, *Je cherche fortune*…

En 1892, Pierre Ducarre, directeur du concert des Ambassadeurs situé avenue Gabriel, près des Champs-Élysées, propose à Bruant de chanter sur les planches de son théâtre, dans un Mirliton reconstitué en carton-pâte. Le chanteur accepte mais pose une condition saugrenue : pour les affiches, il exige une peinture de Toulouse-Lautrec !

– Vous êtes sûr de ce barbouilleur-là ? s'inquiète Ducarre. Un maboul, à ce que je me suis laissé dire…

Bruant insiste.

– Si vous répondez de votre Toulouse-Machin, arrangez-vous ensemble…

Le peintre s'exécute, il dessine l'affiche devenue si célèbre, mais lorsque Ducarre jette un œil sur le travail du maboul, il s'étrangle :

– Ah ! ça… Est-ce que vous vous foutez de moi ? Pensez-vous que je vais étaler cette cacade sur les murs et les panneaux de mon établissement ? Que je vais dépenser des mille et des cents pour la faire tirer ?

Mais Bruant tient bon. Ce sera cette affiche ou rien.

On verra donc l'étrange graphisme de Toulouse-Lautrec se répandre sur les murs de Paris. On le voit toujours un peu partout, reproduit à l'infini…

• 11, rue Yvonne-Le-Tac. Le martyrium de saint Denis.

Adieu les cabarets, reprenons la rue des Martyrs qui nous conduit au lieu du supplice de saint Denis.

En commençant à gravir la Butte, il faut s'arrêter à deux pas de la place des Abbesses. C'est ici, selon la tradition, que se déroula le supplice du saint. En tout cas, il semble que ce lieu ait été consacré à la prière et à la dévotion depuis le ve siècle. Bien plus tard, en juillet 1611, des maçons travaillant à la réfection de cette chapelle des Saint-Martyrs mettent au jour une vaste salle souterraine. Procès-verbal est dressé : « Dans laquelle cave du costé de l'orient, il y a une pierre de plastre bicornue, qui a quatre pieds de long et deux pieds et demy de large, prise par son milieu, ayant six poulses d'espoisseur, au-dessus de laquelle au milieu il y a une croix gravée avec un sizeau… » Les lieux sont immédiatement baptisés *martyrium* et l'autorité ecclésiastique assure que l'endroit précis du martyre de saint Denis vient d'être découvert. On y voit encore un bas-relief du XIIIe siècle, image de la décapitation du saint, œuvre hélas lentement rongée par le temps.

Le crime consommé, la légende de saint Denis va nous faire perdre un peu le nord. Après sa décapitation, au lieu de s'envoler immédiatement pour le paradis des chrétiens, le saint aurait non seulement pris sa tête entre ses mains mais serait aussi aller s'encanailler dans Montmartre pour une ultime balade. Il serait même allé laver sa tête à une fontaine de la Butte (pour se montrer plus présentable devant le Créateur ?) avant de reprendre sa marche par la rue du Mont-Cenis pour aller gésir à l'abbaye de Saint-Denis.

Le lieu de ses ablutions, nous le retrouverons rue Girardon, via la rue de Ravignan, seul chemin de l'époque dans les bois de Montmartre. En route, nous croisons le Bateau-Lavoir, qui n'a quant à lui rien à voir avec l'ultime toilette du saint : il a été baptisé ainsi par le poète Max Jacob qui y voyait un paquebot de l'art et de la poésie amarré sur les flancs de la colline.

• 13, place Émile-Goudeau. Le Douanier Rousseau s'envole d'un de ses tableaux.

Dans les derniers jours de novembre 1908, Picasso décide d'offrir au Bateau-Lavoir un banquet en l'honneur du Douanier Rousseau. Le peintre naïf a soixante-quatre ans et s'il connaît enfin la célébrité, sa renommée a comme un parfum de galéjade. Tout ce qui entoure le Douanier sent la farce, on ne sait pas très bien si lui-même se prend au sérieux ou s'il s'amuse à abuser ses contemporains. Picasso convie le Douanier à une soirée où les jeunes rapins de Montmartre chanteront la gloire de ce vieil ingénu. Dans l'esprit de Pablo, il s'agit bien évidemment d'une blague, d'un énorme canular propre à abuser un peintre trop candide…

On convie tous les amis, Marie Laurencin, Georges Braque, Jacques Vaillant, Guillaume Apollinaire, Max Jacob… Et des petites femmes légèrement dévêtues en jupettes aux couleurs de bonbons anglais. En tout, une trentaine de personnes.

Vers 20 heures, Rousseau apparaît. Le peintre sourit et ses yeux brillent, sa moustache blanche tremble un peu, trahissant son émotion. Il reste quelques instants immobile sur le pas de la porte. Il est si frêle, si fragile avec son feutre mou sur la tête, sa canne dans une main, son petit violon dans l'autre... Nul ne songe plus à rire devant cette touchante apparition. Ce soir, le Douanier s'est envolé d'un de ses tableaux, il en a pris les contours simples et naïfs. La vie, parfois, prend soin d'imiter l'art.

Pour remercier cette belle assemblée, Henri Rousseau se saisit de son violon et chante en s'accompagnant joliment... Certains veulent danser, alors le Douanier interprète une valse et, pour l'ambiance, Georges Braque apporte le renfort de son accordéon.

Au petit matin, Rousseau, grandiloquent et ravi, se tourne vers Picasso et prononce ces immortelles paroles :

— Toi et moi, nous sommes les deux plus grands peintres de l'époque, toi dans le genre égyptien, moi dans le genre moderne.

Il est des événements qui, par le hasard des circonstances, deviennent avec le temps emblématiques d'une époque. Le banquet Rousseau et ses joyeuses facéties marquent l'apogée du vieux Bateau, la période du bonheur simple et de l'intense création.

Le Bateau-Lavoir d'aujourd'hui n'est, hélas, qu'un décor : il a été ravagé par un incendie en 1970, et seule la façade est parvenue jusqu'à nous.

• 83, rue Lepic. Les derniers moulins.

Montmartre, si campagnard, a longtemps représenté pour les Parisiens une province éloignée, un terrain d'excursion pour les beaux jours, un sommet à l'air pur. D'ailleurs, pour les habitants de Montmartre eux-mêmes, la ville d'en bas était bien souvent une lointaine inconnue... On naissait à Montmartre, on vivait à Montmartre, on mourait à Montmartre. Le comédien Fernand Ledoux, que l'on a tant aimé dans *Volpone*, racontait avoir connu sur les hauteurs de la Butte, dans les années 1920, une concierge qui lui avouait n'avoir pas eu l'occasion de quitter sa colline natale.

— Je sais qu'il y a une rivière à Paris, mais je ne l'ai jamais vue, disait-elle.

Montmartre lui suffisait.

Il est vrai que la Butte offrait, avec le calme, toutes les beautés du monde... Nous avons rencontré la foi religieuse et la fougue artistique, nourritures de l'âme et de l'esprit, mais la colline fut aussi plantée de moulins pour les nourritures terrestres...

Dès le XVIIe siècle, on vit une quinzaine de meuniers s'établir sur ces hauteurs, et les bâtisses de bois dressaient dans l'horizon leur silhouette aux bras étendus. Leurs ailes tournaient sans fin pour broyer le blé, qui donnerait du pain aux Parisiens, le raisin, qui leur fournirait le vin, et aussi le plâtre tiré des carrières, avec lequel la capitale se bâtirait.

Au XIXe siècle, tout avait déjà changé. Avec l'industrialisation, les vieux moulins étaient devenus obsolètes, inutiles. Certains furent abattus, les quatre ou cinq rescapés devinrent des guinguettes dans lesquelles on allait chanter et danser. Le père Debray avait son moulin, et il servait à ses clients un petit clairet accompagné d'une galette... Il baptisa donc son établissement Moulin de la Galette et en forgea la légende. Il racontait que, face aux cosaques venus occupés la Butte en 1814, quatre frères Debray avaient héroïquement tenté de contenir l'invasion. Ils avaient été tués et la dépouille de l'un d'eux avait été éparpillée façon puzzle sur les bras du moulin… Il assurait aussi que sa bâtisse ailée était vieille de dix siècles, et avait été transportée ici sous le règne de Louis XII depuis la butte Saint-Roch, une éminence parisienne aujourd'hui disparue. Le père Debray était un blagueur. En réalité, personne de sa famille n'avait été molesté par les cosaques et le moulin connu sous le nom de Blute-Fin — c'est-à-dire « qui moud finement » — avait été élevé directement à Montmartre, et seulement en 1795. Il est toujours debout avec son acolyte le moulin Radet.

Le mot du quartier

Bistro (ou bistrot), n.m. Petit café ou restaurant dans lequel, en principe, on mange pour un prix modique et dans une atmosphère chaleureuse.

Le 30 mars 1814, la France est fatiguée. Le grand rêve impérial s'effondre, la bataille de Paris est engagée. En fin de journée, tout espoir de victoire s'est envolé. Dix mille Russes marchent sur Montmartre piètrement défendu par deux cents sapeurs-pompiers et une poignée de vétérans de la Grande Armée… Les ennemis n'ont aucun mal à enfoncer les lignes et l'avant-garde cosaque parvient déjà place du Tertre. Veste rouge, pantalon bleu, toque de fourrure sur la tête, ces soldats veulent boire un coup, mais rapidement, et le cabaret de la Mère Catherine leur tend les bras… Ils entrent, prennent place autour des tables.

— *Bistro, bistro…* Vite, vite !

En effet, le temps presse, la bataille n'est pas terminée. Il faut encore descendre vers la barrière de Clichy pour tenter de pénétrer au cœur de Paris.

– *Bistro, bistro...*

Les vainqueurs resteront deux mois dans la capitale. Sur la Butte, les garçons des tavernes auront largement le temps d'apprendre ce vocable russe. Vite, vite... On empruntera finalement ce mot exotique pour désigner une gargote où l'on vient s'abreuver sans perdre de temps.

Je le sais, des étymologistes contestent cette version des faits parce que le terme n'est attesté dans les textes que soixante-dix ans plus tard. C'est vrai, le vocable n'apparaît pour la première fois dans un écrit qu'en 1884, dans les *Souvenirs de la Petite et de la Grande Roquette*, ouvrage de l'abbé Georges Moreau. L'auteur cite une conversation entendue derrière les barreaux de la prison, un échange en argot :

– La frangine travaille dans le faubourg et mange chez le bistro.

Chose entendue presque trois quarts de siècle après l'occupation cosaque... le temps pour la fleur du pavé montmartrois d'éclore et de se répandre dans tout Paris.

• **22, rue des Saules. Le Lapin et ses disciples.**

Lavé et désaltéré, saint Denis a pu reprendre son chemin vers la place Saint-Pierre, au pied de la Butte. Nous le suivons en empruntant la rue de l'Abreuvoir, elle a un côté balnéo, cette promenade, vous ne trouvez pas ?

Accrochée sur le flanc nord de la Butte, presque au

sommet de la rue des Saules qui grimpe vaillamment la colline, une petite maison au toit pentu et aux murs roses nous reçoit, inchangée depuis presque cent cinquante ans.

Au XIXᵉ siècle, les dîneurs raffolaient du lapin en gibelotte, spécialité des lieux, et un soir de 1875, pour effacer son ardoise, le dessinateur André Gill offrit à l'aubergiste l'expression émue de son estomac réjoui sous la forme d'un tableau sur bois représentant un joyeux lapin sautant de sa casserole, casquette entre les oreilles et bouteille à la patte ! Suspendue au-dessus de l'entrée, la peinture sert désormais d'enseigne… Lapin agile… Une sorte de rébus que l'on peut aussi lire ainsi : Là, peint A. Gill.

Entrons. Quelques marches, un rideau grenat à tirer, et l'on se retrouve dans une salle au plafond bas éclairée de lampes à pétrole dont la blafarde lumière est réchauffée par des abat-jour rouges… Quelques longues tables, des chaises de bois, et sur les murs s'étalent les étranges trésors artistiques de l'endroit : un Christ en croix, œuvre de Léon Wasley réalisée pour le Sacré-Cœur (qui a refusé le cadeau), un bas relief hindou et un Apollon accordant sa lyre. Nul ne sait par quel cheminement étrange ces plâtres, depuis longtemps noircis par la poussière accumulée et roussis par la fumée des cigarettes, sont parvenus en ces parages.

Le XXᵉ siècle chronologique est né en 1901, le XXᵉ siècle historique devra attendre 1914, le XXᵉ siècle artistique, lui, éclot en 1903, le jour où le père Frédé devient le gérant du Lapin. Petit, râblé, barbe grisonnante et touffue, longs cheveux s'échappant d'un éternel chapeau de fourrure, guitare à la main, vêtu d'un informe chandail de laine et d'un large pantalon de velours gris, une pipe à la bouche et des bottes aux pieds, il cultive le style trappeur du Grand Nord. Et ce trappeur déclare hautement faire de son nouveau cabaret le lieu privilégié de l'expression artistique. Effectivement, Picasso traîne ses amis rue des Saules pour de longues soirées à chansonner. Autour du peintre de Málaga, on voit Modigliani, Apollinaire, Max Jacob, Charles Dullin...

Le petit métier du coin

L'éleveur d'asticots. Au détour des années 1880, on l'appelle le père Ver-de-Terre ! Ce surnom ne lui déplaît pas : l'élevage d'asticots auquel il consacre son temps et ses soins attentifs fait tout son orgueil. Un élevage ?

– Une pension, rectifie-t-il.

Une pension dont les pensionnaires sont destinés à être revendus à des pêcheurs, avant de finir leur existence terrestre accrochés à un hameçon pour servir d'appât.

Triste fin, peut-être, mais en attendant ces charmantes petites bêtes croissent dans un vaste enclos en plein Montmartre... Au milieu d'un terrain vague, un grand trou est rempli de fumier et de bonne terre. Et tout cela grouille, ondule, se soulève, se secoue par vagues. Vous entrez ici dans l'univers enchanté des asticots, des larves, des lombrics ; vous pénétrez dans le domaine agité des vers sous toutes les formes, à tous les stades, de toutes les tailles. Et ces minuscules couvées se multiplient sous l'œil bienveillant du propriétaire.

Pour alimenter son élevage, le père Ver-de-Terre entretient un réseau de rabatteurs qui fouillent les vignes alentour et les forêts plus lointaines afin de rapporter sur la Butte le fruit de leur labeur. Cinq sous la livre, c'est le tarif. Autrement dit, cinq cents grammes de vers sont payés vingt-cinq centimes... puis revendus un franc. Le commerce de l'asticot est lucratif !

• 2, rue du Mont-Cenis. Sur le chemin de la foi.

Ici, dit-on, se dressait le temple antique dédié à Mercure... Mais la rue tout entière représente la voie des processions. Depuis le roi Dagobert, au VIIe siècle, les moines de Saint-Denis se rendaient tous les sept ans en grand apparat sur la colline, portant avec eux les reliques du saint. Alors, les religieuses de l'abbaye de Montmartre descendaient la rue à leur rencontre, elles embrassaient la châsse sacrée tandis que toutes et tous entonnaient un *Te Deum*.

L'abbaye disparut à la Révolution, le domaine fut acheté par un plâtrier qui démolit les bâtiments, ouvrant de larges carrières sur la colline. De l'abbaye il reste l'église Saint-Pierre de Montmartre dont la façade date des années 1760, mais qui garde, à l'intérieur, quatre colonnes provenant d'une construction antérieure. Viennent-elles de l'ancien temple romain ou de l'église consacrée à saint Denis élevée au VIe siècle ? Ces colonnes creusées chacune dans un seul bloc de marbre gris, surmontées de chapiteaux mérovingiens, se repèrent aisément : deux d'entre elles accueillent le fidèle à l'entrée de la nef, les deux autres se situent de chaque côté du chœur. Saint Denis les a peut-être

183

croisées avant de reprendre sa route par la rue du Mont-Cenis.

La légende des lieux

Square Suzanne-Buisson. Saint Denis lave sa tête ! Selon la légende, c'est là qu'aurait eu lieu cette ultime toilette. Si la statue du saint date de 1941, la fontaine, elle, est bien plus ancienne. Elle était autrefois une source d'eau claire considérée comme sacrée… On en fit même un dicton : « Jeune fille qui a bu l'eau à la fontaine Saint-Denis reste fidèle à son mari. »

10

AU FIL DE LA RUE
SAINT-DENIS

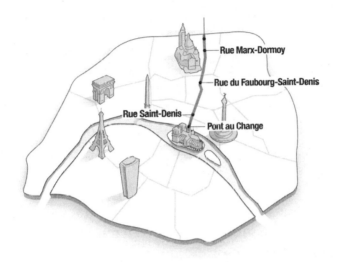

*De la rue Saint-Denis jusqu'à la Chapelle, on rencontre
Voltaire en carrosse, l'argot de la cour des Miracles, des belles
de nuit repenties, une ogresse redoutable et la troupe qui créa le
premier théâtre de Paris.*

Au Xe siècle, Paris semble une ruine, une triste ruine.
Les exactions vikings ont laissé de terribles griffures :
de nombreuses maisons ont été incendiées et les
cahutes que l'on a reconstruites à la hâte s'écroulent
déjà. Même les églises ont été dévastées et rien n'a été
tenté pour leur redonner un peu de splendeur. D'ailleurs Lothaire, roi de Francie, préfère fuir cette ville
sinistre pour se réfugier dans sa résidence de Laon.
Plus tard, Hugues Capet, trop occupé à faire la guerre

pour unifier le royaume, se désintéresse également de Paris...

Toutes ces péripéties ont un peu occulté une révolution urbanistique parisienne commencée un siècle plus tôt : au temps de Charles le Chauve, une digue défensive avait été jetée sur la Seine en aval du vieux pont romain pour le protéger des raids vikings.

Un siècle plus tard, cette digue est toujours là. Elle passe de l'île de la Cité à la rive droite, empêchant la circulation des bateaux sur ce bras de la Seine. Solide, large, bien entretenue, cette construction est gaiement empruntée par les Parisiens pour franchir le fleuve. Mieux vaut s'engager sur cet ouvrage massif plutôt que de se risquer sur le bringuebalant pont romain appelé à disparaître.

Cette nouvelle structure – qui va devenir plus tard le pont au Change – décale légèrement en aval l'axe principal de la rive droite qui se déplace ainsi de la rue Saint-Martin à la rue Saint-Denis. Voilà à présent l'artère majeure destinée à se rendre du cœur de la cité jusqu'à la basilique de Saint-Denis, en passe de devenir la nécropole officielle des souverains.

La Grant Chaussiée de Monsieur-Saint-Denis, comme on l'appelle alors, file si bien tout droit vers l'abbaye royale qu'on lui donne un nom global : l'Estrée. Ce vocable tiré du latin désigne un chemin garni de pierres plates et comprend, ici, aussi bien les rues parisiennes qui la composent que les petites routes des alentours qui la prolongent jusqu'à l'abbaye où elle s'achève. Un itinéraire presque rectiligne...

Pourtant, l'Estrée change de visage tout au long de son parcours : il y a la rue Saint-Denis, puis le faubourg, la Goutte-d'Or, la Chapelle... Tous les aspects de la ville vont se succéder sur cette longue ligne

186

droite menant vers le nord : la foire du Lendit – une des plus importantes fêtes commerciales du Moyen Âge –, des filles de joie, des monastères, de riches demeures, de tristes chaumières, des ouvriers, des bistrotiers… Et tout le peuple de Paris dans son éclat et sa désespérance se presse sur cette voie quand défilent les rois. Car ils passent tous par là : les monarques fraîchement couronnés qui reviennent de Reims où s'est déroulé le sacre et les souverains défunts que l'on va inhumer dans la basilique de Saint-Denis.

L'Estrée part donc du pont au Change, puis suit la rue Saint-Denis, la rue du Faubourg-Saint-Denis, la rue Marx-Dormoy et la rue de la Chapelle jusqu'aux limites de la ville et Saint-Denis.

• Le pont au Change. Des oiseaux et des jeux.

Pour leur couronnement ou au retour d'une expédition victorieuse, les rois faisaient leur entrée solennelle dans Paris. À cette occasion, deux cents douzaines d'oiseaux s'envolaient du pont au Change au moment même où le cortège traversait le fleuve. Deux mille quatre cents moineaux, pigeons et passereaux voletaient autour du dais royal en une nuée caquetante et froufroutante. Ce n'est pas que la gent ailée était animée d'un puissant sentiment monarchique, mais les oiseleurs avaient obligation de manifester ainsi leur reconnaissance au souverain qui leur permettait de tenir, sur le pont même, un marché aux oiseaux tous les dimanches.

Le pont au Change d'aujourd'hui n'est pour nous qu'une élégante construction typique du XIXe siècle avec des N entourés de lauriers pour nous rappeler qu'il a été édifié sous le second Empire. Moi, je vous parle du pont d'avant, ou plutôt des ponts d'avant... Celui qui a été emporté par une crue en 1296 et celui qui lui a succédé mais a été détruit par un incendie en 1621. Ces ponts-là constituaient de véritables galeries marchandes, et les boutiques de chaque côté étaient si serrées les unes contre les autres que l'on ne pouvait pas apercevoir la Seine en la traversant. Il y avait, bien sûr, les changeurs qui s'y établirent en 1141 sur ordre de Louis VII, faisant de ce pont un quartier d'affaires très animé. Mais cette banque ouverte sur les eaux se transformait en casino un jour par an! En effet, chaque mardi gras, le pont changeait d'aspect : on venait y jouer aux dés, et chacun espérait la fortune... Cette ancienne coutume fut interdite brutalement en 1604 par Henri IV.

— Nous voulons être sages désormais, et bons gestionnaires, puisque le roi nous en montre l'exemple, déclarèrent avec ironie les amateurs chassés de leur table de jeu.

Car chacun savait qu'Henri IV, addict aux jeux d'argent, était capable d'engloutir des sommes folles dans sa passion.

• Les extravagances de Voltaire rue Saint-Denis.

À dix-sept ans, François-Marie est si doué pour la littérature qu'il a quitté le collège afin de faire connaître à tous ses pages enflammées. En attendant la reconnaissance universelle, il se rend régulièrement chez la duchesse de Richelieu qui se pique d'écrire des vers. En cette année 1711, il corrige les strophes de la dame pour leur donner cette envolée capable de charmer les lecteurs... La poétesse d'occasion est tellement satisfaite des rectifications du jeune garçon qu'elle lui verse la somme faramineuse de cent louis.

Cent louis ! François-Marie se promène dans Paris avec sa bourse bien garnie. À quoi va-t-il bien pouvoir consacrer son trésor ? Rue Saint-Denis, il tombe sur une vente à l'encan après décès...

— Quoi qu'on vende, fussent des vers non corrigés, je veux acheter ! s'écrie le gamin.

On ne propose pas des poèmes, mais un carrosse avec ses chevaux, et le laquais du défunt attend de se trouver un nouveau maître. François-Marie renchérit et emporte le lot. Il demande au valet de reprendre sa place et, fouette cocher, veut traverser Paris dans son bel équipage. Mais la rue Saint-Denis est encombrée, la voiture n'avance pas, les chevaux piaffent. Puis soudain, la circulation se fluidifie, les chevaux bondissent... et accrochent une lourde charrette qu'il fallait dépasser. Le carrosse verse, et son jeune propriétaire tombe par terre, le nez dans le ruisseau !

Le lendemain, la voiture, les chevaux et le laquais sont remis en vente, mais le garnement a perdu la moitié de son pécule dans l'opération. Il en voudra toujours à la rue Saint-Denis, responsable de sa déconfiture financière. Plus tard, devenu le célèbre et influent Voltaire, il parlera encore de cette rue avec amertume : « inabordable à pied, à cheval ou en carrosse ».

Le petit métier du coin

Belle de nuit. En 1963, quand Shirley MacLaine s'apprêtait à interpréter le rôle-titre *d'Irma la Douce*, le film de Billy Wilder, elle s'en alla rue Saint-Denis observer les intonations, les attitudes, la manière d'être des demoiselles accortes qui peuplaient le quartier. Cinquante ans plus tard, lors d'une reprise de la comédie musicale, j'ai incarné Nestor, l'étudiant follement amoureux d'Irma… mais une virée dans cette rue aurait été nettement moins probante ! De nouvelles lois ont rendu ces dames plus discrètes, car leur commerce est désormais puni par la loi. Les belles de nuit n'ont plus le droit de faire de l'œil au passant. Le quartier y a sans doute perdu un peu de son agitation. Les nostalgiques de l'époque devront se contenter de la façade toute proche du 32, rue Blondel, 32 en gros chiffres comme pour tous les établissements de ce genre qu'on prenait soin à ce moment-là de distinguer. De sorte que les clients ne disaient pas « aller au bordel » mais « aller au gros numéro ». Ce haut lieu de la luxure, appelé en son temps « Aux Belles Poules », a été récemment restauré.

La rue Saint-Denis semble avoir connu dès le Moyen Âge sa vocation « putassière » – c'était le mot consacré. Charlemagne avait pourtant tenté de chasser ces demoiselles de la ville en les faisant condamner au fouet, mais la mesure fut-elle appliquée ?

Quoi qu'il en soit, cette rue qui abritait la débauche voulait aussi afficher la vertu et le repentir… Sur l'emplacement de l'actuel passage du Caire se dressait le couvent des Filles-Dieu. Ce havre de paix offrait une retraite « aux pécheresses qui toute leur vie avaient abusé de leur corps ». La grande crainte de Jean-Simon de Champagny, évêque de Paris en 1497, était de voir une pure jeune fille s'introduire en fraude parmi les dépravées... Le règlement était pourtant clair : « On ne recevra aucune religieuse qui n'ait mené, au moins pendant quelque temps, une vie dissolue... » Et afin de s'assurer de la parfaite non-vertu des candidates, quelques matrones étaient désignées pour examiner l'intimité des postulantes sous l'œil sévère de la mère supérieure.

• Place Joachim-du-Bellay. Les morts font le mur !

Contre la rue de la Ferronnerie à hauteur de cette place se trouvait le cimetière des Innocents. En son centre trône encore la fontaine Renaissance des Innocents de Jean Goujon.

Ce fut un lieu de sépultures depuis les Mérovingiens, mais c'est avec Philippe Auguste, en 1186, que le cimetière des Innocents fut clos d'un haut mur, histoire de donner un peu de dignité à cet endroit où jusque-là grognaient les cochons en liberté et déambulaient les péripatéticiennes au travail. Au cours des siècles suivants, les charniers, c'est-à-dire des galeries sombres et humides, accueillirent les riches défunts en une succession d'opulents caveaux faits de marbre...

La galerie des charniers entourait des fosses à ciel ouvert où les plus miséreux terminaient leur existence terrestre, et la décomposition des corps faisait planer sur le quartier l'étrange et tenace puanteur de la mort. Quand il fallait faire de la place, les corps les plus desséchés étaient sortis de ces fosses pour être entassés en hauteur, dans les combles du charnier.

Adossées à l'église du cimetière, quelques maisonnettes s'alignaient. Étranges habitations dans lesquelles s'enterraient vivantes les recluses. Qui étaient-elles ? Des dévotes qui faisaient vœu de passer le reste de leur existence terrestre dans la nécropole ! L'air des défunts convenait bien à certaines d'entre elles : une dénommée Alix passa quarante-six années dans sa cahute des Innocents avant de mourir en 1470.

Sous les voûtes funéraires, une grande fresque en trente tableaux, *La Danse macabre*, rappelait à chacun sa triste condition de mortel. Une large inscription narguait le visiteur : « Tels comme vous un temps nous fûmes, tels serez-vous comme nous sommes ».

Mais la mort côtoyait la vie. Entre les tombes, une commerçante aimable présentait ses chapeaux à la mode, un luthier habile vendait ses instruments de musique et des lingères joviales proposaient de rendre à votre linge l'éclat du neuf.

En 1669, il fallut mettre un peu d'ordre dans ce tohu-bohu et, par la même occasion, élargir la rue de la Ferronnerie. Une partie du charnier fut démolie et la fameuse *Danse macabre* disparut sous la pioche des démolisseurs. Sur cet espace se construisit l'immeuble que l'on peut voir aujourd'hui et qui était alors le plus imposant de Paris : cent vingt mètres de long sur dix de large ! Au rez-de-chaussée, dans ces arcades, un nouveau charnier fut aménagé… Les habitants de la maison vivaient au-dessus des morts entassés, et personne ne se plaignait !

Dans le magasin de chaussures ouvert au 10, rue de la Ferronnerie, on voit encore l'ancienne structure du charnier : les arcades sont toujours présentes, ainsi que leurs croisées à l'intérieur.

En 1780, le mur d'une cave qui jouxtait les charniers s'écroula, poussé par le poids des ossements qui s'accumulaient de l'autre côté de la cloison ! Décision fut prise alors de supprimer le cimetière. Six ans plus tard, les ossements étaient confiés au silence des catacombes créées pour l'occasion…

• Grande ou petite truanderie ?

La rue de la Grande-Truanderie traverse notre rue Saint-Denis, mais si vous vous amusez à progresser dans cette rue, vous allez arriver à une petite place, et là, la rue devient Petite-Truanderie sur le côté gauche. Unique exemple parisien d'une rue qui n'a pas le même nom d'un trottoir à l'autre… En fait, vous avez affaire à deux rues différentes, mais le pâté de maisons qui les séparait a disparu.

Mais grande ou petite, pourquoi ce nom de « Truanderie » ? Faut-il y voir une terrible évocation des brigandages de jadis ? Peut-être pas. « Truanderie » viendrait du terme *treuage*, qui désignait la taxe perçue sur les marchandises. En effet, à l'angle des rues de la Petite et de la Grande-Truanderie se trouvait un bureau où étaient perçus les droits sur les marchandises qui entraient de ce côté dans Paris. Les truands et les percepteurs se sont-ils confondus dans l'esprit du temps jadis ?

• 142, rue Saint-Denis. Le premier théâtre de Paris.

Retour rue Saint-Denis. Ils sont bien à leur place, ces quatre visages sculptés sur la façade de l'immeuble… J'ignore ce qu'ils signifiaient pour l'artiste qui les a façonnés en 1870 mais pour moi, ils évoquent les masques de la tragédie et de la comédie. Dans mon esprit, ces figures suggèrent les planches, le public, le rire, l'émotion. Le théâtre, la vie. Pourquoi ? Parce que c'est sur cet emplacement qu'a été ouverte la première salle de théâtre à Paris...

Tout commence en juin 1398. Une petite troupe regroupant des maçons, des menuisiers, des serruriers et des marchands se réunit à Saint-Maur-des-Fossés, en Île-de-France, pour jouer devant l'abbaye de Saint-Maur les scènes les plus spectaculaires des Évangiles, depuis l'Immaculée Conception jusqu'à la Résurrection. Ils interprètent Dieu et le Fils, le Saint-Esprit et la Vierge Marie, des apôtres et des saints, mais se permettent de saupoudrer le mystère divin de plaisanteries légères et de farces balourdes... Ce mélange des genres rend fou de rage Jean de Folleville, prévôt de Paris, gardien et juge de l'abbaye. Il s'empresse d'interdire ces spectacles sur tout le territoire de sa juridiction, aussi bien à Saint-Maur qu'à Paris.

Mais les comédiens amateurs ne se laissent pas faire. Procès, requêtes... Finalement, le roi Charles VI décide de trancher. Il ordonne aux acteurs de venir à Paris lui faire une démonstration de leur talent, représentation qui convainc le souverain. En décembre 1402, il accorde à la troupe le privilège des représentations théâtrales « dans la ville de Paris comme en la prévôté, vicomté ou banlieue d'icelle ».

Dès lors la troupe, reconnue officiellement, devient la Confrérie de la Passion et décide de s'installer définitivement à Paris. Mais où poser les tréteaux ? Justement, les frères de l'hospice de la Trinité, rue Saint-Denis, sont en difficulté financière, et pour renflouer leurs caisses, ils acceptent de louer leur grande salle aux comédiens. Quarante-trois mètres de long, douze de large, six de haut, des pierres de taille, des colonnades... La première salle de spectacles de Paris est somptueuse. Parfois, pour mieux jouer la Passion, la représentation déborde dans les étages, et les décors peints recréent les étapes successives d'un itinéraire mystique... Au rez-de-chaussée, le spectateur pénètre en enfer. Au premier étage, c'est l'image de notre morne ici-bas. Au deuxième, le public arrive au paradis. Tout se mêle en un pieux chambardement : la Nativité, le martyre de saint Denis, l'irruption de Satan, sans oublier des scènes cocasses et Dieu lui-même revêtu d'une chasuble blanche et dorée.

On joue tous les dimanches mais aussi les jours de fête, et le succès est tel que, ces jours-là, certaines églises de Paris consentent à avancer l'heure des vêpres, l'office du soir à l'époque, pour que les fidèles ne ratent pas le début du spectacle !

Durant un siècle et demi, les mystères de la Passion animent la grande salle de la Trinité. Peu à peu, auteurs et comédiens multiplient les parenthèses burlesques destinées à dérider le public... Le théâtre est de moins en moins dévot.

En 1547, l'hospice de la Trinité change de vocation pour accueillir désormais des enfants pauvres. Les confrères de la Passion doivent partir, mais ils ne déménagent pas loin, à trois cents mètres de là, rue Mauconseil, à l'hôtel de Bourgogne. Le Parlement leur accorde le privilège exclusif d'y donner des spectacles, mais avec interdiction de continuer à jouer la Passion : ils doivent maintenant se consacrer au théâtre profane. Un siècle encore, et l'on jouera en ces lieux Pierre Corneille puis Jean Racine.

Le théâtre s'est si bien affranchi de l'Église que les comédiens risquent désormais l'excommunication en raison de leur profession jugée sulfureuse... En 1673, Molière est enterré nuitamment, honteusement, près de Saint-Eustache. Mais en 1817, la dépouille de l'auteur du *Tartuffe* est exhumée pour être transportée triomphalement au cimetière du Père-Lachaise. Cette même année, le vieil hospice de la Trinité et son ancienne salle de spectacles disparaissent sous les coups de pioche des démolisseurs… Symbole de rupture définitive avec le passé religieux du théâtre.

Le mot du quartier

Argot, n.m. Vocabulaire, plus ou moins obscur, issu de certains milieux sociaux ou de certaines professions.

Il y avait plusieurs cours des Miracles à Paris, mais la plus importante, la plus vaste, la plus animée se situait à gauche en remontant la rue Saint-Denis, dans un quadrilatère défini par les rues de Réaumur, du Caire, d'Aboukir, et de Saint-Denis, bien sûr.

De ce quartier sortaient chaque matin des troupes inquiétantes de cambrioleurs, de filous, d'escrocs qui s'en allaient exercer leur coupable activité… On voyait aussi se déverser sur Paris des bandes d'éclopés qui imploraient la charité tout au long du jour. Chacun avait sa spécialité. Les *rifodés*, accompagnés de femmes et d'enfants, racontaient d'affreuses histoires d'infortune. Les *malingreux* montraient bras et jambes couverts de faux ulcères. Les *piètres* ne marchaient qu'avec des béquilles. Les *sabouleux* jouaient aux épileptiques…

Puis, le soir, ils retournaient tous à la cour des Miracles… Il s'agissait bien de miracles, en effet, car ces malheureux recouvraient en chœur la santé dès le retour au bercail !

Ici, c'était le règne des mendiants, des voleurs, des assassins même, avec une stricte hiérarchie dans la criminalité : un chef suprême, des lieutenants, des exécutants, des apprentis… Cette confrérie de coquins en tout genre s'appelait elle-même l'argot… Un mot dont on ne connaît pas l'origine. Vient-il de Ragot, légendaire capitaine des gueux ? Est-il une adaptation de l'ancien français *argoter*, « chercher querelle » ? Découle-t il du verbe *hargoter*, autrement dit « secouer » ? Allez savoir… Dans son *Dictionnaire du jargon parisien* paru en 1878, Lucien Rigaud notait avec humour : « Le jour où deux étymologistes s'entendront, il y en aura un, au moins, qui aura perdu l'esprit… de contradiction sur lequel sa science repose. » Mais est-ce une raison pour renoncer à chercher l'origine de ces mots qui ont une histoire ?

En tout cas, parti de la cour des Miracles, le mot « argot » s'est répandu dans la langue. Et puisque les canailles de l'argot parlaient entre eux un langage mystérieux, le même mot a vite désigné ce jargon incompréhensible aux non-initiés.

Dès 1656, le lieutenant général de police Nicolas de La Reynie se mit en tête de démanteler les zones sordides où se regroupaient les malfrats de toute espèce. Il envoya aux galères des dizaines de milliers de voleurs et de mendiants. Les cours des Miracles disparurent, mais l'argot continua de prospérer…

Savez-vous ce qu'est un trimballeur de piliers de boutanche ? C'est un voleur spécialisé dans la substitution des colis transportés par les commis.

> Et un doubleur de sorgue ? C'est un cambrioleur qui ne travaille que de nuit. Et prendre un rat par la queue ? C'est dérober la bourse d'un bourgeois...

• 214, rue du Faubourg-Saint-Denis. L'invention du marteau-pilon.

Ce haut du faubourg, qui touche déjà au quartier de la Chapelle, connut des destinées diverses. Il y eut des foires commerciales, des vignobles, des carrières de plâtre, et puis s'annonça la révolution industrielle... Alors, dès 1826, François Cavé vint installer ici ses ateliers.

Cavé, c'était la vapeur au service du progrès, les machines sifflantes au panache de fumée blanche, les locomotives filant sur les premiers rails, des navires voguant sur les fleuves et le « courrier » qui reliait Calais à Douvres, traversant la Manche à la vitesse exceptionnelle de treize nœuds. Dans ses ateliers du faubourg Saint-Denis, Cavé ne cessa jamais d'innover. En 1836, il déposa un nouveau brevet pour une sorte d'outil mû par la vapeur, c'était le marteau-pilon, avancée prodigieuse pour l'industrie métallurgique qui pouvait désormais compresser les métaux.

• La Goutte-d'Or. *In vino veritas...*

Nous continuons notre chemin vers Saint-Denis en pénétrant dans l'actuelle rue Marx-Dormoy. Avant 1945, elle faisait partie de la rue de la Chapelle. Et puis, sur ce tronçon, elle a été baptisée du nom de ce ministre du Front populaire assassiné sous l'Occupation.

Nous nous trouvons dans le quartier de la Goutte-d'Or, qui tire son nom d'un vin blanc fameux que l'on produisait ici. Au temps de Saint Louis, au XIIIe siècle, un classement des meilleurs crus donna ce podium des vainqueurs : premier, le vin de Chypre proclamé « pape des vins » ; deuxième, le vin de Málaga baptisé « cardinal des vins » ; troisième enfin, le vin de la Goutte-d'Or couronné « roi des vins ».

Le quartier ne se développa réellement qu'à partir de 1830, notamment en raison de l'implantation dans le coin de manufactures en tout genre. La Goutte-d'Or oublia ses moulins et son vin pour devenir une vaste cité ouvrière avec son lot de misères sociales…

Depuis 1983, un vaste plan de rénovation transforme la vieille Goutte-d'Or. Les immeubles où s'étaient établis les caboulots d'autrefois n'existent plus…

• 49, rue Marx-Dormoy. L'ogresse de la Goutte-d'Or.

À cette adresse, nous trouvons aujourd'hui un centre social… Mais jadis, quand la voie était encore le début de la rue de la Chapelle, vivait ici un couple étrange et inquiétant : Jean Weber, un cocher alcoolique, et son épouse Jeanne, une Bretonne à l'allure un peu revêche…

Elle devait pourtant inspirer confiance, la Jeanne, car on lui confia bien souvent la garde de jeunes bambins… D'ailleurs, le couple lui-même a eu trois enfants, mais le premier est décédé trois mois après sa naissance, et le médecin n'est pas parvenu à déterminer la cause de la mort. Sa petite sœur n'avait qu'un an lorsqu'elle a succombé à une pneumonie aiguë. Enfin, c'est ce qu'on a dit…

Le 25 décembre 1902, Jeanne Weber se trouve non loin de chez elle, rue Jean-Robert, où elle prend soin de la fillette d'un veuf. Mais quand le père rentre à la maison, l'enfant est morte. Encore une pneumonie aiguë.

Quelques mois plus tard, Jeanne s'occupe d'une petite fille de trois ans confiée à sa garde par une famille de laitiers. L'enfant décède brusquement, toujours une mauvaise pneumonie.

Le 2 mars 1905, alors que Jeanne est en compagnie de sa nièce de dix-huit mois, l'enfant meurt dans ses bras. Cette fois, les médecins parlent de convulsions.

Et la série noire continue. Le 11 mars, c'est une autre nièce qui expire devant elle. Le 26, c'est un neveu qui s'éteint en sa présence. Le 29, c'est son dernier enfant qui meurt à l'âge de sept ans.

Le 7 avril, Jeanne Weber se trouve en visite chez son beau-frère, rue du Pré, seule avec le petit Maurice âgé de onze mois. Mauvaise idée. Les parents surprennent Jeanne serrant l'enfant contre elle, un peu trop… Le bébé est en train d'étouffer ! Après une nuit aux soins intensifs à l'hôpital, le garçon est sauvé… Mais le médecin remarque des contusions sur le cou du gamin. Serait-ce une tentative de strangulation ?

Le petit Maurice est examiné par les experts, les cadavres des autres enfants sont exhumés pour autopsie… Aux dires des spécialistes, rien ne permet de soupçonner Jeanne Weber de meurtres. Et même si une partie de la presse surnomme la jeune femme « l'ogresse de la Goutte-d'Or », d'autres journaux prennent sa défense. Finalement, la parole des experts triomphe : l'accusée obtient un non-lieu en janvier 1906.

Jeanne veut alors changer de vie et part pour Chambon, en Indre-et-Loire, où elle va se consacrer…

aux enfants ! Le garçon de neuf ans dont elle a la garde meurt brusquement. Plainte à la gendarmerie, nouveau procès, nouveau non-lieu en 1908 grâce aux démonstrations savantes des médecins légistes.

Quelques mois plus tard, Jeanne est prise en flagrant délit alors qu'elle tente d'étrangler un petit garçon dans une auberge de Commercy. Cette fois, les experts doivent se taire.

Combien d'enfants a-t-elle ainsi assassinés ? On ne le saura jamais. Déclarée démente, elle est internée dans un asile psychiatrique près de Bar-le-Duc. Elle mourra là-bas dix ans plus tard.

De ce gâchis judiciaire, qui a fait tant de petites victimes, il ressortira que « la vérité scientifique », brandie avec tant d'assurance par les experts, sera désormais un peu moins la vérité.

• 16, rue de la Chapelle. Un col bien parisien.

L'église Saint-Denys que l'on voit à cette adresse fait suite à une série de lieux de culte qui a sans doute commencé au temps des Celtes... Pourquoi à cet endroit précis ? Parce que nous sommes sur le seul col parisien, celui qui franchit les deux plus hautes collines de la capitale : Montmartre qui culmine à cent vingt-neuf mètres et Belleville à cent vingt-huit. Ce lieu est d'ailleurs encore évoqué par les historiens et les géographes comme « le pas de la Chapelle ».

Un col à Paris ? Cela semble un canular, la géographie citadine a depuis si longtemps gommé ce passage « montagneux » ! Mais cet endroit fut un centre sacré pour nos lointains ancêtres : comment ne pas penser que les druides venaient ici invoquer les dieux qui se cachaient sur les hauteurs ? Certains y ont même vu le lieu de sépulture originel de saint Denis, avant que Dagobert ne transfère sa dépouille dans l'actuelle abbaye de Saint-Denis au VIIe siècle et avant que l'abbé Hilduin, presque deux cents ans plus tard, ne nous invente le parcours tête sous le bras.

C'est là aussi que Jeanne d'Arc pria le 8 septembre 1429 avant d'aller faire le siège de Paris pour en expulser les Anglais… À ce propos, savez-vous que la Pucelle détient le record de statues à son effigie dans l'espace public parisien ? Il y a celle que vous avez ici devant vous, au 16, rue de la Chapelle, certes, mais il y en a quatre autres… Saurez-vous les trouver ? Allez, je vous laisse un peu réfléchir ! Je vous donnerai la solution à la fin du chapitre.

• Les Bohémiens de la rue du Pré.

Dans ce quartier fièrement métissé, qui réunit, dit-on, soixante-dix nationalités, l'accueil des immigrés est une longue tradition… Parmi les premiers, des Bohémiens sont arrivés au mois d'août 1427. Ils étaient cent vingt si l'on compte les femmes et les enfants qui accompagnaient leur petite troupe. Ils avaient le visage basané, le cheveu de jais et les hommes portaient des anneaux d'argent à l'oreille. Et ils racontaient leur long périple…

Ils étaient partis de la basse Égypte d'où ils avaient été chassés par les sarrasins et s'en vinrent ainsi en pays chrétien. Ils arrivèrent à Rome où le souverain pontife leur donna l'absolution mais les condamna à errer pendant sept années. Sur leurs routes, les évêques et les abbés devaient leur octroyer un petit pécule pour leur permettre de continuer leur chemin…

Approchant de Paris, ils s'arrêtèrent rue du Pré-Maudit, devenue depuis plus sereinement la rue du

Pré, aux abords du village de La Chapelle. On vint voir ces étranges voyageurs de partout, car ils étaient capables d'annoncer l'avenir de chacun en jetant un regard sur les lignes de sa main ! C'était un tel prodige que l'évêque de Paris s'en inquiéta et se rendit sur place. Il se fâcha, le prélat, il gronda contre les acolytes du diable, les devineresses, les sorcières, et finit par jeter l'anathème sur tout chrétien qui oserait venir demander aux Bohémiens de leur ouvrir les portes de l'avenir. Privée de sa clientèle, la petite troupe nomade reprit la route et quitta l'Île-de-France.

La légende des lieux

Pourquoi chiens et chats se détestent. Au Moyen Âge, la foire du Lendit se tenait dans la plaine Saint-Denis, au niveau du tunnel de l'autoroute A1, qui porte d'ailleurs le nom de Landy en souvenir. Landy, Lendit ou même Landit, selon les siècles : ce nom vient du latin *indictus*, qui veut dire « annoncé, fixé ». Certains pensent même que c'est à cet endroit précis que les druides de toute la Gaule se réunissaient à date fixe pour traiter les affaires religieuses et politiques des clans.

En tout cas, chaque mois de juin, des marchands venus de loin proposaient des étoffes ou des épices, des parfums ou du parchemin. Vers 1400, des négociants arméniens mirent en vente des chats angoras. Surprenante nouveauté ! Ces matous soyeux attirèrent la curiosité des Parisiens qui venaient en foule voir ces élégants félins. Pour expliquer l'ahurissante splendeur de la fourrure, on répétait alors une légende russe… Lorsque Dieu le Père créa le chien, il n'avait pas encore recouvert l'animal de sa pelisse quand il fut distrait dans son entreprise par le diable lui-même. Le Seigneur fit de Satan son compagnon et revêtit même parfois son apparence… Dans ce grand chamboulement, le pelage prévu pour le chien fut donné au chat, et le premier à être servi fut l'angora, qui obtint ainsi la plus belle fourrure. Depuis, les chiens protestent contre ce vol éhonté… et voilà pourquoi chiens et chats se hérissent le poil mutuellement.

• **Et pour finir, les quatre Jeanne manquantes.**

Je n'ai pas oublié la petite interrogation-surprise que je vous ai proposée plus haut. Les quatre autres statues de Jeanne d'Arc se situent :

— Place des Pyramides, dans le Ier arrondissement. C'est une statue de bronze doré réalisée en 1874.

— Devant l'église Saint-Augustin, dans le VIIIe arrondissement. Statue en bronze de 1895.

— Rue Jeanne-d'Arc, au croisement du boulevard Saint-Marcel, dans le XIIIe arrondissement. Sur ce bronze de 1891, Jeanne a l'originalité de ne pas être à cheval.

— Pont de Bir-Hakeim, dans le XVe arrondissement. Cette statue offerte par le Danemark voulait effectivement figurer Jeanne d'Arc, mais elle a été jugée un peu trop guerrière, un peu trop agressive, et fut rebaptisée « La France renaissante » en 1956.

11

AU FIL DE LA RUE DE L'HÔTEL-DE-VILLE

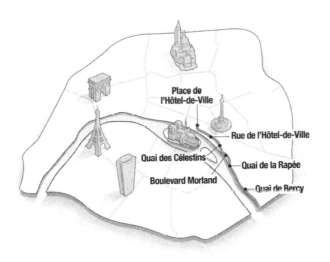

De l'ancienne place de Grève jusqu'à Bercy : les différents supplices des condamnés à mort, un bazar impérial, la morgue comme promenade du dimanche et le plus grand marché vinicole du monde...

Au début du XIᵉ siècle, le roi Robert II, fils et successeur d'Hugues Capet, a redonné à Paris son rôle de capitale : il a restauré et agrandi le palais de la Cité, un peu négligé dans les temps précédents, et il a consolidé le nouveau pont au Change qui donne accès à la rive droite où, face à l'île de la Cité, la grève de la Seine descend vers les eaux en pente douce sur un sol de graviers... C'est là que se développe le port de Grève, lieu calme et enchanteur si l'on en croit Abbon, moine de Fleury-sur-Loire, qui le tient à l'époque pour le plus beau de tous les ports qu'il a pu visiter !

C'est donc de préférence sur la rive droite, face aux ruines romaines de la rive gauche, que les Parisiens sortent enfin de leur berceau insulaire après deux siècles d'insécurité. Peu à peu, de nombreux artisans et marchands viennent ouvrir leur échoppe dans la ville. Paris a désormais besoin d'un port parfaitement aménagé, et c'est bientôt un ballet incessant de barques et de bateaux qui y accostent. Il faut vider ces embarcations au plus vite afin de laisser la place aux suivantes...

Sur la place qui s'ouvre derrière le port – la place de Grève – sont déchargées les denrées et les marchandises que réclame la ville. Blé, foin, vin, légumes et animaux de boucherie sont débarqués, entassés, pour faire vivre Paris.

Certes, le port et la place sont encore hors les murs, mais on va bien vite les entourer d'une deuxième enceinte pour en faire le cœur vivant de la capitale.

Au siècle suivant, en 1141, le roi Louis VII vendra à quelques bourgeois entreprenants tout le quartier avec la place en prime, espace encore vide d'habitations, mais où se tient déjà un marché. Prix de la transaction : soixante-dix livres... ce qui équivaut, approximativement, à un peu plus de deux mille euros actuels. Une affaire ! Il est vrai, pour remettre les choses en perspective, qu'un manouvrier gagne alors six deniers par jour, ce qui correspond à environ soixante centimes d'euro.

La place restera « de Grève » jusqu'en 1803, date à laquelle elle deviendra place de l'Hôtel-de-Ville. Et ce sont les quais de l'Hôtel-de-Ville que nous allons suivre le long de la Seine, dont l'intense activité fluviale a façonné l'identité marchande de la rive droite.

• Quand on faisait la grève pour travailler !

Le port de Grève s'est développé : il y avait donc bien souvent du travail au bord de la Seine pour décharger les bateaux. Les tâcherons venaient y « faire grève », c'est-à-dire chercher un emploi pour la journée.

Mais parfois, ils n'étaient pas contents, ces dockers des temps anciens ; ils protestaient contre le salaire proposé, réclamaient quelques sous en plus... Alors, lentement, « faire grève » a changé de sens. Vers 1780, ce n'était plus « chercher du travail » que signifiaient ces deux mots, mais « protester contre les conditions d'embauche ».

Encore fallait-il savoir comment protester... Des arrêts volontaires du travail avaient lieu, certes, mais ils se heurtaient généralement à une répression sévère. C'est à la suite des mouvements survenus dès les années 1830 et avec la révolution industrielle que la grève s'imposa comme l'arme suprême du combat social.

Le mot du quartier

Marchand, n.m. *Commerçant qui vend des articles avec profit.*

Tout au début de l'histoire de Paris, c'étaient les nautes, confrérie d'armateurs et de commerçants, qui avaient la charge de l'organisation de la ville.

En 1266 tout change, Saint Louis décide de refondre la municipalité parisienne. Désormais, la

---

ville sera régentée par deux prévôts. Le premier, le prévôt de Paris, représente le roi tandis que le second doit faire entendre la voix des bourgeois. Ce prévôt-là vient tout naturellement s'installer place de Grève... Alors qu'il aurait pu être, en bonne logique, le prévôt des bourgeois, il se fait appeler prévôt des marchands... du mot latin *mercator*, commerçant. À cette époque, le mot « bourgeois » devait sembler peu explicite car deux sens entraient en collision : habitant d'un bourg ou citadin enrichi. Le terme « marchand » levait si bien toute ambiguïté qu'il s'imposa.

• Elle aura tout vu, la place de l'Hôtel-de-Ville !

Des révolutions, des revendications, des magnificences, des horreurs... Si elle assuma fièrement sa destinée ouvrière, elle eut aussi la double vocation d'abriter le siège de la municipalité et de servir de cadre au supplice des condamnés à mort. La sinistre série commença en 1310 par le « brûlement » d'une prétendue hérétique nommée Marguerite Porette, elle s'acheva en 1830 par la décapitation d'un certain Jean-Pierre Martin, condamné pour assassinat et vol. Et puis, la guillotine changea d'adresse... En effet, les 27, 28 et 29 juillet, le peuple de Paris se souleva pour chasser Charles X du trône. Durant ces Trois Glorieuses, des affrontements violents se déroulèrent autour de l'Hôtel de Ville. Au cours de la deuxième journée, le bâtiment fut occupé par les révolutionnaires, réinvesti par l'armée, repris par les manifestants, assailli par les militaires... Trois jours et environ mille victimes, dont huit cents insurgés et deux cents soldats. De ces combats sortiront la monarchie constitutionnelle et le règne de Louis-Philippe.

Après ces événements, le préfet de la Seine jugea que l'endroit ne convenait plus aux exécutions « depuis que de généreux citoyens y ont glorieusement versé leur sang pour la cause nationale ». Et l'on délocalisa le macabre spectacle du côté de la barrière Saint-Jacques. Entre-temps, on avait inventé la potence pour les crimes de droit commun, le bûcher pour les hérétiques, l'épée pour les gentilshommes, la roue pour les coupables de lèse-majesté, et finalement la guillotine pour tous.

Quant à la destinée municipale de l'endroit, elle se manifesta dès 1357, lorsque Étienne Marcel, prévôt des marchands, fit l'acquisition d'une maison sur cette place pour y installer les services de l'organisation citadine. Et cette situation perdure avec Anne Hidalgo qui occupe aujourd'hui, au même emplacement, le bureau de maire à l'Hôtel de Ville. Même emplacement, mais bâtisse différente ! À la maison du prévôt appelée « maison aux piliers » a d'abord succédé un palais au XVIe siècle, incendié en 1871 lors de la Commune. La construction somptueuse que l'on voit aujourd'hui, terminée en 1882, veut être une copie – en plus vaste – de l'édifice disparu.

• Rue de Rivoli. L'origine impériale du Bazar...

Par un beau matin de 1855, une calèche descend la rue de Rivoli, mais soudain les chevaux s'emballent, ruent, piaffent et se mettent au galop. Un camelot qui tentait de vendre sa bonneterie sur le trottoir abandonne son stand et se précipite. Il saisit les rênes des chevaux en furie et parvient à stopper la voiture...

L'accident a été évité de justesse. La passagère sort de la calèche, pâle, défaite. Cette femme en noir, discrète et bouleversée, personne ne la reconnaît, c'est pourtant l'impératrice Eugénie... Dans les jours suivants, elle fait remettre une belle somme à son sauveur. Cet homme de trente-deux ans se nomme Xavier Ruel. Avec l'argent de son courage, il décide d'abandonner sa vie de camelot errant : il va créer un magasin, un vrai, un grand ! Face à la place de l'Hôtel-de-Ville, il ouvre son Bazar, qu'il appelle, en toute reconnaissance, le « Bazar Napoléon »... Avec les années, la boutique va s'étendre dans la rue et grimper dans les étages pour devenir le Bazar de l'Hôtel de Ville sous un slogan légèrement emphatique : « Le plus vaste et le meilleur marché du monde ».

- **Place Baudoyer. L'Histoire au parking.**

On l'oublierait presque, la place Baudoyer, tant elle se fait discrète derrière l'envahissante place de l'Hôtel-de-Ville. D'abord, elle me touche parce qu'elle a eu les honneurs du théâtre dans la dernière scène du *Chapeau de paille d'Italie* d'Eugène Labiche. C'est là que l'intrigue se dénoue et que l'on trouve, accroché à un lampadaire, le chapeau recherché tout au long des cinq actes de la comédie.

Plus sérieusement, sur cette place qui a emprunté son nom à une ancienne porte de la deuxième enceinte de Paris – Baudoyer, sans doute une déformation de « baudet » – se dresse la caserne Napoléon. En 1853, Napoléon III, nouvel empereur, a fait abattre les vieilles masures qui s'imbriquaient les unes dans les autres pour construire cet édifice destiné à recevoir la garde... et prévenir ainsi, dans ce quartier qui a vu tant de révolutions, toute velléité de soulèvement. Aujourd'hui, les bureaux de la Mairie de Paris ont pris possession du bâtiment.

En 1994, quand fut creusé le parc de stationnement, des fouilles archéologiques préventives permirent de mettre au jour les vestiges d'une nécropole romaine et d'un cimetière mérovingien. Quelques pierres et des fibules sont exposées dans une vitrine située au premier niveau du parking.

• Le pont d'Arcole n'est pas celui qu'on croit.

Ce pont, qui part de la place de l'Hôtel-de-Ville pour gagner l'île de la Cité, fut inauguré en décembre 1828 sous le nom de pont de la Grève. Et puis, deux ans plus tard, la municipalité le rebaptisa pont d'Arcole. Alors, évidemment, on pense au général Bonaparte qui, en 1796, triompha des troupes autrichiennes au cours de la bataille du même nom, dans le nord de l'Italie. Pourtant, cet Arcole-là n'a rien à voir avec l'épopée napoléonienne ! Arcole était un garçon de quatorze ans qui, durant les Trois Glorieuses, s'élança, drapeau tricolore en main, pour participer à la prise de l'Hôtel de Ville. Arrivé presque au bout du pont, il tomba, frappé d'une balle en pleine tête. Hommage aux journées révolutionnaires et à l'enfant sacrifié, le pont prit officiellement le nom de ce gamin des rues de Paris.

• Passage du Gantelet. Les restes de l'incendie de l'Hôtel de Ville.

Quittons cet imposant quartier tout entier voué aux différentes administrations de Paris pour prendre le quai de l'Hôtel-de-Ville et suivre le cours de la Seine. Nous longeons d'abord l'imposant bâtiment néo-

Renaissance que la statue équestre du prévôt des marchands le plus célèbre de Paris, Étienne Marcel, défend de son regard de bronze. Et nous voilà dans un petit passage ponctué de vestiges... De l'incendie de 1871, qui a consumé l'Hôtel de Ville, il nous reste dans ce passage trois rescapés : les encadrements de fenêtre déposés ici et dont les yeux vides semblent regretter d'avoir été relégués loin de l'agitation citadine.

La légende des lieux

Le menhir baladeur. La rue de Lobeau, derrière l'Hôtel de Ville, porte depuis 1838 le nom d'un comte devenu maréchal de France sous Louis-Philippe. Mais avant, elle s'appelait la rue du Pet-du-Diable... C'était quoi, ce vent démoniaque ? La légende assure qu'il s'agissait d'un menhir préhistorique à la mode de Bretagne égaré en ces lieux. Les Parisiens de Moyen Âge, n'ayant jamais vu une pierre aussi grande et aussi lourde, estimèrent que seul le maître des Enfers pouvait être l'auteur d'un tel monument.

Mais voilà qu'en 1451, des étudiants, parmi lesquels se trouvait François Villon (le poète est toujours présent quand on parle des escholiers du Moyen Âge), enlevèrent la lourde pierre, histoire de faire enrager les autorités parisiennes. Ils arrachèrent le menhir à la rive droite pour le déposer rive gauche, sur la montagne Saint-Geneviève.

Les édiles parisiens récupérèrent le menhir pour le transférer au palais de la Cité, mais les collégiens vinrent nuitamment le rechercher pour

---

le fixer à nouveau dans le quartier des universités. Le pet au Diable fut, dès lors, objet d'un rituel dansant et chantant qui mettait en joie la jeunesse étudiante... Depuis, le menhir a disparu, et les étudiants facétieux sont entrés dans la légende du Quartier latin.

• Rue de la Mortellerie. Les ravages du choléra.

Quand on redescend par la rue des Barres, dont le nom proviendrait lui aussi de la deuxième enceinte de Paris en souvenir des pieux de bois qui la constituaient, le quai de l'Hôtel-de-Ville et la rue du même nom cheminent côte à côte, confondus. Autrefois, la Seine montait bien plus haut qu'aujourd'hui, la rue de l'Hôtel-de-Ville actuelle en était donc le quai, et s'appelait alors « de la Mortellerie »... Mortellerie, ça sonne comme une industrie de la mort, une fabrique du crime ! C'est en tout cas ce que croyaient nos aïeux qui attribuaient cette appellation aux meurtres en tout genre qui se perpétraient en ces lieux. En fait, il n'y a jamais eu plus d'assassinats ici qu'ailleurs, et cette mortellerie qui faisait si peur n'était qu'un mot de l'ancien français pour désigner les faiseurs de mortier, de simples et inoffensifs ouvriers du bâtiment.

Pourtant, lors de l'épidémie de choléra de 1832, la Mortellerie paya un lourd tribut à la maladie : plus de trois cents morts en quelques semaines uniquement dans cette rue. Quand le fléau s'éloigna, les habitants qui avaient survécu firent valoir qu'ils ne pouvaient pas continuer à habiter une voie qui évoquait si directement la mort dans son nom même... La municipalité se rendit à cet argument, et la rue devint banalement rue de l'Hôtel-de-Ville.

Une trace demeure : au numéro 95, l'ancienne inscription sur la pierre, « rue de la Mortellerie », est toujours visible, comme pour narguer le sort.

• 56, rue de l'Hôtel-de-Ville. La commanderie des Templiers.

Les soubassements de cette ancienne habitation constituaient, au XIIIe siècle, les bases solides de la commanderie templière de Paris. Depuis la disparition de l'ordre, au siècle suivant, la richesse supposée de ces Templiers a fait fantasmer. Des hordes de candidats à la fortune ont fouillé les entrailles de l'habitation. En vain. En fait, les seuls trésors, pour nous, restent la magnifique cave voûtée qui nous parle de la vie et de l'action de l'ordre, et, au fond de la cour du 15, rue Geoffroy-l'Asnier, un vieux mur reprenant le tracé de la deuxième enceinte millénaire de Paris.

Le petit métier du coin

Le clocheteur de trépassés. Il est vêtu d'une tunique blanche sur laquelle sont dessinées des têtes de mort et, de nuit, il parcourt la place de Grève et les rues avoisinantes en faisant tinter la clochette qu'il tient dans sa main.

— Réveillez-vous, gens qui dormez, priez Dieu pour les trépassés, hulule-t-il d'une voix sinistre.

Certains clocheteurs, plus entreprenants, frappent aux portes des maisons, afin de mieux secouer les endormis. D'autres, plus joviaux, tentent parfois de faire naître un sourire dans les

---

chambres à coucher, et leur lamentation prend une tournure inattendue.

— Réveillez-vous, gens qui dormez, prenez vos femmes, embrassez-les.

Cet usage étrange n'avait pas qu'un objectif de piété. Réveiller les habitants en pleine nuit pouvait aussi éviter les incendies si redoutés qui risquaient d'éclater quand brûlait le bois dans les cheminées. Finalement, cette cérémonie agaçante, qui remonterait au début du Moyen Âge, semble avoir totalement disparu de Paris vers le XVIIe siècle, mais elle fut maintenue un siècle de plus dans quelques villes de province.

• Le pont Marie et la naissance de l'île Saint-Louis.

Ce nom de « Marie » n'a rien à voir avec la Vierge, ni avec la Myriam biblique, comme le prétendent certains amateurs d'énigmes ésotériques. C'est simplement le patronyme de l'ingénieur qui a construit le pont : Christophe Marie.

En fait, Marie proposa à Henri IV non seulement de construire un pont entre le Marais et la rive gauche, mais aussi d'aménager les deux îles sur lesquelles l'ouvrage devait aboutir, l'île Notre-Dame et l'île aux Vaches. Les deux bandes de terre réunies deviendront l'île Saint-Louis.

Christophe Marie et ses deux associés, qui espèrent faire fortune, ne peuvent commencer les travaux qu'en 1614... Mais l'opération se révèle vite plus onéreuse et plus compliquée que prévu. Les chanoines de l'île aux Vaches contestent l'indemnité proposée, les mariniers s'inquiètent des entraves à la navigation, les frais explosent. Il faudra vingt ans de tractations et de travaux pour achever le pont.

Pour faire face aux difficultés de financement du projet, Christophe Marie et ses deux associés vendent les terrains des îlots à des acheteurs particuliers. Ceux-ci vont amasser de belles plus-values quand, le pont achevé, ils céderont ces terrains… Ainsi se construiront les quais et la rue Saint-Louis-en-l'Île, avec ses maisons solides et ses hôtels particuliers.

De cette opération urbaine d'envergure il nous reste une incroyable impression d'homogénéité architecturale qui nous plonge en plein Grand Siècle. Son plus beau représentant reste, pour moi, l'hôtel de Lauzun, au 17, quai d'Anjou, construit par Le Vau, qui habitait au 3. J'y ai tourné un film sur Jean de La Fontaine et le gardien m'a révélé que les plaques de cheminée illustrant les célèbres fables avaient été offertes au propriétaire des lieux par le fabuliste lui-même !

Mais si l'île se construit et s'aménage, les avatars du pont Marie ne sont pas terminés : en 1658, une crue de la Seine emporte deux arches et engloutit la vingtaine de maisons construites le long du parapet. Un pont de bois vient provisoirement remplacer l'ouvrage écroulé, et ce n'est qu'en 1677, vingt ans après la crue, que le pont est enfin reconstruit. On a pris son temps pour le rebâtir, ce pont Marie, mais le travail n'est toujours pas achevé au XXIe siècle : les niches creusées dans les arches du pont sont vides, nul n'a songé à remplacer les statues qui doivent toujours dormir au fond de la Seine.

• 5, rue des Nonnains-d'Hyères. L'enseigne du rémouleur.

Un peu plus loin sur le quai, nous devinons les jardins et la silhouette de l'hôtel de Sens : nous sommes dans la rue des Nonnains-d'Hyères. Juste en face, le magnifique hôtel d'Aumont, lui aussi construit par Le Vau, offre un contraste saisissant entre l'architecture du Moyen Âge, dite gothique, et celle du Grand Siècle, dite classique.

Soudain, à l'angle de la rue de Jouy, une enseigne nous saute aux yeux... Regardons-la, car les enseignes parisiennes étaient célèbres, elles voulaient attirer le chaland, mais servaient aussi de points de repère. Celle-ci indiquait, en 1767, l'atelier d'un rémouleur. Ici les ménagères du quartier venaient faire aiguiser leurs couteaux et les gentilshommes apportaient leur épée à affûter. Cette enseigne, vous pouvez encore l'admirer aujourd'hui : l'artisan porte un élégant costume à la mode Louis XV.

• 1, rue du Figuier. Le boulet de 1830.

Retournons vers le quai et voici l'hôtel de Sens. Il est impressionnant, cet hôtel. Achevé en 1519, il nous transporte, par ses tourelles et ses croisées, dans un Paris disparu. Il est remarquable, à coup sûr, mais son histoire, bien maigrelette, ne correspond pas à la solide majesté des lieux. Certes, Nostradamus est venu dormir ici quelques nuits autour de 1556. Nul ne sait ce que le célèbre devin a prévu pour l'hôtel et Paris lors de son passage, mais cette visite a conféré un peu de lustre à la résidence. La reine Margot l'habita en 1605, mais on ne retient de son séjour que deux anecdotes. D'abord celle d'un figuier qu'elle fit couper pour laisser une place suffisante aux manœuvres de son carrosse, et un autre souvenir, moins glorieux pour la reine...

Le 5 avril 1606, en effet, Margot rentrait à cet hôtel avec son amant du moment, un jeune charpentier nommé Julien Dat de Saint-Julien. Mais la jalousie guettait dans l'ombre sous la forme d'un galant éconduit, le comte de Vermont... Il se dressa soudain, le jeune comte, et abattit son rival d'un coup de pistolet. La reine Margot fit exécuter le meurtrier devant l'hôtel et, afin de parfaire sa vengeance, offrit ses jarretières au bourreau pour que le comte soit étranglé avec ces rubans et non décapité comme l'exigeait la loi. Elle voulait le voir souffrir... Mais l'exécuteur des hautes œuvres, respectueux de la règle, n'écouta que son devoir et, d'un coup, trancha la tête du condamné.

À présent, levez les yeux sur la façade, regardez vers la gauche... Vous le voyez, ce rond noir dans la pierre blanche ? C'est un boulet de canon tiré le 28 juillet 1830 – la deuxième journée des Trois Glorieuses – qui est venu se ficher ici et que l'on n'a jamais osé retirer, par peur de voir tout le mur s'effondrer.

• La médecine électrique du quai des Célestins.

Le long du quai s'étendait le couvent des Célestins qui lui a donné son nom. Ses bâtiments ont été refaits, sur un espace amputé, et le couvent de jadis est devenu caserne de la Garde républicaine. Mais entre-temps, en 1778, l'ordre des Célestins avait été supprimé et, cinq ans plus tard, avait été installé entre ces murs un hospice médico-électrique ! Nicolas-Philippe Ledru – Comus de son nom de scène – prétendait soigner des maladies nerveuses, épilepsie et hystérie, en administrant des chocs électriques à ses patients. Quand les malades manquaient, ce personnage étrange, mi-physicien, mi-illusionniste, exhibait sur scène ses talents « électriques » et donnait des spectacles de magie devant un parterre frémissant et ravi.

La pratique médico-électrique n'a pas été complètement abandonnée, même si elle est devenue assez rare. Revisitée dès les années 1930, elle est devenue l'électroconvulsivothérapie… autrement dit les électrochocs. Aujourd'hui encore, les héritiers de Comus manient le choc électrique dans certains cas de mélancolie, de dépression, de délire paranoïaque ou de psychose délirante.

• Boulevard Morland. Marcher sur la Seine sans se mouiller…

Au XIXe siècle, il restait trois îlots sur la Seine à Paris : l'île de la Cité, l'île Saint-Louis… et l'île Louviers. Cette dernière n'a jamais été habitée et servit, au cours des âges, de terrain d'exercice pour les arbalétriers ou de remise pour les marchands de bois. Dans les années 1840, pour mieux dompter le fleuve, le bras d'eau qui séparait l'île de la rive droite fut comblé… et le quai Morland devint boulevard Morland ! Aujourd'hui, sans le savoir, on marche sur la Seine à pied sec.

• 1, rue de Sully. Pour l'arsenal, bras de fer entre la ville et le roi.

Un bâtiment qui trône devant une sorte de terrain vague et qui se prolonge sur le boulevard Morland, voilà tout ce qui reste de l'ensemble que constituait jadis l'arsenal de Paris…

En 1533, François Ier a besoin de faire fondre des canons, il lui faut de la place, alors il demande à la municipalité parisienne de lui prêter deux granges situées près des quais de la Seine. Le Conseil de la ville proteste, il tient à conserver ses remises ! Le roi tranquillise le prévôt : dès que la fonte sera achevée, c'est promis, il rendra les bâtisses et le terrain.

Mais la fonte se prolonge sur une quinzaine d'années et quand vient le moment d'évacuer les lieux, le nouveau roi Henri II n'envisage pas de se séparer de ces bâtiments. La Ville de Paris réclame une indemnité... elle attend toujours !

Henri II fait alors bâtir à cet emplacement un arsenal bien organisé, avec logements pour les officiers, hangars pour les canons, fourneaux et moulins pour fabriquer la poudre. Hélas, le 20 janvier 1563, un incendie se déclenche et tout explose... La détonation est si violente, dit-on, qu'on l'entend jusqu'à Melun, à plus de cinquante kilomètres de là !

Charles IX édifie bientôt un nouvel arsenal... Le duc de Sully, nommé grand maître de l'artillerie, vient s'installer dans le corps de bâtiment encore debout aujourd'hui. Sa chambre et celle qu'Henri IV s'était réservée à l'Arsenal ont été conservées... mais déplacées ! Elles ne bénéficient plus de la jolie vue d'origine sur la Seine, elles ouvrent à présent sur le square avec vue imprenable sur le mastodonte administratif de la Ville de Paris, autrement dit la préfecture du boulevard Morland.

Un siècle après la reconstruction, Louis XIV juge prudent de déplacer l'arsenal hors de Paris. Le vieux bâtiment ne servira plus qu'à fondre les statues du parc de Versailles. Enfin, l'arsenal parisien est définitivement supprimé en 1788 et, quelques années plus tard, les archives de la Bastille, qui a été rasée, sont déposées dans ce qui va devenir peu après la biblio-thèque de l'Arsenal.

La Ville de Paris, on l'a vu, a été dépossédée du terrain et des granges prêtées au roi. Est-ce pour cela que le pavillon de l'Arsenal, juste à côté, une construction du XIXe siècle, a été acquis par la municipalité en 1954 ? C'est aujourd'hui un lieu d'exposition pour les projets urbanistiques de la Mairie… Paris a récupéré son terrain !

• Rendez-nous la muraille de Charles V !

Au début du boulevard Morland, l'aménagement de l'esplanade famélique qui fait face à l'Arsenal a permis de retrouver, en octobre 2015, un véritable trésor : un vestige important de la muraille de Charles V. Cette enceinte du XIVe siècle, émouvant témoignage de la guerre de Cent Ans, aurait pu être sauvegardée, aurait dû l'être ! Anne Hidalgo y était favorable. Hélas, la volonté de la maire de Paris ajoutée à celles de tous les comités de sauvegarde du patrimoine ont été de peu de poids ! La bureaucratie, l'indifférence, le laisser-aller ont triomphé : ce souvenir inestimable de l'histoire parisienne a été enseveli, et au profit de quoi ? D'un espace gravillonneux terne et poussiéreux.

• La « savonnette à vilains » du quai de la Rapée.

Au XIe siècle, la rapée est une âcre piquette vendue par les moines de Saint-Martin-des-Champs. Les tonneaux de cette vinasse sont débarqués sur les quais du port de la Grève… La bibine des martiniens est-elle entreposée un peu plus loin ? Sans doute. Quoi qu'il en soit, un « fief de la Rapée » apparaît au cours des siècles suivants sur le domaine du monastère, au bord de la Seine, un peu en amont du port. Ce fief est loué à un particulier qui en fait sa « savonnette à vilains »… Cette étrange expression désigne une manière de passer subrepticement de la roture à la noblesse ! En effet, vers 1750, le nouveau locataire fait reconstruire l'hôtel de la Rapée et se présente désormais comme monsieur de la Rapée, un patronyme assez décoratif pour permettre à son possesseur de devenir commissaire général des troupes du royaume. Avec les travaux, le chemin qui suit la Seine devient quai de la Rapée sans que l'on sache très bien si ce nom est une plaisante allusion au mauvais vin des moines ou un hommage à l'obscur commissaire au service des armées du roi Louis XV. Le doute plane toujours.

• 2, place Mazas. L'IML ou la mort occultée.

Ce lourd bâtiment de briques rouges qui domine le quai de la Rapée a ouvert ses portes en 1923. C'est tout juste si on l'a muni de fenêtres, et encore, ces ouvertures sont discrètes et placées en hauteur. Car il s'agit avant tout de cacher les cadavres que l'on apporte ici, assassinés, suicidés, accidentés… Nous sommes devant la morgue de Paris, l'Institut médico-légal, maintenant il faut dire IML, c'est plus discret… Les mots font comme les murs : ils cachent une réalité insupportable.

Pourquoi cet excès de précaution ? Parce que, jusqu'à la veille de la Grande Guerre, l'ancienne morgue, celle du 21, quai du Marché-Neuf, était devenue un lieu de promenade pour les familles en goguette ! Les corps dévêtus, posés sur des tables de marbre noir, la tête relevée par une plaque de cuivre, étaient exposés durant soixante-douze heures derrière

222

des vitrines afin de permettre l'identification éventuelle des défunts anonymes. Chacun pouvait donc venir déambuler avec femme et enfants le long du sinistre couloir. Il a fallu mettre fin à cette attraction morbide.

Aujourd'hui, trois mille corps passent chaque année par l'IML, mais dans la plus stricte intimité. Deux mille d'entre eux font l'objet d'une autopsie, qui débouche éventuellement sur une enquête criminelle. Les recherches traquent les assassins, mais aboutissent parfois à de banales affaires où le quotidien se révèle menaçant et sordide. Ainsi, il y a quelques décennies, les policiers ont apporté ici le corps d'une vieille dame morte noyée dans son appartement… Noyée ! Mais où donc ? Une étude minutieuse révéla la vérité : alors qu'elle passait la serpillière dans sa cuisine, la malheureuse avait trébuché et était tombée la tête dans son seau sans parvenir à se relever. Elle s'était noyée dans quelques litres d'eau sale…

• Parc de Bercy. Le port aux vins.

Ce quartier de Bercy, sa salle polyvalente, son parc aménagé se veulent la quintessence du modernisme avec tout ce qu'il faut de béton et d'espaces verts. Le lieu était pourtant déjà tendance au Ve millénaire avant notre ère… C'est en tout cas ce que l'on peut penser depuis que les travaux de 1991 ont permis de retrouver les traces d'une activité intense sur place : notamment des pirogues et un arc en bois d'if vieux de sept mille ans. Sans doute des vestiges celtes… D'ailleurs, le nom de Bercy viendrait de Belsinaca : ainsi les Celtes appelaient-ils une petite île située sur la Seine.

Il faut maintenant enjamber les siècles pour nous retrouver en 1704. Cette année-là, Louis XIV a écouté les doléances d'un vigneron de Bourgogne venu se plaindre des difficultés de son travail... Le roi prend une décision : le Bourguignon pourra venir débiter ses vins sur la grève de Bercy, et sans payer de taxes ! Ainsi est créé le premier entrepôt du port. Mais c'est en 1878 seulement que les entrepôts seront structurés, organisés pour faire de Bercy le plus vaste marché vinicole du monde.

Ce quartier, profondément réaménagé, renferme quelques souvenirs de ce commerce du vin... Le cadre des chais de la cour Saint-Émilion a gardé sa rue principale et l'architecture de ses bâtiments : pierre de meulière, voûtes de briques et structures métalliques. Dans le parc ont été conservés des tronçons d'une voie de chemin de fer, un entrepôt, la maison des gardiens et celle du percepteur.

Et puis, ce qui était autrefois un entrepôt de vins pourrait bien devenir un entrepôt de vestiges ! Au détour du parc, on aperçoit des arcades... Ce sont celles du marché Saint-Germain, qui se trouvaient à l'origine bien loin d'ici, près du boulevard du même nom. Ce marché-là, en 1975, il fallait l'agrandir, alors on a commencé par le détruire. Triste époque où l'on faisait tout et surtout n'importe quoi en matière d'architecture et de préservation du patrimoine. Heureusement, les Germanopratins ont protesté et les travaux ont été stoppés. Ces arcades anciennes, millésimées 1818, ont été finalement remontées à Bercy. Certes, elles n'ont rien à y faire, mais recluses au « jardin du philosophe », elles demeurent les victimes affligées des errements citadins.

12

AU FIL DE LA RUE DE LA MONTAGNE-SAINTE-GENEVIÈVE

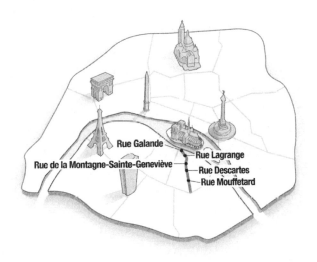

De la rue Galande à la rue Mouffetard : les « poudres de succession », Abélard à l'université, Rabelais au cabaret, les meilleurs collèges de Paris, le dernier poème de Verlaine et les lunettes d'autrefois.

Le XIIe siècle amorce une mutation qui est un bouleversement : en 1110, Étienne de Garlande est nommé doyen de l'abbaye Sainte-Geneviève. Cet événement passe sans doute inaperçu car l'abbaye, autrefois saccagée par les Vikings, n'est plus qu'une ruine perchée sur la montagne Sainte-Geneviève. Il n'empêche que la nomination d'Étienne de Garlande inaugure des temps nouveaux.

Dans ce paysage désolé, le nouveau doyen, par ailleurs évêque, chancelier et garde du sceau royal, permet l'ouverture d'une école de rhétorique et de théologie… La première école ouverte aux laïcs et qui échappe à la mainmise de l'évêque de Paris ! Il faut dire que le prélat se trouve bien loin de là, dans l'île de la Cité.

Dès lors on assiste à un prodigieux engouement pour l'étude. Partout sur la montagne bourgeonnent des collèges, des écoles, des séminaires. On se réunit autour d'un enseignant dans une petite masure, dans la rue, sur une place, dans une cour. On lit, on écoute, on chante, on récite, on apprend. Philippe de Harveng, théologien de cette époque, note que les étudiants de Paris aiment mieux « lire des livres que de vider des verres et préfèrent la science à l'argent ». Bel hommage… que contredit un peu plus tard Alain de Lille, enseignant à Paris. Selon lui, les étudiants sont plus enclins à « contempler les beautés des jeunes filles que les beautés de Cicéron ». Et il insiste : « L'instruction languit, on n'ouvre plus les livres. »

À l'extrême fin du siècle, en 1200, il faut donc organiser un peu mieux l'enseignement. Le roi Philippe Auguste offre des lettres patentes aux différentes écoles : elles sont désormais appelées collectivement *Universitas parisiensis magistrorum et scholarum,* Ensemble parisien des maîtres et des écoles. Le mot *universitas,* qui signifie « ensemble », « communauté », en général, est réservé maintenant à un ensemble d'écoles, autrement dit l'Université. La rive gauche devient la rive où l'on pense, par opposition à la rive droite où l'on dépense.

Alors, faisons comme les étudiants du Moyen Âge : gravissons l'ancestrale rue de la Montagne-Sainte-Geneviève, qui depuis l'Antiquité partait de la rue Saint-Jacques dans ce qui est aujourd'hui la rue Galande, déformation du clos Garlande, propriété d'Étienne de Garlande qui a si bien contribué à l'essor scolaire de la montagne. C'est à l'angle de cette rue et de la rue Saint-Jacques que nous attend la vieille protectrice de tous les étudiants, la mère de tous les enseignements : la petite église Saint-Julien-le-Pauvre, premier siège de l'Université parisienne, qui date du XIIe siècle.

• 42, rue Galande. Le saint embarqué.

La rue Galande longeait jadis un domaine de vignes qui appartenait à la famille Garlande. Cette famille laissa son empreinte dans la chronique : par Étienne, je l'ai dit, mais aussi par son frère Anceau qui fut, à son tour, un ministre proche de Louis VI le Gros, puis par un Anselme de Garlande, prévôt de Paris.

Dans cette rue, nous nous arrêtons devant une représentation de saint Julien… Il a dû ramer, ce saint personnage, pour descendre de son église, au numéro 79 de la rue, jusqu'à cette façade moderne… Le bas-relief qu'on voit ici représente Julien emportant dans sa barque un lépreux qui se révèle être le Christ. Cette pierre sculptée, qui date du XIVe siècle, sans doute arrachée au portail de l'église Saint-Julien-le-Pauvre, a échoué en ces parages, on ne sait pourquoi. Il y a deux siècles, badigeonnée de blanc, insérée dans la façade du vieil immeuble qui s'élevait à cet endroit, elle servait d'appui à la fenêtre du premier étage ! La maison a changé, le bas-relief est resté.

Après le XIIIe siècle, la rue abandonna peu à peu sa vocation viticole et aristocratique. Des Garlande, on ne garda que le souvenir et l'on accueillit ici des confréries professionnelles. Les compagnons charpentiers, notamment, avaient leur siège dans cette rue.

● **4, rue des Anglais. Le cabaret du père Lunette.**

Au 21 de la rue Galande, nous croisons la rue des Anglais. Et au numéro 4 de cette rue, vous vous trouvez devant les bâtiments qui abritèrent une véritable institution des nuits parisiennes : le cabaret du père Lunette ! De 1840 à 1908, ce lieu accueillit aussi bien les clochards et les ivrognes que les aristocrates en quête de sensations fortes. C'était un des points de chute des fameuses « tournées des grands-ducs », ces Russes de haute lignée qui venaient s'encanailler dans les bouges parisiens.

Réouvert en 2007 par la Mairie de Paris pour en faire un lieu de rencontre et de soutien pour les libraires indépendants, l'endroit a fait l'objet de travaux importants. On y a dégagé et restauré d'anciennes fresques sur les murs. L'une d'elles représente le père Lunette, qui nous attend donc toujours… depuis plus de cent soixante ans !

Le mot du quartier

Mégoter, *v. intr. Discuter sans fin pour des détails insignifiants.*

Après la rue Galande, notre tracé se retrouve dans la très haussmannienne rue Lagrange pour atteindre la place Maubert. Au XIIe siècle, cette place a été le berceau de l'Université, c'est ici que professait maître Albert, dont le nom « Maubert » n'est que la contraction.

Mais le temps a passé… Au XIXe siècle, on pouvait assister à cet endroit à un curieux petit commerce. Celui des cueilleurs d'orphelins. N'écrasez pas une larme furtive, ces orphelins-là

---

n'ont rien de vraiment déchirant : ce sont les mégots que le fumeur jette sur le pavé. Le cueilleur traque le bout de cigarette, le récupère et bientôt, ajoutant les grains de tabac aux grains de tabac, il pourra en posséder un sac de jute plein à ras bord.

Il faut les observer, ces braconniers du XIXe siècle : il y en a de deux sortes. D'abord, voici le tâcheron de la spécialité ; il tourne autour dc sa proie, guette le fumeur, et quand celui-ci abandonne son mégot, il se précipite. S'il le faut, il écrase du pied le bout incandescent et récupère d'un geste rapide la précieuse épave encore chaude.

Et puis, il y a celui qui se veut l'aristocrate de la profession, celui qui fait fi des pauvres cigarettes populaires, et se concentre sur les restes des meilleurs cigares de La Havane. Il a sa fierté, et quand un amateur jette son londrès, ce digne mégotier ne se hâte pas, il feint une indifférence supérieure, et puis soudain, sortant de sa chemise un instrument formé d'un manche sur lequel s'accroche un fil métallique recourbé, il attrape le mégot convoité, et s'en va dignement. En quête de nouveaux orphelins bien dodus.

Issu d'une maigre cigarette populaire ou d'un opulent cigare capitaliste, tout le tabac d'occasion est revendu à la foire aux mégots qui se tient place Maubert. Là, les aventuriers du pavé monnayent leur butin auprès des buralistes. Il existe même un cours quasi officiel de ce tabac de seconde main, mais bien souvent le cueilleur réclame quelques centimes de plus… Alors le débitant, à bout d'arguments, passablement excédé, finit par lancer :

– Arrête de mégoter !

Arrête de discutailler pour des mégots, veut-il dire… Les cueilleurs d'orphelins ont disparu, et à raison de soixante-huit euros l'amende pour ceux qui jettent leurs bouts de cigarette sur les trottoirs parisiens, les mégots vont bientôt en faire autant. Mais si le tabac récupéré ne fait plus recette, on continue parfois de mégoter.

• 4, impasse Maubert. Les poisons de la Brinvilliers.

De la rue des Anglais on a gagné la place Maubert, où cette partie de la rue de la Montagne-Sainte-Geneviève a conservé son nom originel. Mais on a fait un petit crochet par la rue Maître-Albert pour arriver bientôt devant cette impasse. Ici vivait, entre ses fourneaux, ses fioles, ses cornues et ses alambics, un chimiste nommé Jean-Baptiste Godin de Sainte-Croix. Le 31 juillet 1672, l'homme est retrouvé sans vie, il a succombé à des vapeurs toxiques inhalées accidentellement. Au cours de l'inventaire après décès, on découvre une cassette de cuir rouge fermée par un sceau et accompagnée de cet avertissement : « À n'ouvrir qu'en cas de mort antérieure à celle de la marquise ». Cette marquise à peine désignée, c'est sa maîtresse, la Brinvilliers… À quarante-deux ans, elle est toujours vivante, le couvercle du petit coffret est donc décacheté… Horreur : il contient des sachets de poison et quelques lettres qui accusent la belle : elle a un peu trop bien profité des leçons de son amant ! En effet, avec un mélange d'arsenic et de bave de crapaud, elle a empoisonné successivement son père et ses frères, manière expéditive d'hériter de la fortune familiale.

Se sachant découverte, l'empoisonneuse fuit à Londres puis gagne Liège, où elle est arrêtée, ramenée en France, jugée et exécutée en place publique en 1676.

Cette tragédie familiale aurait pu trouver ainsi sa conclusion, mais l'affaire des poisons rebondit trois ans plus tard avec l'arrestation de Catherine Monvoisin, dite « la Voisin ». Tout se mêle alors, l'arsenic, les avortements clandestins, les messes noires, les tours de sorcellerie… On découvre soudain que les « poudres de succession » — comme on appelle alors les poisons — sont largement utilisées pour régler des conflits ou réaliser des ambitions. La Voisin est brûlée vive en 1680, mais des centaines d'accusés sont compromis dans cet interminable scandale. Parmi les grands noms éclaboussés, on compte deux nièces du défunt cardinal Mazarin, Jean Racine, madame de Montespan, favorite du roi, et sa belle-sœur la duchesse de Vivonne… suivis par tout un festival d'aristocrates : le duc de Piney-Luxembourg, le comte de Clermont, la comtesse du Roure, la marquise d'Alluye…

À la Cour, plus rien ne sera tout à fait aussi tranquille, aussi calme, aussi clair. Désormais, Louis XIV doute de tout et de tous. Et sur son visage impassible se dessine un petit coin de bouche amer qui ne le quittera plus.

• Rue de la Montagne-Sainte-Geneviève. La voie royale des collèges.

Au numéro 4 de cette rue se dresse aujourd'hui l'architecture carrée et rigide d'un hôtel de police. Peut-être influencé par le quartier, il fait dans l'éducatif, ce commissariat : il abrite le musée de la Police, retraçant l'histoire de l'institution jusqu'à nos jours.

Mais il faut se rappeler qu'aux environs de cet endroit où sont exposés aujourd'hui des objets aussi insolites et effrayants qu'une épée de justice ou une lame de guillotine ont fleuri les meilleurs collèges de Paris. Au XIIIᵉ siècle, le collège du Danemark, puis un peu plus tard, le collège de Laon fondé en 1314. Plus haut dans la rue, on parvenait au Collège de La Marche créé en 1362 par Jean-Claude de La Marche, professeur de philosophie. Ensuite, on arrivait au collège de Navarre ouvert dans la rue en 1309 par Jeanne de Navarre, épouse de Philippe le Bel, un établissement d'importance quand on sait qu'Henri IV, le cardinal de Richelieu et Bossuet y ont fait successivement leurs humanités. Encore quelques pas et l'on découvrait le collège de Hubant, créé en 1339 par Jean de Hubant, conseiller de Philippe VI, un collège appelé l'Ave Maria, parce qu'il vouait un culte particulier à la Sainte Vierge.

Le petit métier du coin

Le marchand de lunettes. Puisqu'on a parlé du père Lunette, quitte à faire une transition hasardeuse, parlons maintenant des lunettes au pluriel, une invention révolutionnaire qui a sans doute pris son essor dans le quartier. Quand on est étudiant au Moyen Âge, il faut avoir de bons yeux pour parvenir à lire aisément les manuscrits livrés par les copistes et même, bientôt, les ouvrages imprimés, sources de savoir et de sagesse.

Depuis l'Antiquité, la loupe permet un grossissement, mais il faut attendre les années 1280 pour qu'apparaissent les verres correcteurs taillés dans le cristal et insérés dans des montures de bois ou de corne. Dès lors, quelques colporteurs avisés battent le pavé près des universités avec, dans leur besace, ces bésicles qui permettent de mieux voir. Ce sont souvent des verres de seconde main ou des assemblages bricolés, en tout cas pas vraiment accommodés à la vision de l'acheteur. Mais qu'importe ! Pour ceux que la nature a dotés d'une vue défaillante, lire, copier des textes ou s'instruire passe par ces lentilles rondes enchâssées dans un système de pivot qui permet de les pincer au bout du nez.

• 34, rue de la Montagne-Sainte-Geneviève. Le collège des Trente-Trois.

En poursuivant notre escalade de la montagne — miracle ! —, nous trouvons enfin les murs d'un collège ancien… Sur cet établissement plane l'ombre du père Bernard, un ecclésiastique qui consacra sa vie à aider les plus pauvres. Pour permettre à quelques jeunes gens de suivre des études de philosophie et de théologie malgré la misère, il fonda un collège ouvert d'abord à cinq écoliers, en souvenir des cinq plaies du Christ sur la croix, puis à douze en mémoire des douze apôtres et enfin à trente-trois, selon le nombre d'années que le Fils passa sur la Terre, et la reine Anne d'Autriche octroya à ces élèves trente-trois livres de pain par jour.

Ce collège des Trente-Trois, ouvert en 1654, a été accueilli dans cet endroit délicieux. Passé la porte, vous serez envoûté par le charme de ses ruelles éclairées de petites lanternes, ses jardins clos, la superbe façade de l'hôtel particulier et son escalier intérieur. À l'époque, on se préoccupait du confort et du cadre dans lesquels travaillaient les étudiants, même les plus démunis.

- **Quand Abélard enseignait la rhétorique et la théologie.**

La rue de la Montagne-Sainte-Geneviève grimpe jusqu'au sommet de la montagne pour atteindre le domaine de l'abbaye Sainte-Geneviève dont l'enclos se situait alors sur l'actuelle place du Panthéon.

C'est ici que la balbutiante université connut son premier grand maître, Pierre Abélard – le fameux amant d'Héloïse –, appelé dès 1110 à professer en ces lieux la rhétorique et la théologie, cours qui attirèrent des foules nouvelles d'étudiants… Ce n'était plus une école purement religieuse destinée à former les cadres de l'Église, mais une université ouverte sur la philosophie. À Sainte-Geneviève, sous l'autorité d'Abélard, on apprenait à penser…

Faisons un petit tour parmi les vestiges de l'abbaye. Voici d'abord l'église Saint-Étienne-du-Mont, qui est plus tardive, certes, puisque sa construction n'a commencé qu'à la fin du XVe siècle. Cependant, la petite tourelle tout à fait à gauche quand on regarde l'église, étrange construction défensive, serait une reprise des anciennes murailles qui protégeaient les lieux.

Mais c'est au lycée Henri-IV, en face de l'église, que nous retrouvons les traces les plus significatives de cette abbaye : le jardin du cloître, le réfectoire et surtout la tour Clovis, ancien clocher de l'église, dont les bases remontent au XIe siècle et ont peut-être vu passer Abélard s'en allant professer la logique…

• Place Sainte-Geneviève. Meurtre contre le dogme de l'Immaculée Conception.

Tout commence par un débat idéologique. L'idée que la Vierge ait pu concevoir sans accomplir l'œuvre de chair circule sans problème depuis le Moyen Âge. Mais en 1854, le pape Pie IX décide d'en faire un dogme… Point de doctrine ecclésiastique qui peut nous sembler secondaire, mais qui fit alors bouillir les esprits religieux. Le prêtre Jean-Louis Verger y voit même une grave dérive de l'Église : pour lui, le dogme nouveau assimile Marie à une déesse des temps anciens et pousse le catholicisme dans les bras du paganisme. Il veut réveiller le christianisme, l'empêcher de se fourvoyer !

L'ennemi, il le voit dans la personne de monseigneur Sibour, archevêque de Paris, qui diffuse la bulle pontificale dans les diocèses de France… Le 3 janvier 1857, l'archevêque est annoncé à l'église Saint-Étienne-du-Mont où Son Excellence va inaugurer la neuvaine de sainte Geneviève. Armé d'un couteau, le prêtre attend l'archevêque dans l'église, près de l'entrée… Un coup suffit, monseigneur Sibour est mort.

Une inscription dans le dallage rappelle le lieu du forfait à l'entrée de l'église.

• 21, rue Descartes. Les souvenirs XXL de l'X.

Notre antique chemin de la montagne Sainte-Geneviève longeait ensuite l'enclos de l'abbaye pour redescendre l'autre versant de la colline par l'actuelle rue Descartes… On doit ce nom au fameux philosophe qui habita non loin de là, au 14, rue Rollin (le porche d'entrée de la demeure est encore visible), et aussi à sa tombe qui a longtemps été déposée en l'église Sainte-Geneviève.

Nous voilà devant l'entrée des anciens bâtiments de l'École polytechnique. Ils occupaient tout le flanc de la montagne, depuis le numéro 17 de la rue de la Montagne-Sainte-Geneviève jusqu'à ces hauteurs.

En 1794, le président du tribunal révolutionnaire chargé de juger et de condamner Lavoisier, fondateur de la chimie moderne, aurait lancé fièrement :

– La République n'a pas besoin de savants !

Le mot est sans doute apocryphe, mais Lavoisier a bel et bien été guillotiné.

Après avoir coupé le cou à toute une élite intellectuelle et scientifique, il fallait donc promouvoir une nouvelle génération de penseurs et de chercheurs. Et c'est ainsi que fut créée l'École centrale des travaux publics, devenue bien vite École polytechnique.

Napoléon lui donna son statut militaire et l'installa dans ces bâtiments tout neufs. Il aimait tant son École polytechnique, l'Empereur, qu'après la retraite de Russie, alors que le régime vacillait, quand les étudiants de l'École demandèrent à combattre immédiatement dans les rangs de la Grande Armée, il répliqua non sans humour :

– Je n'en suis pas réduit à tuer ma poule aux œufs d'or !

En 1976, Polytechnique a quitté la montagne pour un site plus moderne à Palaiseau, dans l'Essonne, laissant la place au ministère de l'Enseignement supérieur et de la Recherche. De l'école initiale qui anima les hauteurs de la montagne, des témoins veillent encore : les pavillons d'entrée et le bâtiment en retrait dont la construction a commencé en 1738.

Il nous reste aussi le bruissement d'aile du moineau

de Berzelius. On raconte qu'en 1817, le chimiste suédois Jöns Berzelius vint ici faire une conférence sur les propriétés de l'air. Il plaça un moineau dans une machine pneumatique propre à faire le vide…

— Grâce ! crièrent en chœur les élèves.

Et le savant libéra l'oiseau.

Pour prouver sa reconnaissance, l'oiseau, et sa couvée après lui, vinrent se poster chaque soir de sortie sous la grande horloge, raconte-t-on. Les étudiants devaient retourner au casernement à 22 heures, dernière limite. Mais il y avait parfois des retardataires… Alors le volatile appuyait de tout son poids sur la grande aiguille pour l'immobiliser… jusqu'à ce que tous les élèves soient de retour de leur virée dans le Quartier latin.

• 30, rue Descartes. La piété du duc d'Orléans.

Retour rue Descartes. L'hôtel que l'on voit accolé à l'arrière de l'église Saint-Étienne du Mont date du début du XVIIIe siècle. Il fut construit pour le fils du Régent, le duc Louis d'Orléans, qui s'installa ici pour fuir la Cour dépravée de son père. D'ailleurs, on le surnommait le Pieux… En effet, versé dans les sciences et la religion, il mena une vie austère de janséniste. Il mourut en 1752, laissant un fils, le futur Philippe Égalité, le régicide, le père du roi Louis-Philipe… Bref, un lieu maudit pour tous les royalistes légitimistes d'aujourd'hui.

• 39, rue Descartes. La mort du poète.

C'est au deuxième étage de cette maison que Paul Verlaine vient s'installer en septembre 1895, recueilli par sa chère maîtresse, sa « presque femme », Eugénie

Krantz. À cinquante et un ans, Verlaine est rongé par l'alcool, mais il espère, rue Descartes, commencer une vie nouvelle, plus calme, plus apaisée. Il n'en aura pas le temps. Le 5 janvier au matin, il a un bref délire, mais il en a déjà eu tellement... Dans le milieu de l'après-midi, il relit les épreuves de ses derniers vers titrés « *Mort* ». Dans la nuit du 7 janvier, le poète fait une chute dans sa chambrette. Quelques heures plus tard, il entre dans le coma, et meurt le lendemain d'une congestion pulmonaire.

Des milliers de Parisiens suivent son corbillard jusqu'au cimetière des Batignolles. Le cortège passe devant l'Opéra... La nuit suivante, la lyre de la statue de la Poésie se détache et s'écrase à terre, brisée, désormais muette.

• 65, rue du Cardinal-Lemoine. Le porche d'entrée sur le porche d'entrée.

Le collège des Écossais a été construit en 1662 dans cette rue, alors rue des Fossés-Saint-Victor, un peu en retrait de notre itinéraire rectiligne. Une rue en pente raide, à l'époque, si raide qu'il fallut songer à la rendre un peu plus praticable. Ainsi, en 1685, d'importants travaux de déblaiement permirent de changer la physionomie de l'endroit. Après cette opération de voirie, la rue était moins abrupte, certes, mais le porche du collège se trouvait désormais perché au premier étage, alors que le sous-sol devenait le rez-de-chaussée... Vous suivez ? Il fallut donc reconstruire un porche sous le porche ! Et voilà pourquoi deux portails d'entrée se superposent ici. Une bizarrerie architecturale sans doute unique.

La légende des lieux

La montagne d'Isis. Cette montagne qui dominait les eaux claires du fleuve a fasciné nos ancêtres. Bien avant qu'elle soit consacrée à sainte Geneviève, au temps où dieux romains et dieux gaulois étaient voués à une même adoration, apparut un culte venu de l'Égypte des pharaons : celui d'Isis, déesse funéraire et protectrice des navigateurs. Les Romains, qui aimaient tant multiplier les divinités, avaient rapporté cette figure tutélaire de leurs lointaines expéditions. Sur les hauteurs de la montagne, les Gaulois lui offrirent un temple où ils venaient vénérer sa statue de pierre noire. Et l'éminence sur laquelle se dressait ce lieu de culte devint tout naturellement la montagne d'Isis, *bar Isis* en langue gauloise. Plus tard, la montagne fut consacrée à sainte Geneviève, mais la ville entière de Lutèce prit finalement le nom du temple voué à la divine égyptienne… et de *bar Isis* on fit Paris !

Les rois des origines, et sans doute le peuple parisien, préféraient faire remonter leur origine lointaine à une déesse des bords du Nil plutôt qu'à une modeste tribu celtique, les Parisii, venue du nord pour s'établir sur les rivages de la Seine !

• 1, place de la Contrescarpe. Rabelais aimait bien l'hypocras !

Notre chemin de l'université nous achemine place de la Contrescarpe, limite de Paris durant tout le Moyen Âge. Le nom de Contrescarpe rappelle le chemin militaire tracé pour surveiller extérieurement les enceintes que Philippe Auguste avait fait construire ici à la fin du XIIᵉ siècle pour protéger la jeune Université.

Au numéro 1 se trouvait jadis un cabaret appelé « Maison la Pomme de Pin ». Un vin sucré au miel, l'hypocras, y coulait à flots, et Rabelais, de son propre aveu, lui devait le plus clair de sa joyeuse inspiration. Étudiant en médecine à Paris vers 1530, l'auteur de *Pantagruel* se rendait bien souvent dans ce cabaret avec ses condisciples et son ami le poète Clément Marot.

Le cabaret, qui existait déjà longtemps avant Rabelais, continua sa carrière bien après lui. Puis il passa de mode, mais il subsista en accueillant les étudiants du quartier. Pourtant, en 1853, alors que la Pomme de Pin était âgée de plus de quatre cents ans, vint le moment où il fallut aménager la place et sacrifier le vieil établissement. Aujourd'hui, pizzas et hamburgers ont remplacé l'hypocras d'autrefois, mais le nouvel immeuble a gardé sur sa façade le nom du cabaret : Maison la Pomme de Pin.

• En descendant la Mouff'.

Et nous voilà enfin rue Mouffetard. Son nom curieux provient peut-être des Romains, qui qualifiaient l'endroit de *mons Cetarius*, la colline des mareyeurs... Le nom se serait-il déformé en Mouffetard au cours des siècles ? On peut aussi envisager un rapport avec le vieux mot français « mouffette » désignant une mangouste, car il y en avait beaucoup dans la Bièvre, la rivière que la rue Mouffetard franchissait plus loin au bas de la colline. Le nom de la rivière, on l'a vu au chapitre 5, renvoie d'ailleurs au même bestiaire... Mais nous avons aussi rappelé précédemment que la Bièvre, avec ses teinturiers, ses tanneurs et les ramasseurs de crottes qui les fournissaient, ne sentait pas très bon. Ces odeurs remontaient-elles vers la rue Mouffetard, qu'on aurait appelée ainsi en raison d'un vieux mot d'argot, « mouffer », qui signifiait « puer » ?

La rue Mouffetard fut longtemps le rendez-vous de la misère. Au tout début des années 1950 encore, Claude Pompidou, l'épouse du futur président de la République, fortement engagée dans l'action sociale, parcourait régulièrement cette rue pour apporter assistance aux enfants malades des familles démunies… En 1964, dans le film de Georges Lautner *Les Barbouzes*, Mireille Darc et Lino Ventura évoquent leur enfance misérable… rue Mouffetard ! Depuis, le quartier a largement changé de look et les bobos ont envahi les bâtiments soigneusement ravalés.

Quand on descend cette rue étroite jaillit la sensation immédiate de plonger loin dans le passé… Observez les nombreuses enseignes qui la bordent et ont traversé des siècles de vie bouillonnante… Celle du Nègre Joyeux, au numéro 14, indiquait une chocolaterie au XVIIIᵉ siècle ; elle a été souvent victime de jets de pierres d'associations anticolonialistes, qui confondent bêtement Histoire et politique. D'autres enseignes attireront votre attention : au numéro 6, celle d'une boucherie du XVIIIᵉ siècle ; au numéro 122, un marchand de vins et au 134, un charcutier italien du début du XXᵉ.

Plus loin, on se retrouve face à une importante caserne du XIXᵉ siècle, qui n'est pas sans rappeler celle de la place de la République bâtie là-bas pour que les forces de l'ordre puissent intervenir rapidement dans ce quartier insurrectionnel de l'Est parisien. Il en est

241

de même pour celle-ci, construite pour prévenir les débordements populaires. Elle abrite aujourd'hui des détachements de la Garde républicaine.

• 53, rue Mouffetard. Le trésor du terrassier.

Le 26 mai 1938, travaillant dans cet immeuble, Flaminio Maurès, terrassier espagnol, abat un mur et découvre une belle quantité de pièces jaunes...

– Des médailles ! s'écrie-t-il. Voilà qui amusera les gosses...

Rentré chez lui, il montre sa découverte à sa femme qui comprend immédiatement : il ne s'agit pas de joujoux pour les enfants, mais de pièces en or à l'effigie de Louis XV ! Le lendemain, l'ouvrier se rend au commissariat le plus proche pour montrer sa trouvaille. Des fouilles sont entreprises dans la vieille bâtisse, et les huissiers mandatés assistent à la mise au jour de nouveaux louis d'or : trois mille cinq cent cinquante-cinq en tout, une fortune !

Avec le trésor, un papier-chiffon a été déposé : c'est un testament daté du 16 novembre 1756. Selon ce document, le « Sieur Louis Nivelle, écuyer et secrétaire du roi », lègue deux mille écus à sa fille Anne-Louise. Des recherches sont entreprises... Effectivement, le sieur Nivelle, qui vivait avec sa famille près des Halles, possédait rue Mouffetard un appartement où il venait secrètement retrouver sa maîtresse... Quant à sa fille, Anne-Louise, elle est morte sans enfant en 1810, âgée de soixante-treize ans.

Casse-tête juridique : à qui appartient le trésor ? Quatre-vingt-quatre prétendants descendent indirectement du bonhomme Nivelle et demandent à toucher l'héritage. Par jugement prononcé en 1949, les descendants obtiennent conjointement les deux mille pièces mentionnées dans le testament. Quant au terrassier et à la Ville de Paris – propriétaire de la maison –, ils se partagent les mille cinq cent cinquante-cinq pièces restantes.

Épilogue en 2005 à Drouot, où sept écus d'or provenant du trésor sont dispersés aux enchères par les héritiers des héritiers. Mais ce n'est qu'un épiphénomène : les numismates assurent qu'apparaissent régulièrement sur le marché des « louis Mouffetard » dont la source ne semble jamais épuisée...

• 65, rue Mouffetard. Le vieil argot parigot.

Le pub que l'on trouve à cette adresse était autrefois occupé par le tailleur Auguste Benard. En 1876, il créa une mode nouvelle : un pantalon serré au genou et très élargi vers le bas, style adopté par les apaches, c'est-à-dire les voyous de la Belle Époque. Et dans l'argot parigot, un *benard*, ou plus simplement un *ben*, devint synonyme de falzard.

• 141, rue Mouffetard. Hystérie et miracles.

Au pied de la montagne Sainte-Geneviève s'est développé le bourg Saint-Médard, avec son église et son petit cimetière...

C'est ici que, le 1ᵉʳ mai 1727, est enterré François Pâris, un diacre mort à trente-six ans des privations que son zèle religieux lui imposait. Le cercueil descend dans la fosse devant une foule qui prie, tremble et pleure. Soudain, dit la chronique, une veuve paralysée d'un bras depuis des lustres peut enfin le bouger... Elle crie, elle rit, elle gémit, elle sanglote : miracle ! Dans les jours qui suivent, tous les égrotants, les malades, les infirmes du quartier se précipitent sur la tombe du vénérable diacre. Aveugles, sourds, impotents semblent être possédés : ils hurlent, sautillent, tournent, mordent, se roulent par terre... Des jeunes filles, plutôt bien faites de leur personne, se pâment et virevoltent sous les yeux de ces messieurs...

De tout Paris on vient au cimetière Saint-Médard voir ces « convulsionnaires » impudiques s'agiter et appeler de leurs transes un nouveau miracle. D'ailleurs, la rumeur assure qu'on en observe régulièrement, des miracles ! Des aveugles voient, des sourds entendent, des grabataires se lèvent, des souffreteux retrouvent de la vigueur... L'Église n'y croit pas, et tente de contenir cette agitation populaire. Mais rien n'y fait. Après cinq ans d'hystérie collective, soucieux d'apaiser la colère indignée du cardinal-archevêque de Paris, Louis XV ordonne la fermeture du cimetière. Un soir, l'entrée est verrouillée, mais au matin une main facétieuse a tracé sur la porte ce bout rimé :

De par le roi, défense à Dieu
De faire miracle en ce lieu.

Les nostalgiques des miracles d'autrefois verront avec émotion, de l'autre côté de ce qui était le cimetière, au 39, rue Daubenton, les traces de la porte murée en 1732.

AU FIL DE LA RUE
DU FAUBOURG-POISSONNIÈRE

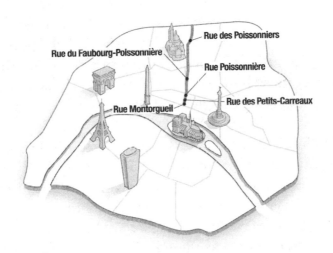

Des Halles jusqu'à la rue Poissonnière : le sinistre pilori,
des poissardes, des monceaux d'huîtres, des homosexuels brûlés
vifs, l'inventeur du baba au rhum et le chant des Marseillais.

Au début du XIIIᵉ siècle, Paris compte quatre-vingt
mille habitants. Pour cette agglomération si populeuse,
il a fallu réorganiser la vie quotidienne et surtout
l'approvisionnement. Les deux marchés de la ville, celui
de l'île de la Cité et celui de la place de Grève, ont été
fusionnés pour s'installer aux Champeaux, autrement dit
aux Petits-Champs, un terrain hors la ville, certes, mais
qui a l'immense avantage de se trouver à l'intersection
de plusieurs voies antiques reliant Paris au Nord – la
rue Saint-Denis –, mais aussi au Nord-Ouest – la rue
Montmartre – et encore à l'Ouest – la rue Saint-

Honoré, dont nous parlerons plus loin… C'est dire que les maraîchers, les bouchers, les crémiers, les grainetiers peuvent aisément apporter leurs denrées aux Halles nouvelles. Tout ce secteur se développe si bien que, dès 1223, l'Église toute-puissante ne supportant pas de laisser ces quartiers récents en jachère chrétienne, il faut créer une paroisse des Halles, ce sera Saint-Eustache.

Tout au long du siècle, le vaste marché s'agrandit encore, d'autres bâtiments sont construits, la halle du cuir, celle des drapiers, et surtout deux halles pour les mareyeurs, celle du poisson frais et celle du poisson salé.

De Boulogne-sur-Mer, de Dieppe ou du Tréport, les poissonniers ont remonté la Seine jusqu'au port de Saint-Denis puis ont filé en ligne droite jusqu'aux Halles par le chemin qui porte leur nom. Ce chemin des Poissonniers pénètre dans Paris en traversant une zone redoutée de tous : le val Larronneux, la vallée des larrons, autrement dit le fief des brigands ! On craint toujours, dans ces espaces déserts, la survenue de personnages patibulaires prompts à soulager le voyageur de ses richesses. Après ce passage difficile, il ne reste plus qu'à prendre la rue des Poissonniers et les voilà aux Halles… Avec la modernisation des transports du poisson, ce parcours sera accompli en vingt-quatre heures. Car il faut faire vite ! Si le poisson salé « caqué » ou fumé n'est pas à un arrêt près, le poisson frais, lui, ne peut se faire attendre !

Seulement voilà, ces mareyeurs ont tendance à s'arrêter avant Paris et vendent leur marchandise sur la route… Il faudra patienter jusqu'en 1722 pour que le Conseil d'État de Louis XV prenne un arrêté afin d'ordonner « aux chasse-marées, voituriers ou marchands de poissons de mer de conduire directement en la ville de Paris la marée ou les poissons de mer qu'ils auront déclarés pour ladite ville, sans pouvoir être déchargés ni vendus en chemin… »

Leurs livraisons faites, les poissonniers reprennent la route pour retourner sur les rivages de la mer du Nord… Suivons-les. Ils quittent les Halles, empruntent la rue Montorgueil, puis la rue des Petits-Carreaux, filent par la rue Poissonnière, puis la rue du Faubourg-Poissonnière et la rue des Poissonniers. C'est l'ancestral chemin de la marée.

• Les Halles d'antan. Du puits Lori au pilori.

Dans ce quartier, il y avait au Moyen Âge un puits que chacun désignait comme le *puteus dictus Lori*, « le puits de Lori », qu'on appela plus simplement le puits Lori. Bientôt fut dressé à proximité un gibet avec un poteau muni de chaînes et de carcans sur lequel on attachait les commerçants coupables d'avoir utilisé de faux poids et les femmes adultères. Les passants honnêtes étaient encouragés à jeter boue et ordures à la face des condamnés… Et le puits Lori devint pilori. Il s'agissait d'un dispositif tournant permettant d'exposer à la vue de tous le supplicié, qui accomplissait ainsi un tour sur lui-même sur le fameux pilori : il faisait une pirouette ! Le mot était né et une rue l'évoqua : la rue Pirouette… Rue disparue, mais pas tout à fait puisqu'elle subsiste, sous son emplacement médiéval, au deuxième sous-sol de l'ancien Forum des Halles.

Le quartier ne fut pas seulement un marché, mais aussi le foyer des émeutes, la rencontre entre les princes venus haranguer la foule et les commerçants peu enclins au panache des guerres et des conquêtes, l'endroit où les hérauts annonçaient à voix claire et tonitruante les traités de paix et les ordonnances royales. Bref, un centre populaire bouillonnant !

Le petit métier du coin

La poissarde. Chef de la Commission de Sûreté générale durant la Commune de Paris, en 1871, Raoul Rigault était animé d'un esprit anti-clérical qui le poussait à faire arrêter tous les prêtres qui lui tombaient sous la main. Un matin du mois de mai, il reçut une délégation de femmes coléreuses : les vendeuses de poissons des Halles, les « poissardes », venaient réclamer la liberté pour l'abbé Simon, leur curé de Saint-Eustache. Comment résister à ces dames en furie ? Le curé retrouva aussitôt son église.

Les vendeuses de poissons sont restées longtemps légendaires dans les rues de Paris. N'étaient-ce pas elles qui, le 5 octobre 1789, s'en étaient allées en cortège chercher le roi à Versailles ?

La poissarde était connue pour la vivacité de ses reparties, pas toujours fines ni de bon goût, mais souvent drôles... Au comte d'Artois qui, visitant les Halles, demandait l'heure, l'une d'elle répondit en relevant prestement ses jupons :

— Mets-y ton nez, ça fera un cadran solaire !

Mais, en général, ces dames braillaient surtout pour vanter leur marchandise. Toujours dans le même style.

— Voilà mon beau hareng, mon merlan superbe... et ma raie publique !

• 1, rue Montorgueil. Remords éternels.

La pointe Saint-Eustache était autrefois une place située au carrefour des rues Montorgueil et Montmartre. Durant longtemps, il y avait là une petite pierre qui enjambait l'égout en plein air et que l'on appelait le pont « Alais ».

En 1213 un certain Jean Alais, disait-on, avait prêté au roi Philippe Auguste une belle somme d'argent. Encore fallait-il être remboursé... ou se rembourser soi-même ! C'est ainsi qu'il institua à son unique profit un impôt d'un denier sur chaque panier de poissons qui entrait aux Halles.

Sans doute recouvra-t-il sa fortune, mais au moment suprême, alors qu'il allait expirer, il fut envahi de remords. Comment avait-il pu ainsi taxer impunément les pauvres poissonniers ? Pour s'imposer un châtiment perpétuel, il demanda à être enterré sous le petit pont de pierre, c'est-à-dire carrément dans la fange, juste à côté d'une chapelle qu'il avait fait élever en action de grâces. Le pont a disparu, les Halles ont déménagé, mais celui qui s'était improvisé percepteur repose peut-être toujours sous la pointe Saint-Eustache.

• Saint-Eustache. Qui a caché le poisson de Jean Alais ?

Les Halles de Paris sont un souvenir, un songe évaporé. Rue Coquillère, les restaurants qui bordaient les pavillons se sont mués en établissements classieux destinés aux touristes. Autrefois, les « forts des Halles » venaient par ici se réchauffer d'une « gratinée », autrement dit d'une soupe à l'oignon avec fromage râpé. Tout cela a été balayé par le déménagement du

« ventre de Paris » à Rungis en 1969, et le dernier pavillon Baltard encore debout, celui des œufs et volailles, fait de la résistance à Nogent-sur-Marne, reconverti dans l'événementiel. La structure d'un autre rescapé se dresse dans un parc public de Yokohama, au Japon.

De tout ce qui animait ce quartier, il ne reste que l'église Saint-Eustache… Nous avons vu que Jean Alais, qui avait si bien fait fortune en profitant d'une taxe sur les paniers de poissons, avait fait élever une chapelle aux portes des Halles. En 1532, le quartier s'étant développé, il fallait le doter d'un bâtiment plus vaste et plus digne. La construction de l'église Saint-Eustache commença, mais les moyens manquaient et elle ne put être achevée qu'un siècle plus tard. Ce fut alors un concert d'admirations : l'édifice nouveau s'éloignait du gothique pour obéir aux exigences classiques de l'Antiquité ! L'église avait donc adopté les formes idéales… pour son temps. Mais un siècle plus tard, au XVIIIᵉ, le goût avait encore changé et rien n'allait plus. La façade fut en partie démolie et c'est Louis-Philippe d'Orléans qui, le 22 mai 1754, posa la première pierre d'un nouveau portail bien à la mode… Mais les fonds manquèrent, une fois de plus. Les travaux s'interrompirent durant dix-huit ans, reprirent brièvement, puis s'arrêtèrent à nouveau. Les caisses étaient encore vides. Bref, l'église ne fut jamais terminée. D'ailleurs, regardez la façade : la tour sud, dont l'emplacement était prévu, n'a jamais été bâtie, donnant à l'ensemble un triste aspect d'inachevé.

Surprise ! En entrant dans l'église par la rue Montmartre, une vieille porte cadenassée ouvre sur une crypte, nous sommes à l'emplacement de la chapelle d'antan. Au-dessus du chambranle, un étrange emblème creusé dans la pierre représente un poisson féerique, ce sont les armoiries de Jean Alais...

Coup de tonnerre ! Au moment où j'écris ces lignes alors que la Canopée, nouveau Forum des Halles, a été inaugurée, la pierre de Jean Alais a disparu... On ne voit plus que son emprise dans la maçonnerie de l'église et une différence de teinte révélant son absence sur le mur. Que s'est-il passé ? Après une petite enquête, j'ai appris, effaré, que la pierre avait été remisée dans la chapelle Sainte-Agnès, où se trouve la sacristie de l'église... pour mieux la protéger, paraît-il.

La chapelle Sainte-Agnès... Drôle d'endroit pour préserver la mémoire du temps, quand on sait qu'avant sa restauration en 1975, elle servait de mûrisserie à bananes pour les vendeurs des Halles ! N'est-ce pas là le meilleur moyen de faire disparaître à jamais un témoignage irremplaçable ? Cette pierre, souvenir de l'origine des Halles et de l'église, doit demeurer en pleine lumière et ne pas être cachée dans un endroit inaccessible. Ce poisson fantastique doit retrouver sa place au plus vite. Sinon, ce serait encore un peu de notre mémoire collective qui s'effacerait.

Le mot du quartier

Chandail, n.m. Maillot en tricot de laine épaisse et s'enfilant par la tête.

Des Halles de Paris, il ne reste plus grand-chose. Un mot, pourtant, nous relie au passé... À la fin du XIXe siècle, on disait « marchands d'ail » pour désigner globalement les maraîchers venus de Bretagne écouler ici leurs légumes. Ils portaient de gros gilets en laine tricotés là-bas par les femmes. Dans un siècle où quasiment chaque profession avait son uniforme, ce vêtement chaud et fermé devint le signe des « chandails », comme on appelait les marchands d'ail dans le parler du marché. Le mot serait peut-être resté confiné aux Halles de toute éternité si un fabricant malin, un certain Gamard à Amiens, n'avait pas commercialisé dès 1880 son tricot sous le nom de chandail. Le succès de celui-ci imposa le mot.

• 17, rue Montorgueil. Le passage de la Reine-de-Hongrie.

À la fin du XVIIIe siècle habitait ici Julie Bêcheur, une marchande des Halles surnommée Rose-de-Mai en raison de sa grande beauté.

Rose-de-Mai prit la tête d'une délégation réunissant des négociantes des Halles décidées à protester contre les chicaneries policières dont elles faisaient l'objet. À Versailles, Marie-Antoinette reçut l'ambassade, et écouta d'autant plus les doléances présentées par Rose-de-Mai que la marchande ressemblait fort à la propre mère de la souveraine : elle était le portrait vivant de Marie-Thérèse, reine de Hongrie ! Avec une telle porte-parole, ces dames obtinrent tout ce qu'elles désiraient, et la chronique ajoute même qu'elles furent invitées à dîner à la table royale.

Dès lors, dans son quartier, Rose-de-Mai fut affublée d'un nouveau surnom : Reine de Hongrie...

Cette histoire charmante va pourtant finir dans le sang. Quelques années plus tard, en 1792, la Reine de Hongrie des Halles, accusée « d'affection pour le ci-devant roi et la femme Capet », fut guillotinée. Quant au passage qui avait été baptisé « passage de la Reine-de-Hongrie », il fut renommé « passage Égalité », avant de retrouver son nom en 1806.

• La mer monte rue Montorgueil.

Dès la fin du XIIe siècle, les populations de ce coin de Paris prirent l'habitude de jeter leurs ordures par ici, hors de la ville, de l'autre côté de l'enceinte dressée par Philippe Auguste. Peu à peu, une petite butte d'immondices s'éleva, et les Parisiens, qui ont le sens de la dérision, nommèrent ce monticule crasseux le mont Orgueilleux. La rue qui en descendait devint ainsi la rue Montorgueil… On perçoit encore bien cette élévation au-delà de l'enceinte qui passait à hauteur de la rue Étienne-Marcel. Une porte y fut percée au XIIIe siècle pour permettre à la marée d'être acheminée jusqu'aux Halles. C'est ainsi que, grâce à la mer, cette voie trouva sa vocation.

Un parc à huîtres et des coquilles partout : l'endroit fut voué à la consommation des mollusques dès le XVIIIe siècle. Dans les années 1840, pour un million d'habitants, Paris gobait chaque année six millions de douzaines d'huîtres… Ce qui fait, tout bien compté, cent quarante-quatre millions de coquilles qui envahissaient la rue et ses alentours jusqu'aux Halles. Avec la tenace odeur d'iode qui s'en dégageait, on avait l'impression que la mer était montée jusque-là puis s'était retirée dans une improbable marée. Et pourtant nul restaurant, aucun traiteur de la rue Montorgueil ne mettait les huîtres à sa carte. Pas la peine ! Les clients les consommaient avant le repas, à l'extérieur, en guise d'apéritif.

Au numéro 59 de la rue, pourtant, s'ouvrit en 1804 le Rocher de Cancale, le restaurant de fruits de mer où il fallait être vu. Alexandre Dumas père, Théophile Gautier, Stendhal firent les beaux jours de l'établissement et Balzac y envoya quelques personnages de sa *Comédie humaine*, assurant l'immortalité de l'endroit… au moins sur le plan littéraire. Parce que, dans la réalité, le Rocher passa de mode et dut fermer ses portes en 1846. Un autre Rocher de Cancale ouvrit peu après au numéro 78 de cette rue Montorgueil, et n'a plus bougé depuis, offrant aux dîneurs un peu de nostalgie avec sa sculpture-enseigne où des moules s'accrochent à leur rocher depuis un siècle et demi.

• Rue Montorgueil. Le feu sur Sodome.

En cette nuit du 4 janvier 1750, peu avant minuit, deux agents du guet avisent des ombres qui s'agitent rue Montorgueil… Ils surprennent deux hommes tendrement enlacés. Ceux-ci ont eu tout ce dimanche pour boire, se balader, s'aimer, et semblent un peu ivres. Jean Diot, quarante ans, domestique de son état, et son partenaire Bruno Lenoir, vingt ans, cordonnier de profession, sont aussitôt conduits à la prison du Châtelet. Dans son procès-verbal, le sergent Dauguisy précise que les deux individus ont été vus « en posture indécente ». L'affaire ne traîne pas : le procureur veut faire un exemple pour enrayer ces pratiques qui se répandent, dit-on… Il demande que les accusés soient brûlés vifs. Effectivement, en juillet, Jean et Bruno sont condamnés à la peine capitale pour crime d'homosexualité, dernière exécution en France pour ce genre de « délit ». Le bûcher est allumé en place de Grève pour faire trembler tous les sodomites du royaume…

Histoire ancienne ? Pas si sûr… Dans huit pays, l'homosexualité est encore passible de la peine de mort ! C'est sans doute pour cela qu'en octobre 2014, Anne Hidalgo, maire de Paris, a dévoilé une plaque commémorative posée au croisement des rues Montorgueil et Bachaumont, à l'endroit de l'arrestation des deux malheureux.

• 51, rue Montorgueil. L'inventeur du baba au rhum.

Stanislas Leszczynski, roi de Pologne chassé de son trône, trouva un refuge à Wissembourg, en Alsace. C'est là que Nicolas Stohrer entra dans les cuisines du monarque déchu.

En 1725, quand la fille de l'ancien roi polonais, Marie Leszczynska, épouse Louis XV, Stohrer la suit à Versailles pour devenir son pâtissier attitré. Pendant ce temps, le roi Stanislas, devenu duc de Lorraine, vieillit tranquillement en son château de Lunéville. Il vieillit tant, d'ailleurs, qu'il ne parvient plus vraiment à mâcher son cher kougelhopf, gâteau qu'il a découvert lors de son exil alsacien. Pour avaler la pâtisserie, il la noie d'une belle quantité de rhum… À Paris, Nicolas Stohrer, qui a ouvert sa boutique en 1730, peaufine la recette en y ajoutant de la crème, du safran et des raisins. Le gâteau est baptisé « baba », autrement dit « bonne femme » en polonais, plaisante allusion à l'intérêt prononcé que Stanislas continue de porter au beau sexe.

• Rue des Petits-Carreaux. Les débuts de la du Barry.

Cette rue a été pavée de petits carreaux modernes, attention délicate de la municipalité... Cet ornement éponyme renverrait à une réalité ancienne. Peut-être. Mais alors pourquoi cette rue s'appelait-elle vers 1800 rue du Petit-Carreau, au singulier ? En fait, on disait « carreau » pour désigner un marché... Carreau des poissonniers, carreau des boulangers, carreau des vinaigriers... Cette rue était-elle le lieu d'un petit marché à côté du grand marché ?

En tout cas, elle fut aussi, dès le XVIIIᵉ siècle, la rue où il faisait bon venir s'étourdir dans les vapeurs des vins et des alcools. Les estaminets du coin étaient réputés et celui des Trois Bouteilles réunissait les violoneux en quête d'un emploi pour la soirée. Un bal ? Un spectacle improvisé ? Un café-concert ? Vous trouviez ici le musicien rêvé.

Au niveau de l'actuel numéro 14 s'ouvrait une impasse, le cul-de-sac des Petits-Carreaux, où s'enchevêtraient bicoques et échoppes. Une maison un peu moins branlante que les autres faisait momentanément office d'hôtel particulier pour le comte Jean-Baptiste du Barry, personnage à la vie dissolue et aux affaires interlopes. Un soir de 1762, le comte accueillit en son intimité Jeanne Bécu, une jeune Lorraine de dix-neuf ans, blonde, belle et peu farouche. Pour favoriser ses propres affaires et celles de son amant, la demoiselle n'allait pas tarder à épouser le frère de son mentor... et devenir madame du Barry. Un nom suffisamment prestigieux pour lui permettre de faire la conquête du roi Louis XV. Entrée dans l'histoire de France par la petite porte, elle devait en sortir dans le drame et le sang : guillotinée en 1793 place de la Révolution, notre place de la Concorde.

• 25, rue Poissonnière. La mercière, le cordonnier et le pâtissier.

En 1700, ces trois façonniers ont mis leurs économies en commun pour faire construire cet immeuble, qui est encore debout trois siècles plus tard. La bâtisse était pourtant regardée avec commisération, à l'époque. Pensez, cette « bicoque » ne comprenait que deux fenêtres pour chacun des cinq étages… Avec sa porte étroite, sa façade austère et son drôle de petit chapeau pentu, l'édifice est un exemple réussi des habitations populaires du passé.

• 15, rue du Faubourg-Poissonnière. L'échec du petit pianiste.

En 1823 se trouve à cet endroit l'hôtel des Menus-Plaisirs, un ensemble de bâtiments aux façades surchargées de bas-reliefs, cariatides et autres statues. Mais l'administration des distractions royales du Grand Siècle a fait place ici à l'École royale de musique. Le 11 décembre, un garçon de douze ans, accompagné de son père, est reçu par le tout-puissant directeur, le compositeur italien Luigi Cherubini. Avec sa coiffure de bouclettes blanches et son accent chantant, le maître de céans ne dépare pas vraiment le décor précieux qui l'entoure, mais cet aspect engageant est vite démenti par une moue hargneuse et de gros yeux ronds et froids.

— Je vous présente mon fils, dit le père, il est pianiste. Beethoven l'a entendu, l'a embrassé…

Tout cela n'impressionne guère le directeur qui a horreur des enfants prodiges et prétend que la musique de Beethoven le fait éternuer. Il refuse même que l'enfant lui fasse la moindre démonstration. Il brandit les statuts de l'école : aucun étranger n'a le droit de s'inscrire en classe de piano ! C'est le règlement.

— Ze ne veux pas d'étranzers dans mon école, martèle-t-il, qu'il aille à Londres, à Milano, à Parma, où il veut...

Le père supplie, l'enfant pleure. Alors Cherubini consent à écouter quelques notes... suivies de compliments glacés et d'un bras tendu vers la sortie.

L'enfant aura sa consolation. Dans les semaines suivantes, poussé par la duchesse de Berry et le duc d'Orléans, le petit prodige devient la coqueluche de Paris. Dans les journaux, le moindre geste du garçon, la plus petite déclaration, tout est porté aux nues. Quoi qu'il fasse, quoi qu'il dise, il est adorable... Franz Liszt peut enfin oublier le refus qui lui a été opposé rue du Faubourg-Poissonnière.

L'École royale qui recueillit les pleurs de Liszt n'existe plus, mais à l'arrière, la salle de l'institution, construite en 1811 (*2* bis, *rue du Conservatoire*), est aujourd'hui le théâtre du Conservatoire national d'art dramatique. Et, en 1853, la façade donnant sur la rue Sainte-Cécile s'est vue parée de trois médaillons : la lyre de la musique, le masque de la comédie et celui de la tragédie.

• 82, rue du Faubourg-Poissonnière. Le chant des Marseillais.

Ici fut construite en 1772 la caserne de la Nouvelle-France. Cette Nouvelle-France, personne ne sait vraiment à quoi elle peut bien faire allusion. Nom d'un village médiéval implanté à cet endroit ? Hommage au Canada ? Enseigne d'un cabaret tout proche ?

En tout cas, fin juillet 1792, la caserne accueille cinq cents gardes nationaux marseillais montés à Paris pour défendre la Révolution. Et ces miliciens ont adopté un chant martial… « Allons enfants de la Patrie… » Pour la population qui découvre cet hymne nouveau, ce sera *La Marseillaise* !

Évidemment, *La Marseillaise* n'a rien de marseillais. Les paroles ont été écrites par Rouget de l'Isle, un officier jurassien qui chanta son œuvre pour la première fois à Strasbourg. Quant à la musique, elle aurait été influencée par Mozart, deuxième mouvement du 25e concerto pour piano, ou par un compositeur autrichien et royaliste nommé Ignace Pleyel, ami de Rouget de l'Isle…

La caserne, attribuée aujourd'hui à la Garde républicaine, a été reconstruite en 1931. Mais sur le mur extérieur, situé à droite de l'entrée, ont été conservés des bas-reliefs de la caserne d'origine… ceux qui ont entendu retentir *La Marseillaise* de 1792.

• 170, boulevard de Magenta. Le Louxor sauvé par les Parisiens.

La rue du Faubourg-Poissonnière se jette dans le boulevard de Magenta, juste à temps pour permettre d'admirer la façade orientaliste du Louxor, salle de cinéma inaugurée en 1921. C'est un rescapé, ce cinéma, il aurait dû vingt fois être détruit, transformé « en garage, en building supermarché », comme dans *La Dernière Séance*, la chanson d'Eddy Mitchell. Mais dès le début des années 2000, des associations de quartier se mobilisèrent pour sauver ce patrimoine coloré. Finalement, sous la pression populaire, la Ville de Paris racheta le bâtiment pour en préserver la façade et une partie de la décoration intérieure. Bel exemple du pouvoir des Parisiens quand ils s'unissent pour résister au diktat de la rentabilité obligatoire.

• 26, rue de Clignancourt. Le quartier Dufayel.

Après s'être confondu sur une centaine de mètres avec le boulevard Barbès, le chemin des poissonniers retrouve son identité pour filer vers le nord, à hauteur des anciens magasins Dufayel... Ce chemin quitte ensuite Paris pour traverser Saint-Ouen, atteindre Saint-Denis et son port sur la Seine, où nos poissonniers s'embarquent pour retrouver les rivages du nord.

Mais revenons à ces grands magasins Dufayel, dont la coupole, qui la nuit éclairait Paris comme une publicité muette, a eu moins de chance que le cinéma Louxor : elle a été abattue en 1957. Les magasins avaient fermé depuis vingt-sept ans et les lieux étaient occupés par des services bancaires. Il reste néanmoins l'entrée majestueuse avec sa sculpture allégorique de 1892 : le Progrès entraînant dans sa course le Commerce et l'Industrie.

Ce Palais de la Nouveauté occupait quasiment tout un quartier qui se prolongeait jusqu'au boulevard Barbès. C'était bien le moins pour un établissement qui employait quinze mille personnes et se voulait le plus grand des grands magasins du monde ! Un vaste centre commercial, déjà, avec cinéma, théâtre, jardin d'hiver, piste cyclable et écurie... L'originalité de ce monstre de la consommation était son implantation : hors des quartiers chics et proche des gens modestes. Pour eux, on inventa ici la vente à crédit : achetez vos meubles aujourd'hui, payez demain ! On dit que Georges Dufayel, le patron, aimait exprimer ainsi sa philosophie marchande :

— Moi, je ne travaille qu'avec les pauvres. Vous ne pouvez pas imaginer ce qu'il y a d'argent chez ces bougres-là.

La légende des lieux

35, rue Léon. Le lavoir de Gervaise. « Il pleuvait une humidité lourde, chargée d'une odeur savonneuse, une odeur fade, moite, continue ; et, par moments, des souffles plus forts d'eau de Javel dominaient. Le long des batteries, aux deux côtés de l'allée centrale, il y avait des files de femmes, les bras nus jusqu'aux épaules, le cou nu, les jupes raccourcies montrant des bas de couleur et de gros souliers lacés. Elles tapaient furieusement, riaient, se renversaient pour crier un mot dans le vacarme, se penchaient au fond de leurs baquets, ordurières, brutales, dégingandées, trempées comme par une averse, les chairs rougies et fumantes... » Voilà comment Émile Zola décrivait en 1876, dans *L'Assommoir*, le pauvre lavoir dans lequel Gervaise allait faire sa lessive.

On dit que ce lavoir existe encore, ce serait le Lavoir moderne parisien (LMP), aujourd'hui une petite salle de spectacles qui fut, vers 1830, un lavoir avec ses bassins au rez-de-chaussée et la salle destinée à étendre le linge en étage. Mais le quartier change si vite ! Je ne suis pas très certain qu'il sera encore debout quand vous irez le voir...

14

AU FIL DE LA RUE
DU TEMPLE

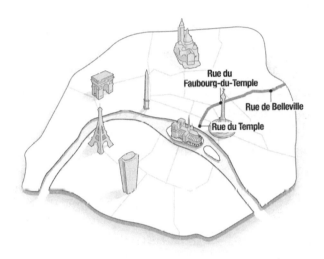

De la rue du Temple au boulevard de Belleville, découvrez le gibet de Montfaucon, les fripes du Carreau, le premier cirque de Paris, et l'origine du french cancan.

Au XIVe siècle, l'enclos du Temple occupe un vaste périmètre, même les rues avoisinantes sont la propriété des Templiers, ordre militaire et religieux qui relève de l'autorité du pape. Une ville dans la ville avec ses richesses, son système de défense, ses hautes murailles, sa tour, son donjon, son église, ses bâtiments, ses écuries…

Seulement voilà, tout cela ne plaît pas au roi Philippe le Bel qui entend régner seul et abattre ceux qui pourraient contester son pouvoir. À l'aube du 13 octobre

1307, les hommes du roi encerclent l'enclos : les chevaliers de l'Ordre sont arrêtés et traduits en justice.

Affreusement torturés, les malheureux avouent tout ce qu'on veut... Le 18 mars 1314, Jacques de Molay, grand maître du Temple et Hugues de Pairaud, commandeur de l'Ordre, doivent être brûlés vifs sur l'île aux Juifs, petite langue de terre posée sur la Seine face au palais de la Cité. Le maître des Templiers lance alors une malédiction sur ses persécuteurs.

– Seigneur, sachez que, en vérité, tous ceux qui nous sont contraires par nous auront à souffrir.

Le roi Philippe le Bel succombe à une chute de cheval huit mois plus tard. Ses trois fils subissent, eux aussi, la fameuse malédiction : Louis X meurt à vingt-sept ans, Philippe V à vingt-neuf et Charles IV à trente-quatre... Ainsi donc, en 1328, quatorze ans après le bûcher allumé sur l'île aux Juifs, la lignée des Capétiens directs s'efface de l'Histoire et laisse le trône aux Valois. Ce changement provoque un interminable conflit entre la France et l'Angleterre : la guerre de Cent Ans.

Pour Paris, une question demeure : que faire de l'enclos du Temple ? Dans l'immédiat, les biens de l'Ordre sont dévolus aux Hospitaliers, ancêtres des chevaliers de Malte. Plus tard, en 1667, en lieu et place des murailles jetées à bas, s'élèvent quelques hôtels particuliers et des maisons locatives. Quant à la grande tour de quatre étages, édifice carré flanqué de tourelles aux angles, on en fait une prison ! C'est là que Louis XVI, Marie-Antoinette et leurs enfants seront enfermés en 1792.

Finalement, la tour a été rasée en 1808 sur ordre de Napoléon qui craignait qu'elle ne devienne un lieu de pèlerinage royaliste.

— Il y a trop de souvenirs dans cette prison-là, maugréait-il.

Un élément a pourtant échappé à la destruction : la lourde porte de bois cloutée qui servait d'entrée à la geôle d'antan. Elle a quitté le quartier, transférée dans le donjon du château de Vincennes où elle continue de monter la garde.

Les malheurs du XIVe siècle ont commencé avec la chute du Temple, ils s'aggravent avec la peste noire qui ravage l'Europe à partir de 1348. Paris n'est pas épargné, l'épidémie fait quatre-vingt mille victimes sur ses deux cent trente mille habitants. Plus du tiers de sa population disparaît ! Il y a tellement de morts qu'on ne peut plus les enterrer dans les cimetières : il faut les évacuer. De tous les coins de la ville, on les emmène jusqu'aux rives de la Seine, on entasse les corps sur les coches d'eau, ces grands chalands qui habituellement relient Paris à Corbeil... Les *corbeillards* livraient jusqu'ici diverses marchandises dans la capitale, ils sont désormais exclusivement consacrés au transport des dépouilles de pestiférés... Le *corbillard* n'est que le souvenir lexical de cette sombre période.

Nous n'allons pas suivre le triste cortège qui remonte la Seine, il est temps de nous faufiler dans la rue du Temple pour grimper ensuite sur les hauteurs de Belleville... Les Templiers ne possédaient-ils pas, là-bas, leurs jardins d'agrément, leurs vignobles et leurs cultures ?

• 2, rue Saint-Merri. Le combat de Voltaire contre les culs-de-sac.

L'impasse du Bœuf que l'on découvre à l'angle de la rue du Temple et de la rue Saint-Merri s'est longtemps appelée « cul-de-sac du Bœuf ». Voltaire ne décolérait pas contre cette expression, cul-de-sac, qu'il jugeait incongrue, dégradante et grossière.

Le philosophe se lança dans une campagne enflammée pour que ces termes sortent définitivement à la fois du vocabulaire français et de la voirie parisienne. En 1760, dans une lettre publiée en prélude à sa pièce *Le Café ou l'Écossaise*, il s'écriait, hargneux : « J'appelle *impasse*, messieurs, ce que vous appelez *cul-de-sac*. Je trouve qu'une rue ne ressemble ni à un cul ni à un sac. Je vous prie de vous servir du mot *impasse* qui est noble, sonore, intelligent et nécessaire… »

Mobilisés par Voltaire, les édiles parisiens décidèrent que le cul-de-sac devait impérativement devenir impasse, mais l'inscription du XVIIIe siècle, gravée dans la pierre, fut tout de même préservée, peut-être pour faire encore un peu enrager le bonhomme !

• 41, rue du Temple. De l'Aigle d'Or au Café de la Gare.

Au XVIIe siècle, une auberge à l'enseigne de l'Aigle d'Or s'installa ici dans ce qui restait d'un ancien hôtel particulier, et dont il subsiste un bel escalier de cette époque : rampe de bois, fer forgé et marches de pierres blanches. Ce n'était pas seulement une auberge pour voyageurs mais également un relais pour diligences. On pouvait y changer de chevaux et faire réparer les voitures mises à mal par un trop long trajet.

En novembre 1834, Eugène Labiche, le futur vaudevilliste, alors journaliste, publie dans l'hebdomadaire *Chérubin* une sorte d'étude sur les diligences. Il décrit ainsi la manière de se serrer dans ces pataches : « Les deux premières minutes sont consacrées pour ainsi dire à faire son ménage, sa place ; à s'établir, à s'accommoder, à profiter des espaces libres, à repousser la jambe qui vous gêne, le coude pointu qui vous blesse, à trouver enfin le joint pour s'incorporer, s'enchâsser, s'emboîter les uns dans les autres et ne plus former qu'un tout symétrique, ainsi que les pièces réunies d'un jeu de patience. »

En 1971, au 41, rue du Temple, vient s'enchâsser et s'emboîter un autre public : celui du Café de la Gare. La troupe, qui réunit Romain Bouteille, Coluche, Miou-Miou et tant d'autres, a déménagé de son havre situé près de la gare Montparnasse pour s'établir ici, mais sans changer de nom, même s'il n'y a aucune gare à l'horizon.

• Rue des Fontaines-du-Temple. La muraille et l'entrée de l'enclos.

L'enclos n'avait qu'une seule entrée située dans cette rue des Fontaines-du-Temple, qui doit son nom à un aqueduc construit par les Templiers pour faire couler jusqu'ici les eaux fraîches de Belleville.

Tout autour de son vaste espace, l'enclos était protégé par une muraille qui en faisait le tour. Il n'en reste rien, dit-on, mais si l'on cherche bien, on trouve ! Au 73, rue Charlot, une tour de cette muraille, cinq mètres de diamètre et dix mètres de haut, est discrètement enserrée dans des constructions plus tardives, vestige oublié des destructions ordonnées par Napoléon, ruine sauvegardée après d'âpres combats lors de la rénovation des lieux dans la première décennie de notre siècle.

• 4, rue Eugène-Spuller. De la rotonde au Carreau du Temple.

Parce qu'il fallait bien faire quelque chose de l'enclos du Temple, un bâtiment étrange se dressa ici dès 1788. C'était une rotonde avec une galerie de colonnes, un style hybride qui hésitait entre le marché populaire et le forum romain... Bizarre, peut-être ; efficace, sûrement : ce fut un centre marchand animé de la capitale où l'on trouvait de tout pour s'habiller et se meubler. Des vêtements neufs et de vieilles fripes, des tissus de belle provenance et des étoffes volées la nuit précédente... On pouvait également, pour cinquante centimes, échanger une chemise sale contre une propre, de même pour les chaussettes (dix centimes) et les faux cols (cinq centimes)...

Mais attention, pour faire de bonnes affaires au Temple, il faut en pratiquer le langage ! Car un parler spécifique s'exprime ici, ni argot, ni français, une sorte de baragouin connu des seuls habitués. Un « montant » est un pantalon, une « limace » une chemise, un « décrochez-moi ça » un chapeau de femme, une « niolle » une coiffe d'homme. Quant à celui qui vient à la Rotonde pour vendre ses vieux habits, il cherche à « bibeloter ses frusques »...

Mais tout change en 1863, l'architecture parisienne n'est plus à la fantaisie : la vieille Rotonde est abattue pour laisser émerger un Carreau du Temple tout neuf en fonte et en verre. Magnifiquement restauré en 2014, légèrement en retrait de la rue du Temple, le Carreau du Temple n'est plus un marché, mais un lieu culturel et sportif. Les nostalgiques trouveront pourtant, insérées au niveau des entrées latérales, les arches de pierre de la Rotonde d'autrefois (*rues Dupetit-Thouars et Perrée*).

Le petit métier du coin

Le marchand de vieux habits. En 1806, le jeune et fringant général Pierre Dorsenne s'apprête à partir pour la campagne contre la Prusse menée par Napoléon. La guerre, c'est bien ; l'élégance, c'est mieux ! Le général commande à son tailleur un bel uniforme tout neuf qu'il emballe soigneusement, décidé à ne l'étrenner que sur le champ de bataille. La veille de son départ, il va se distraire au théâtre de la Gaîté, sur le boulevard du Temple, où l'on donne un mélodrame. Soudain, à la fin du second acte, l'acteur Tautain arrive sur scène avec un resplendissant habit de général… Dorsenne ajuste ses jumelles, observe, détaille, mais oui, c'est bien son propre uniforme !

À la fin de la représentation, le général fait arrêter l'acteur.

— Où as-tu pris cet habit, malheureux ? interroge Dorsenne.

— Je l'ai acheté au Temple, répond Tautain.

Le valet de chambre du général a vendu aux fripes le costume tout neuf de son patron ! Finalement, magnanime, Dorsenne ne reprend pas son bel uniforme blanc au col doré et consent à faire la guerre vêtu d'une vieille tenue…

« Je l'ai acheté au Temple », a dit, comme une évidence, le comédien de la Gaîté. Ce marché de friperie fut une institution parisienne depuis la fin du XVIIIᵉ jusque dans les années 1930.

— Marrrrrr… chand d'habits ! Chand d'habits !

Ce cri retentissait dans tous les quartiers. Des

fenêtres s'ouvraient. On appelait le colporteur. Il montait dans les étages. On lui proposait quelques vêtements usagés... Il achetait toutes les défroques possibles, redingotes, vestons, chapeaux melons, feutres fatigués, chasubles de prêtre, escarpins de bal, pantalons de troupier... tout était bon. Le marchand d'habits payait quelques sous et enfournait ses acquisitions dans sa hotte déjà chargée. Et puis, chaque matin à 11 heures, il se rendait rue du Temple pour revendre ses trouvailles aux boutiquiers du Carreau.

Le marchand d'habits et les théâtres du boulevard du Temple seront immortalisés par le film *Les Enfants du paradis*, de Marcel Carné, notre « chand d'habits » étant joué par Pierre Renoir.

• 18, rue du Faubourg-du-Temple. La verrière du premier cirque.

Au-delà des Grands Boulevards et de la place de la République, la rue du Temple devient la rue du Faubourg-du-Temple. En 1780, Philip Astley, un Anglais officier de cavalerie, ouvre à cette adresse le premier cirque de la capitale. Au programme : des chevaux et des funambules. À la Révolution, il se hâte de rentrer dans son pays et la structure est reprise par l'Italien Antonio Franconi qui, lui, fait alterner numéros hippiques et pièces de théâtre... En 1827, l'affiche annonce *L'Incendie de Salins*, « mélodrame à grand spectacle »... Trop grand spectacle, peut-être, trop réaliste en tout cas, car le cirque prend feu ! Mais le manège a été épargné par le sinistre, et si les fils Franconi partent ouvrir un nouveau cirque sur le boulevard du Temple, le vieil écuyer, nonagénaire et aveugle, continue de monter ici à cheval pour faire son tour de piste quotidien. Et tant pis si le public a déserté les lieux.

Aujourd'hui, une salle de théâtre et une boîte de nuit en sous-sol proposent des spectacles bien différents... Il n'y a plus de chevaux, faubourg du Temple. Pourtant la verrière, qui surplombe l'entrée et se prolonge jusqu'au fond du bâtiment, est bien celle qui éclairait jadis le manège du premier cirque de Paris.

• Place du Colonel-Fabien. L'ombre du gibet de Montfaucon.

Un petit crochet s'impose pour atteindre cet endroit précis où la rue de la Grange-aux-Belles se dissout dans la place du Colonel-Fabien... Ici, sur ce qui était une petite éminence, se dressait le sinistre gibet de Montfaucon. Ce seul mot – Montfaucon – a fait trembler durant près de cinq siècles tous les malfrats, truands et coupe-jarrets de la capitale.

Situé approximativement entre les deux grands axes du nord-est, le faubourg Saint-Martin et le faubourg du Temple, le gibet se découpait sur l'horizon parisien : chacun devait voir passer la justice du roi !

Construit à la fin du XIIIe siècle sous le règne de Philippe le Bel, ce n'était d'ailleurs pas un simple gibet, mais une affreuse usine à exécuter les condamnés... Un vaste rectangle de pierres sur lequel reposaient seize piliers de grès hauts de dix mètres destinés à soutenir des poutres de bois auxquelles étaient fixées les chaînes servant à accrocher les malheureux dont les corps allaient pourrir et se décomposer puis s'affaler, morceau par morceau, dans le cloaque immonde qui, à la base de l'édifice, recevait ces lambeaux humains.

Abandonné après 1630, le gibet de Montfaucon ne fut démoli qu'en 1760. Alors, un riche plâtrier nommé Fessart racheta les blocs de grès pour renforcer le parapet de la décharge ouverte sur sa propriété, la butte Chaumont, où convergeaient et s'amoncelaient une grande part des immondices de la ville. Tout a changé aujourd'hui, heureusement. Le plâtrier a une rue à son nom dans le quartier et la décharge a fait place au parc des Buttes-Chaumont... Mais qui sait si, dans quelque encoignure de ce vaste jardin romantique, ne se trouve pas encore, enfoui sous les massifs, un pilier de grès venu de la colline avoisinante...

• Métro Couronnes. L'invention de la sécurité.

Avant de reprendre notre ascension rue de Belleville, comment ne pas évoquer le plus terrible accident qu'a connu le métro ?

Station Couronnes. 10 août 1903, 19 heures... Le métropolitain, créé juste trois ans auparavant, prend feu ! Un court-circuit, des flammes, une rame de bois avec trois cents passagers... Le machiniste leur demande de sortir de la station. Mais ils ne l'entendent pas de cette oreille : ils réclament à hauts cris le remboursement de leur billet.

— Nos trois sous ! Nos trois sous !

Le temps de négocier ces quinze centimes, et les fumées de l'incendie jaillissent brusquement... Aveuglés, suffocants, les malheureux courent vers le fond de la station. Mais il n'y a pas de sortie de ce côté-là ! Les pompiers relèveront quatre-vingt-quatre corps.

Cette tragédie est à l'origine de mesures de sécurité toujours en vigueur : éclairages de secours, avertisseurs d'incendie en relation directe avec les pompiers, robinets à fort débit dans chaque station, dégagements, escaliers plus nombreux, voies de garage additionnelles et wagons métalliques.

• 129, rue du Faubourg-du-Temple. La naissance du french cancan.

Vous vous souvenez ? Nous avons laissé le bandit Cartouche rue de Charenton... À cet endroit, lui et sa bande disposaient d'un souterrain secret pour échapper à la menace des gens d'armes. Mais il eut moins de chance au cabaret du Pistolet, qui s'ouvrait ici sous les vertes tonnelles de la Courtille, ce quartier de Belleville consacré à la danse et à la joie.

Au petit matin du 14 octobre 1721, trahi par son plus proche complice, Cartouche y est appréhendé. Il sera roué en place de Grève cinq semaines plus tard.

L'arrestation de Cartouche rend célèbre la guinguette de la Courtille. De tout Paris, on s'y rend en famille le dimanche et les jeunes couples dansent sous les charmilles. Ils sont si nombreux à venir s'amuser sur les lieux de l'ultime tanière du bandit que d'autres guinguettes s'ouvrent bientôt à l'ombre des vieux marronniers. Et tout ce quartier entre Temple et Belleville se consacre au bonheur du petit vin blanc.

Les jeunes filles effrontées dansent « le chahut », farandole toujours réimprovisée... Ces demoiselles retroussent leurs jupons en riant, roulent des hanches, lancent une jambe en avant... Les touristes anglophones qui aiment venir s'encanailler à Paris ne comprennent pas toujours ce que chahut veut dire. Ça ne fait rien, ils estiment que cette danse ressemble au pas

chaloupé du canard et disent « couancan, cancan »...
Chahut devient cancan et la danse est tout naturellement baptisée *french cancan*... Autrement dit, coin-coin
français ! À partir de 1850, le joyeux chahut de la
Courtille, affublé de son nouveau nom, monte sur les
scènes des cabarets parisiens les plus distingués.

Des marronniers de la Courtille, sous lesquels on se
trémoussait avec tant d'entrain, il ne reste qu'un joli
petit passage : la cour de la Grâce-de-Dieu. Mais ce
nom ne doit rien à la dévotion... En fait, le propriétaire des lieux, Horace Meyer, directeur du théâtre de
la Gaîté, a voulu immortaliser ainsi le succès de *La
Grâce de Dieu*, un drame mêlé de chants qui connut
son heure de gloire en 1841.

• 8, rue de Belleville. La descente de la Courtille.

« Aux Folies »... Ces deux mots en néon accrochés
sur la devanture du bistrot qui se trouve ici rappellent
à notre souvenir la descente de la Courtille, fête
joyeuse qui connut son apogée au début du XIXe siècle.
Les Folies, c'était à l'époque la plus fameuse des guinguettes du quartier, le cabaret Dénoyez avec sa salle
de bal, devenu plus tard Les Folies Belleville, un café-
théâtre où Line Renaud fit ses débuts en 1945, et qui
finalement céda la place au bistrot actuel.

Jadis le mur des Fermiers généraux se situait un peu
plus bas ; au-delà de cette limite, divers produits, le
vin notamment, étaient taxés pour pouvoir entrer dans
Paris. À l'extérieur du mur, au tout début de la rue de
Belleville, dans la zone non taxée, s'installèrent de
nombreux cabarets et guinguettes. On pouvait y boire
sans payer un prix exorbitant !

Et, aux Folies comme ailleurs, tout le monde attendait la grande fête, la descente de la Courtille. Chaque année, au lendemain du mardi gras, un cortège se formait et traversait joyeusement la ville, des hauts de Belleville jusqu'à la place de l'Hôtel-de-Ville. On se déguisait en Pierrot blanc, en Arlequin coloré ou en Indien à plumes, les musiciens grattaient de la guitare, on riait, on chantait, on vidait des bouteilles, on s'encanaillait… Jusque dans les années 1860, la descente de la Courtille fut l'un des événements les plus attendus de Paris.

La légende des lieux

72, rue de Belleville. Le souvenir de la Môme. C'est écrit sur une plaque apposée sur la façade : « Le 19 décembre 1915, Édith Piaf est née sur l'une de ces marches, devant la porte de l'immeuble. » Pourquoi là, dans la rue, dans le froid de l'hiver ? Pourquoi pas chez la maman, à l'intérieur ? Parce que la légende avait besoin d'un élément fort, frappant, destiné à appuyer la belle histoire d'une gamine venue de rien pour conquérir le monde par sa voix et son talent… En réalité, si l'on en croit son acte de naissance, Édith Giovanna Gassion, la future Môme Piaf, a vu le jour à la maternité de l'hôpital Tenon. Plus confortable, mais moins romanesque !

• **213, rue de Belleville. Découvrez un « regard ».**

Le sol sablonneux de la colline de Belleville recouvrait une glaise imperméable sur laquelle glissaient les eaux de ruissellement, formant des petites rivières qui s'écoulaient sur les pentes de la colline. Aussi les propriétaires de ces terrains, les moines de Saint-Gervais, ceux de Saint-Martin, les Templiers puis les rois, réfléchirent-ils au moyen de capter ces eaux toujours fraîches pour les acheminer dans Paris avant qu'elles soient corrompues durant la descente. Ce fut notamment le rôle de l'aqueduc qui gagnait l'enclos du Temple après avoir transité par le prieuré Saint-Martin. Cet aqueduc et quelques autres étaient équipés sur leur parcours de « regards », petites constructions destinées à jeter un regard, justement, pour surveiller les canalisations.

Dans le jardin du 213, rue de Belleville, vous pouvez visiter le regard de la Lanterne, une construction circulaire surmontée d'une coupole de pierre dans laquelle on descend par un double escalier pour parvenir jusqu'au bassin qui récolte les eaux de plusieurs canalisations. D'ici partait l'aqueduc créé par Philippe Auguste au début du XIIIe siècle pour acheminer l'eau jusqu'aux Halles. Une inscription du XVe siècle rappelle le nom des inspecteurs qui réparèrent cet aqueduc lorsqu'il menaça de tomber en ruines... Merci donc à l'honorable maistre Mathieu et à sire Jacques de Bacqueville ! À l'extérieur de l'édifice, on voit encore les anneaux permettant aux inspecteurs d'attacher leur monture, peut-être ont-ils servi à nos deux bienfaiteurs.

D'autres regards sont encore visibles dans Paris. Si vous prenez la rue Levert et la rue de la Mare, qui suit le tracé d'un autre aqueduc, vous arriverez à hauteur du 40, rue des Cascades, où le charmant regard dit de saint Martin nous attend, avec son blason des Templiers pour nous rappeler que l'Ordre en avait l'usage autrefois.

Rue de la Mare, rue des Cascades, rue des Rigoles, rue de la Duée (du latin *ductus aquarum,* « conduite des eaux », dont on fera aqueduc)... autant de voies qui suggèrent l'importance de l'eau sur les flancs de la colline de Belleville.

Le mot du quartier

Égout, n.m. Canalisation qui permet la collecte et l'écoulement des eaux usées.

Sur les hauteurs de Belleville et de Ménilmontant, des petits filets d'eau gargouillaient doucement et descendaient jusqu'à la Seine pour s'y jeter. Au Moyen Âge, ces ruisselets traversaient de jolis jardins qui s'étalaient en traînées vertes jusqu'au centre de Paris. On appelait ces ruisselets les *aigues,* vieux mot français qui désignait simplement des eaux fraîches... C'était tellement enchanteur, tellement champêtre que des maisons se construisirent au long de ces aigues, et des populations vinrent vivre au bord des ruisseaux. Sauf que les ruisseaux servirent très vite à jeter les immondices, prirent une couleur sombre et dégagèrent une odeur pestilentielle... Pendant que les aigues se transformaient, le mot lui-même changeait : avec le souvenir des aigues, la langue forgeait un nouveau mot, son exact contraire : égouts !

Au XVIe siècle, les aigues d'antan étaient connues comme... le Grand Égout ! Des aigues mortes, en quelque sorte. Ce fossé boueux et puant serpentait vers la Seine le long de nos Grands Boulevards, depuis le faubourg du Temple jusqu'à Chaillot vers l'ouest et jusqu'à l'Arsenal à l'est, recevant le long de son parcours tous les embranchements des égouts secondaires de la capitale.

En 1740, Michel-Étienne Turgot, prévôt des marchands, encouragea les riverains du Grand Égout à ouvrir leurs bourses pour faire couvrir d'une voûte ce cloaque à ciel ouvert. En compensation des frais encourus, ces propriétaires bénéficieraient chacun de trente-six pieds de terre rendus disponibles par cet aménagement... Mais il faudra attendre 1854 pour structurer les égouts en sous-sol.

• **Angle rue de Belleville – rue du Télégraphe. Suspicion sur les signaux du sémaphore.**

À cette hauteur de la rue de Belleville s'étirent les longs murs sombres d'un cimetière. Au XVIIIe siècle, c'était le parc de la propriété de la famille Saint-Fargeau. C'est ici qu'un passionné de mécanique, Claude Chappe, est venu expérimenter son télégraphe optique, un système de communication à distance. Il s'agit d'un sémaphore : une tour surmontée de bras mobiles dont les différentes positions indiquent les lettres ou les mots du message à transmettre à la tour suivante distante de plus de dix kilomètres. Et si Chappe a testé son invention à cet endroit précis, c'est que dans le jardin des Saint-Fargeau se trouve un des points les plus hauts de Paris : cent vingt-huit mètres soixante-quatre.

Un matin de 1792, alors que l'ingénieur pénètre dans le jardin pour continuer ses essais, le jardinier accourt et lui crie de prendre la fuite... Pendant la nuit, le peuple de Belleville a investi le parc et a mis le feu à l'étrange machine. Dans les jours précédents, chacun avait observé avec suspicion ce particulier lançant d'obscurs signaux vers l'horizon. C'est sûr, le drôle cherche à entrer en contact avec le ci-devant roi Louis XVI prisonnier au Temple... Et la foule, non contente d'incendier le dispositif, est bien décidée à jeter l'inventeur dans les flammes ! Pour continuer à travailler, Chappe doit demander la protection de la Convention nationale.

Finalement, le télégraphe Chappe fut utilisé jusqu'en 1855 entre plusieurs villes de France, mais aussi vers Bruxelles, Amsterdam, Turin, Venise. Il en reste quelques exemples dans l'Hexagone. Le vestige le plus proche de Paris, à une douzaine de kilomètres seulement, se trouve sur la commune de Bailly, perché sur une éminence de la forêt de Marly.

15

AU FIL DE LA RUE
SAINT-ANTOINE

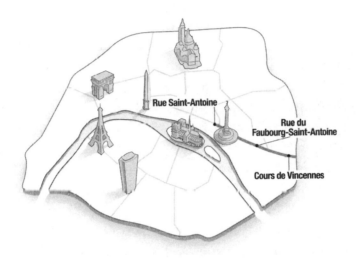

De la rue Saint-Antoine jusqu'à Vincennes : les moines Pique-Puces, la première automobile de l'Histoire, les Auvergnats de Paris, les aventures du général Daumesnil et les studios Pathé qui ont inspiré Hollywood.

Au début du XVe siècle, la guerre de Cent Ans continue de faire des ravages : le royaume de France est à l'agonie. Les Anglais occupent non seulement Paris mais aussi toute une partie du territoire et le roi d'Angleterre, Henri V, installe sa résidence au château de Vincennes. La rue Saint-Antoine, qui conduit à la résidence vincennoise, devient l'axe principal d'une capitale asservie.

En effet, depuis le siècle précédent, les résidences royales s'étaient déportées vers l'est de la capitale. Les souverains se méfiaient des Parisiens vindicatifs qui n'avaient pas hésité à s'en prendre à la personne du roi de France Charles V en 1358 dans son palais de l'île de la Cité avec Étienne Marcel, puis en 1382 aux troupes de Charles VI lors de la révolte des Maillotins qui protestaient contre un nouvel impôt.

Du coup, Charles V s'était tenu au plus près de la sortie de Paris pour ne pas risquer d'être emprisonné dans la ville. En se faisant construire, le long de la rue Saint-Antoine, l'hôtel Saint-Pol protégé par la Bastille, il s'était prudemment placé sur la route de Vincennes.

Quand, le 21 octobre 1422, Charles VI meurt dans son hôtel Saint-Pol, qui donc devient roi de France ? Un Anglais ! En vertu du sinistre traité de Troyes signé deux ans plus tôt entre Français et Anglais, le tout jeune Henri VI est destiné à coiffer la couronne de France. Mais il faut attendre un peu, ce n'est encore qu'un bébé de dix mois... Le 2 décembre 1431, c'est un enfant royal de dix ans qui vient s'installer en l'hôtel des Tournelles, rue Saint-Antoine, institué nouvelle résidence royale.

Heureusement pour les Français humiliés, le fils de Charles VI se prétend aussi roi de France et se fait sacrer à Bourges. Mais pour ce petit roi de Bourges, il faudrait un miracle...

Vous avez demandé un miracle ? Ça tombe bien, une jeune bergère de Lorraine entend des voix... Jeanne d'Arc entre en scène ! Sous la bannière de la Pucelle, la reconquête du royaume commence. Paris lui résiste mais, le 13 avril 1436, le tocsin sonne dans la capitale : la population est appelée à se soulever contre le maître anglais. Les troupes du roi français pénètrent dans la ville, les Parisiens acclament les soldats. Charles VII va-t-il lui-même revenir à Paris ? Il hésite. Finalement, il y fait enfin son entrée solennelle le 12 novembre 1437. Trois semaines plus tard, il retourne à Bourges pour organiser la guerre qui finira par bouter l'Anglais hors du royaume de France...

Son fils et successeur, Louis XI, n'est pas non plus du genre à s'attarder sur les bords de la Seine : la population est trop inconstante, et puis, elle a naguère livré la ville aux Anglais qui s'y sont installés comme s'ils se trouvaient à Londres. Bref, Louis XI préfère baguenauder entre Tours et Amboise, il s'y sent nettement plus en sécurité. Mais enfin, il faut tout de même surveiller la grande ville, alors le château de Vincennes, aux portes de la capitale, servira de forteresse, de palais et de point d'observation.

En 1470, le roi se fait bâtir dans l'enceinte du château un coquet pavillon et achève la construction de la chapelle. Louis XI pense plus au confort qu'à la guerre : les temps qui s'ouvrent sont pacifiés. La guerre de Cent Ans menée contre l'Angleterre est terminée, la reconquête des terres est quasiment achevée et l'ennemi bourguignon est à bout de forces...

Après s'être déporté à l'est de la capitale, le pouvoir s'éloigne encore un peu plus pour se tenir à bonne distance du centre de Paris. C'est vers Vincennes, désormais, qu'il faut aller pour approcher la Cour, les grands et les ministres. Et le chemin pour y mener devient la voie la plus courue. On passe par la rue Saint-Antoine, on emprunte son faubourg et l'on poursuit sa route par le cours de Vincennes...

La rue Saint-Antoine partait jadis de notre rue François-Miron, que nous avons déjà évoquée. C'est donc à sa jonction avec la rue Saint-Antoine, à hauteur du métro Saint-Paul, que nous commençons notre itinéraire pour Vincennes.

• 62, rue Saint-Antoine. Un tournoi fatal.

Jusqu'au XVIIᵉ siècle, les rues de Paris étaient si étroites que les carrosses ne pouvaient pas y pénétrer. Les hommes de la noblesse allaient à cheval, les dames montaient en croupe ou se faisaient véhiculer en litière. Quant aux conseillers de Paris, ils se rendaient à la maison de ville trimballés sur des mules.

Exception de taille, la rue Saint-Antoine : alors la rue la plus large de Paris ! Et comme il y avait de la place, c'était tout naturellement le lieu des vastes rassemblements…

Grand émoi, rue Saint-Antoine, en ce 30 juin 1559. On célèbre un double mariage : celui d'Élisabeth de France, fille du roi Henri II, avec Philippe II d'Espagne et celui de Marguerite de France, sœur du roi, avec Emmanuel-Philibert de Savoie.

Pour ce grand jour, un tournoi est organisé devant l'hôtel des Tournelles, rue Saint-Antoine, redevenu la propriété du roi de France même si celui-ci y réside peu, préférant ses châteaux de la Loire ou le Louvre. Pourtant, le lieu est bien choisi pour l'événement : on peut ici chevaucher à l'aise et s'affronter joyeusement à coups de lance en caracolant sur les pistes de terre battue. Le jeu consiste à tenter de désarçonner le cavalier qui arrive au galop en plaçant sa lance assez adroitement pour le déséquilibrer. Le roi Henri II a revêtu une belle armure qui brille au soleil et arbore sur son casque doré une plume noire et une plume blanche, couleurs de la dame de ses pensées, Diane de Poitiers, sa vieille maîtresse de soixante printemps. La reine Catherine de Médicis, son épouse, ne s'offusque pas trop de ces couleurs un peu trop significatives, elle est davantage femme de pouvoir qu'amante passionnée, mais, ce jour-là, elle a un mauvais pressentiment...

— Ne joutez point, sire, implore-t-elle.

Henri II ne l'écoute pas. À quarante ans, il veut montrer à la cour réunie qu'il ne manque pas de sève. Il est sûr de lui, tellement sûr qu'il n'a pas rabattu la visière de son heaume au moment où son cheval galope en direction du comte de Montgomery. Choc. La lance de l'adversaire se rompt, le roi tombe de cheval. Horreur : un éclat de bois est resté fiché dans l'œil gauche. Si profondément que, selon certains récits, le pieu ressort du côté de l'oreille ! On conduit le roi en son hôtel des Tournelles, on lave la plaie au blanc d'œuf, on abreuve le blessé de potions à la rhubarbe et de camomille et, surtout, on appelle Ambroise Paré, le maître chirurgien. Celui-ci fait venir les têtes de six condamnés fraîchement exécutés et tente quelques expériences... Il place dans l'œil de chaque décapité des éclats de bois semblables à celui qu'on a retiré de l'œil royal. Il est ainsi en mesure d'évaluer l'importance des dégâts anatomiques et peut pronostiquer l'issue fatale. En effet, Henri II meurt dix jours plus tard d'un abcès au cerveau.

À la suite de ce drame, l'hôtel des Tournelles sera abandonné, vendu et finalement démoli. À cet endroit s'élèvera, plus de soixante ans après, la place Royale, devenue place des Vosges, certainement le plus beau symbole architectural de la Renaissance à Paris. L'hôtel de Sully, aujourd'hui siège du Centre des monuments nationaux, y accède directement : au bout d'un ravissant jardin, une petite porte dérobée nous conduit sur la place.

Quant au pauvre comte de Montgomery, quel a été son sort ? Avant d'être banni de France, il a été enfermé dans la tour dite depuis « de Montgomery », à l'angle de la rue Charlemagne. Par la suite, durant les guerres de Religion, il s'est joint au parti protestant. Capturé en 1574, il a été torturé et exécuté sur la place de Grève… contre toutes les règles de la guerre ! Mais Catherine de Médicis n'avait pas digéré la fin brutale de son royal époux.

• **Quand tout le monde voulait raser la Bastille.**

Au bout de la rue Saint-Antoine, avant d'entrer dans le faubourg, on arrivait autrefois devant des murs épais et des tours crénelées : la Bastille. Une obsession, une idée fixe apparaît dès le XVIIIe siècle : il faut détruire cette forteresse ! Pour le pouvoir, l'édifice coûte cher et ne sert plus à rien d'un point de vue militaire. Pour les détenus, la fin de la prison laisse entrevoir un avenir plus doux. Pour la population, ce sinistre monument symbolise l'arbitraire.

En 1780, l'avocat Simon Linguet est incarcéré ici et y restera durant presque deux ans, coupable d'avoir tourné en ridicule un maréchal de France. Le prisonnier profite de cet enfermement pour rédiger de nouveaux pamphlets. Il se trouve à sa table de travail, attelé à son œuvre, quand un homme grand, maigre et pâle entre dans la cellule…

— Que voulez-vous ? demande Linguet, agacé par cette intrusion.

— Monsieur, je viens…

— Je vois bien que vous venez, monsieur, mais c'est fort mal à propos !

— C'est que je suis le barbier de la Bastille, bredouille le visiteur en se caressant le menton d'un geste significatif.

Linguet reprend, le ton soudain amadoué :

– Ah, ceci est différent, mon cher. Eh bien, puisque vous êtes le barbier de la Bastille, rasez-la !

Eh oui ! Elle a été rasée de près, la Bastille ! Aujourd'hui il n'en reste plus rien, mis à part quelques pierres des fondations dans le métro, et des fragments de tour déplacés plus loin dans un square près de l'Arsenal.

• Latude, expert en abus du despotisme.

Et je m'aperçois que je ne vous ai pas parlé de Latude ! Comment passer devant la Bastille sans évoquer celui qui est parvenu à s'en échapper à trois reprises ? Latude, c'est un roman, le roman de la déraison et de l'obstination.

En 1749, Henri Masers de Latude a vingt-quatre ans. Il se croit promis à un destin fantastique, mais n'a aucun appui. Étrangement, le jeune homme se persuade qu'il doit chercher la protection de la marquise de Pompadour, favorite de Louis XV. Pour entrer en contact avec la dame, il ne trouve rien de mieux que de lui envoyer, à Versailles, une bombinette cachée dans un paquet... Et il fait aussitôt prévenir sa victime : un complot a été tramé contre sa précieuse personne ! Latude espère passer ainsi pour un héros, mais il est vite confondu et envoyé à la Bastille. Transféré dans le donjon de Vincennes, il s'en échappe, il est rattrapé, retour dans sa cellule initiale.

Durant les trente-cinq années suivantes, il y est enfermé, il s'évade, il est rattrapé, il s'échappe encore, trois fois de suite, il est hospitalisé à Charenton, emprisonné à nouveau... Ses amis sont les rats et les pigeons de la prison, il leur parle, les apprivoise, les aime...

Libéré définitivement en 1784, Latude se présente à tous comme la victime de la Pompadour, morte pourtant depuis vingt ans. Afin d'être mieux écouté, il se fait passer pour le marquis de La Tude, et se montre persuasif… Louis XVI lui accorde une indemnité ! Mais c'est la Révolution qui lui donne son plus beau rôle : celui d'expert en abus du despotisme ! Le 14 juillet 1789 et les jours suivants, il se fait le guide et le commentateur éclairé des murs sombres de la forteresse, il organise la visite de sa cellule et raconte ses évasions à un public aussi ému qu'horrifié. Dans les dépôts de la Bastille, il récupère l'échelle de corde qui lui avait permis de se faire la belle et, devant ses auditeurs ébahis, prétend avec orgueil l'avoir patiemment tressée avec des fils de tissu prélevés sur des vêtements.

Indemnisé par la monarchie, Latude sera pensionné par l'Assemblée législative ! Assez en tout cas pour vivre aisément jusqu'à sa mort, survenue à l'âge de soixante-dix-neuf ans.

Quant à la fameuse échelle de corde, il en avait fait cadeau à l'Hôtel de Ville où elle a été pieusement conservée. Aujourd'hui, cet insolite témoignage historique est exposé au musée Carnavalet.

• 115, rue de la Roquette. La première automobile.

De l'autre côté de la place de la Bastille, nous voilà en dehors du Paris du XVe siècle. Est-ce pour animer un peu l'itinéraire qui conduit à Vincennes qu'une ordonnance de Louis XI ouvre en 1471 le faubourg Saint-Antoine aux artisans ? Plus tard, Louis XIV fera de ce faubourg un espace privilégié accueillant des artisans pauvres qui peuvent s'y établir librement.

Ici, on travaille le bois, le cuir ou le métal, et les ateliers sont bientôt si nombreux qu'ils débordent dans les artères avoisinantes, notamment rue de la Roquette. Il faut nous y engouffrer car une surprise nous attend. Enfin… nous attendrait si nous remontions le temps jusqu'à ce matin de septembre 1863…

Un étrange engin pétaradant sort d'un des ateliers de la Cité industrielle, petite voie qui s'ouvre directement sur le numéro 115 de la rue de la Roquette… C'est quoi, cette bizarre mécanique ? Une sorte de tricycle en bois muni d'un amas de ferraille noire constitué d'un cylindre, d'un piston, d'une bielle et d'une bougie en porcelaine… L'homme qui se trouve aux commandes de la drôle de machine se nomme Étienne Lenoir, un ingénieur belge qui travaille à Paris. Juché sur son véhicule, il avance lentement, remonte la rue, prend le boulevard Voltaire, s'achemine vers la Nation, continue sa course… Une heure et demie plus tard, il est à Joinville-le-Pont, à une dizaine de kilomètres de là, et il mettra le même temps pour le retour : une moyenne de presque sept kilomètres à l'heure !

La machine Lenoir, à deux temps, constitue le premier moteur à explosion, et si celui-ci fonctionne au gaz, l'inventeur songe déjà à y ajouter un carburateur alimenté à l'essence…

Ce jour-là, entre la rue de la Roquette et Joinville-le-Pont, Ernest Lenoir a fait rouler la première « automobile » de l'Histoire… Gottlieb Daimler, auquel on attribue généralement cette invention, ne posera un moteur sur une carriole que vingt ans plus tard !

Le mot du quartier

Charabia, n.m. Langage incompréhensible, maladroit ou trop spécialisé.

Au tout début du XIXe siècle, les Auvergnats qui vivaient pauvrement dans le Massif central débarquent à Paris pour investir de petits métiers et tenter d'améliorer leur ordinaire. Ils se font charbonniers, marchands de vin, ferrailleurs, frotteurs de parquet ou porteurs d'eau. Ils se regroupent entre eux et habitent majoritairement la rue de Lappe, entre les ferrailleurs du Marais et les vendeurs de bois du faubourg Saint-Antoine, et la rue devient rapidement « le village des Auvergnats ». Les Parisiens regardent avec étonnement ces gens venus de si loin avec leur large chapeau de cuir, leur costume de velours et leurs sabots… Et puis surtout, quel patois, quel accent ! On ne comprend pas ce qu'ils disent avec ces chuintements et ces roulements gutturaux… Dès 1838, le parler de la rue de Lappe devient pour tous un *charabia*, mot qui désigne d'abord spécifiquement le langage des Auvergnats du quartier, mais qui s'échappe bien vite de ce cadre restreint pour s'appliquer à tout verbiage confus.

• 151, rue du Faubourg-Saint-Antoine. Mourir pour vingt-cinq francs.

À cette hauteur du faubourg, une barricade est dressée le 3 décembre 1851. Pourquoi ce jour-là ? Parce que la veille, le président de la République, un certain Louis-Napoléon Bonaparte, a fomenté un coup d'État pour se maintenir au pouvoir. Alphonse Baudin, député de l'Ain, se trouve parmi les insurgés, il veut se battre contre la dissolution de l'Assemblée nationale par le président et l'occupation du Palais-Bourbon par la troupe. Pour lui, le Parlement est le seul garant d'une République vraiment démocratique…

— Ah ! Vous croyez donc que nos hommes vont aller se faire tuer pour conserver vos vingt-cinq francs ? lui lance une dame, faisant allusion à l'indemnité quotidienne des députés.

— Vous allez voir comment on meurt pour vingt-cinq francs ! réplique Baudin.

Il se saisit d'un drapeau tricolore et grimpe sur la barricade. Un instant, le temps semble suspendu. Un silence opaque règne. Soudain, un coup de feu part de la barricade, les soldats répliquent. Baudin s'effondre, frappé mortellement.

Dans les jours suivants, la répression fera plus de deux cents morts, et un an plus tard le prince-président deviendra l'empereur Napoléon III.

Une plaque apposée au deuxième étage sur la façade de l'immeuble contemporain de la scène nous rappelle la mort d'Alphonse Baudin.

Le petit métier du coin

Le huchier. Sous Louis XI, c'est l'artisan qui compte au faubourg Saint-Antoine, celui qui fabrique et livre les huches, c'est-à-dire les coffres de bois qui servent à remiser draps et vêtements. Ces rangements, en chêne massif le plus souvent, peuvent être simples ou plus élaborés, avec des frises décoratives gravées dans le bois.

À partir de 1690, l'activité du huchier décline : en effet, un artisan du faubourg Saint-Antoine a l'idée d'un meuble nouveau muni de pieds et de tiroirs superposés, un meuble si pratique qu'on l'appelle commode ! Désormais, la commode s'invite dans les salons, face à la cheminée, avec des bougeoirs, des horloges ou des livres posés sur la marqueterie délicate qui en constitue le plateau. Bientôt, le huchier lui-même doit se consacrer à la commode…

La rue du Faubourg-Saint-Antoine conserve fidèlement la tradition du meuble. En arpentant les vieux pavés de ses cours et de ses ruelles adjacentes, on peut encore rêver des huchiers qui travaillèrent ici, vaincus finalement par les commodes qui envahirent le quartier, firent la fortune des artisans, transformèrent les intérieurs et libérèrent l'imagination des ébénistes.

• 184, rue du Faubourg-Saint-Antoine. Une abbaye fondée sur le repentir.

Curé de Neuilly-sur-Marne, Foulques était animé d'une foi pleine et parfaite. Il prêcha la quatrième croisade en 1199, mais cela ne suffisait pas à son zèle. Il eut alors l'idée de convertir les filles de mauvaise vie et de les inciter à une existence plus chaste. Ses exhortations parurent si convaincantes que des foules de prostituées se coupèrent les cheveux et s'abîmèrent dans le plus fervent repentir… Mais que faire désormais de ces vertueuses demoiselles ? Foulques fonda aux portes de Paris une maison religieuse placée sous l'invocation de saint Antoine. La pieuse institution se développa si bien qu'elle devint une abbaye, et tout le faubourg adopta le nom de Saint-Antoine… Cette abbaye, plus connue sous le nom de Saint-Antoine-des-Champs, puisque construite hors les murs de Paris, va très vite s'étendre au point d'occuper tout l'actuel XIIe arrondissement et une bonne partie des XIe et XXe arrondissements.

En 1791, l'abbaye fut fermée pour devenir bientôt l'hospice de l'Est. Aujourd'hui, à l'hôpital Saint-Antoine, les vestiges de l'ancienne abbaye sont rares, mais les trois arcades du pavillon de l'Horloge, construites en 1767, évoquent encore ce temps évanoui où les demoiselles du pavé trouvaient ici une vertu nouvelle…

Sous la voûte au fond de la cour, on voit aussi une pierre gravée qui rappelle des travaux de restauration du monastère : « pozé par madame Marie de Braguelonne en présence de madame Marie Bouteiller, abbesse de céans, du règne de Louis XIII, 1643 ».

• 254, rue du Faubourg-Saint-Antoine. Pas de collier pour l'impératrice.

En 1853, lors de son mariage avec l'empereur Napoléon III, Eugénie de Montijo devait recevoir de la Ville de Paris un merveilleux collier de diamants. Elle renonça à ce cadeau et demanda que la somme soit consacrée à la fondation d'une maison d'éducation pour orphelins. Sage décision. Jadis, « l'affaire du collier » n'avait pas été pour rien dans l'impopularité de Marie-Antoinette. La reine avait été accusée, à tort, d'avoir manœuvré pour obtenir un collier somptueux…

L'impératrice espagnole ne souhaitait pas hériter de la légende noire de la reine autrichienne.

Aujourd'hui, l'ancien orphelinat du faubourg Saint-Antoine est devenu lycée et les bâtiments dans lesquels se font les classes sont toujours ceux voulus par l'impératrice.

La légende des lieux

Les moines Pique-Puces. L'orphelinat de l'impératrice Eugénie se trouvait à l'angle de la rue Picpus et là, on entre dans la légende... Vers 1600, un mal mystérieux s'abattit sur les femmes des environs de Paris, toutes les femmes, celles des champs et celles des villages, les nobles oisives comme les travailleuses du peuple. Sur leurs bras et leurs mains apparurent de petites taches blanches, de toutes petites pustules... Or un jeune moine de Franconville-sous-Bois arriva à Chelles et vint saluer l'abbesse du couvent local, frappée comme les autres par cette épidémie. Il s'agenouilla, baisa les petites pustules... et le soulagement fut instantané ! Aussitôt, les nonnes présentèrent leurs inflammations blanchâtres aux lèvres salvatrices, et toutes furent guéries. Miracle ! Des femmes accouraient de tous les environs, chacune voulait être sauvée par le baiser merveilleux. Mais le jeune moine se récria.

– Il n'y a aucun prodige dans mon intervention, expliqua-t-il. Ce n'est point par la génuflexion ou le baiser que j'obtiens la guérison, mais par une entaille pratiquée dans la plaie dont j'aspire le venin.

Dès lors, une armée de religieux venue de Franconville battit la campagne et porta à toutes le soulagement du venin aspiré. Bien vite, on appela ces moines les frères Pique-Puces… puisque ce minuscule insecte était accusé de tout le mal.

Ce nom les suivit jusqu'à Paris quand ils firent construire un nouveau couvent. Peu à peu, la rue qui y conduisait et tout le quartier adoptèrent le nom de Pique-Puces, simplifié en Picpus.

• Nation. Le monument de la République.

Nous voici arrivés place de la Nation, place du Trône sous l'Ancien Régime. La Révolution la rebaptisa place du Trône-Renversé, puis elle reçut son nom actuel en 1880.

La place devient ensuite un lieu de promenades et de réjouissances pour la population parisienne : c'est là que s'installa la Foire du Trône, avant de déménager, il y a plusieurs décennies, dans le bois de Vincennes.

En 1899, un monument fut inauguré au centre de la place : cette sculpture de Jules Dalou, dont on aperçoit à peine la masse sombre en tournant dans la circulation, est un condensé de symboles républicains… Marianne coiffée d'un bonnet phrygien se dirige vers Paris, son char est tiré par deux lions, allégories de la force du suffrage universel, fauves conduits par la Liberté brandissant une torche et escortés par le Travail muni d'un marteau et la Justice tenant un sceptre !

• Place de la Nation. La guillotine en marche.

La guillotine fonctionnait efficacement place de la Révolution, l'actuelle place de la Concorde. Si efficacement que les riverains finirent par se plaindre du spectacle affreux des charrettes sanguinolentes. De leur côté, les marchands protestèrent contre toute cette agitation qui nuisait au petit commerce. Il fallait trouver un autre lieu d'exécutions. Du 13 juin au 27 juillet 1794, l'instrument fut dressé place du Trône-Renversé, aux limites de Paris contre le pavillon d'octroi, sous la colonne de droite.

En quarante-cinq jours, mille trois cent six têtes tombèrent, près de la moitié du nombre total de guillotinés à Paris durant la Révolution... presque trente exécutions quotidiennes. C'est une moyenne, bien sûr, parce qu'il y eut des moments calmes et des heures de pointe. Le 17 juin, par exemple, cinquante-quatre têtes roulèrent dans le panier... en vingt-quatre minutes !

C'est là que, le 25 juillet, le poète André Chénier, accusé d'un imaginaire complot, monta sur l'échafaud. Peu avant, enfermé dans une cellule de la prison Saint-Lazare, il écrivit parmi ses derniers vers :

J'ai moi-même, à l'aspect des pleurs de l'infortune,
Détourné mes regards distraits ;
À mon tour, aujourd'hui, mon malheur importune :
Vivez, amis, vivez en paix.

On raconte que, patientant au pied de la sinistre machine, attendant paisiblement son tour, Chénier lisait Sophocle. Le bourreau l'appela. Alors, le condamné corna la page où il avait interrompu sa lecture, comme pour reprendre plus tard le fil de son étude, rangea soigneusement l'ouvrage dans sa poche et gravit les échelons qui le menaient à la mort.

L'échafaud fut un lieu de répliques célèbres. De Marie-Antoinette s'excusant d'avoir marché sur le pied de son bourreau à Danton réclamant à Sanson de montrer sa tête au peuple car elle en valait la peine en passant par une autre fameuse réplique de Danton...

Voyant Fabre d'Églantine s'angoisser, Danton lui demanda s'il avait peur. L'autre lui répondit :

— Non, je suis seulement inquiet car il me manque un vers pour mon dernier poème.

Et Danton de répliquer :

— Ne t'en fais pas, sous huit jours, des vers, tu n'en manqueras pas !

Je ne sais pas si Fabre a pu finir son vers, mais il s'est vu attribuer une rue près de l'échafaud qui accomplissait sa sinistre besogne.

• Le cimetière de Picpus, intouchable.

Près de la Nation, les corps des suppliciés étaient jetés dans une fosse creusée dans l'ancien couvent des chanoinesses de Saint-Augustin. Un trou pratiqué dans le mur de l'établissement religieux permettait de laisser passer les charrettes chargées de cadavres décapités.

En 1802, Adrienne de Noailles, épouse du marquis de La Fayette, achète le terrain avec sa sœur, afin de préserver les restes des membres de leur famille exécutés sous la Terreur. C'est ici que sera enterré, le 22 mai 1834, l'artisan de l'indépendance américaine. On ne touche pas à la tombe du héros ! Voilà pourquoi le petit cimetière de Picpus est toujours intact, malgré les travaux successifs qui ont modifié le quartier.

Les lieux, aujourd'hui, peuvent se visiter. Après qu'on a franchi la porte d'entrée au 35, rue de Picpus, une grille sur la gauche de la chapelle permet d'accéder à un petit jardin... Avancez, et tout au fond, vous verrez une porte en bois : c'est par là que l'on apportait les cadavres des suppliciés vite enterrés dans les fosses communes, symbolisées dans le cimetière par un simple carré de gravier.

• Place de la Nation (*bis*). La naissance des yéyés.

Passons à une chronique plus réjouissante... Le 22 juin 1963, le magazine *Salut les copains* convie ses lecteurs à un concert gratuit place de la Nation. Une fête de la musique avant l'heure. Dans une immense bousculade, deux cent mille jeunes se pressent pour écouter Richard Anthony, Johnny Hallyday, Sylvie Vartan, Danyel Gérard, Frank Alamo... Dans *Le Figaro* du lendemain, Philippe Bouvard pose ironiquement cette question d'un goût certes discutable : « Quelle différence entre le twist de Vincennes et les discours d'Hitler au Reichstag, si ce n'est un certain parti pris de la musicalité ? » Quelques jours encore et le sociologue Edgar Morin, moins hargneux, rend compte à son tour de la folle nuit de la Nation dans le quotidien *Le Monde*. Il tente d'analyser le phénomène et le baptise *yéyé*... Manière de railler le « yaourt » vaguement américain qui ponctue souvent les refrains des idoles du moment.

• Vincennes. C'est là qu'Hollywood est né !

À la Foire du Trône, Charles Pathé découvre en 1894 le phonographe, qui reproduit la voix, et le kinétoscope qui permet d'animer des images. L'année suivante, il ouvre au 72, cours de Vincennes, une boutique pour exploiter ces curiosités.

Mais il veut aller plus loin... En 1898, dans le café de la veuve Hervillard, 1, avenue du Polygone, dans le bois de Vincennes, il fonde un « théâtre de prises de vue », premier studio de l'histoire du cinéma. Mais dès 1901, il voit plus grand encore et, rue des Vignerons, à Vincennes, il fait construire un vaste studio avec monte-charge pour les décors et verrière pour la lumière. Des milliers de courts-métrages sont tournés ici, dont quelques-uns connaissent un grand succès : *La Course à la perruque, La Poule aux œufs d'or, La Vie et la Passion de Notre Seigneur Jésus-Christ...*

Dès 1905, Charles Pathé crée la première star du cinéma : le comédien et réalisateur Max Linder qui, de Vincennes, fait rire le monde entier. Et pour que son empire cinématographique soit complet, l'industriel fait bâtir une vaste usine destinée à la fabrication de rouleaux de pellicule. L'entreprise emploie jusqu'à trois mille trois cents personnes. Vincennes vit au rythme du cinéma ! Dans la ville de son enfance, Charles Pathé en a fait une industrie...

C'est si beau, si efficace, si parfait, que le modèle est imité en Californie. À partir de 1912, des producteurs américains implantent à Hollywood des studios à l'image de ceux de Pathé, et deux ans plus tard, Charlie Chaplin s'inspire de Max Linder pour créer son personnage de Charlot. L'élève hollywoodien dépasse bientôt le maître vincennois, et le cinéma déserte la banlieue parisienne pour s'établir durablement sur la côte ouest des États-Unis. En 1927, la société Kodak reprend l'usine de Vincennes, les studios ferment.

De toute cette épopée, il ne reste rien à Vincennes. La cheminée de l'usine, dernier témoin d'une grande époque, a été abattue en 1987. Il faut aller un peu plus loin, à peine un kilomètre, pour découvrir, à Montreuil, un studio Pathé encore intact (*52, rue du Sergent-Bobillot*). Ce studio entièrement vitré, inauguré en 1904, était provisoire à l'origine, destiné seulement à relayer les studios de Vincennes quand ceux-ci étaient en travaux. Il n'y a que le provisoire qui dure… « C'était un quartier pouilleux et l'ensemble ressemblait plus à une usine qu'à un studio de cinéma à l'extérieur. Mais à l'intérieur, c'était la féerie », se souviendra Charles Vanel.

Aujourd'hui, l'ancien studio de Montreuil est à nouveau consacré à des activités artistiques.

• Château de Vincennes. La place contre une jambe.

Au-delà du cours de Vincennes, la rue de Paris nous conduit jusqu'au château. Il en impose ce château, unique exemple d'une forteresse médiévale proche de la capitale. De plus, c'est un miraculé, et il doit une grande partie de sa sauvegarde au général Pierre Daumesnil, qui vécut dans ses murs des péripéties inimaginables.

Lors de la reddition de l'Empire devant les forces coalisées, en mars 1814, le général Daumesnil, gouverneur de la place, refuse de livrer le château aux vainqueurs prussiens qui occupent déjà Paris. Claudiquant sur sa jambe de bois – il a perdu sa jambe gauche à la bataille de Wagram –, il oppose une fin de non-recevoir aux envoyés prussiens :

– Je vous rendrai ma place quand vous m'aurez rendu ma jambe !

Cette place si chèrement défendue, il lui faut quand même la rendre à Louis XVIII quand celui-ci lui retire ses fonctions, à lui, le bonapartiste convaincu ! Mais lorsque Napoléon rentre de l'île d'Elbe en mars 1815, il revient, évidemment, en toute hâte, reprendre son poste au château. *Happy end* ? Pas du tout ! *Bis repetita* :

après la défaite de Waterloo, il refuse à nouveau de rendre la place aux Prussiens.

— Je me fais sauter avec le château et nous nous retrouverons en l'air ! menace-t-il.

Les Prussiens s'en vont, Louis XVIII revient : il le met carrément à la retraite… Une retraite pas définitive, puisque, les Bourbons étant écartés du trône en 1830, un des premiers actes des Orléanistes est de redonner du service à Daumesnil qui redevient le gouverneur du château. Et les ennuis recommencent ! En effet, quatre ministres sont enfermés dans le donjon de Vincennes, quatre personnalités accusées d'avoir tenté de maintenir le roi Charles X sur le trône. La foule révolutionnaire exige qu'elles lui soient livrées. Il n'en est pas question pour celui qui en a la garde !

— Ces hommes ne vous appartiennent pas, assène-t-il, ils appartiennent à la loi !

Pierre Daumesnil, un jour, devra pourtant baisser les bras. Deux ans plus tard, l'épidémie de choléra viendra le faucher à Vincennes.

Le souvenir du général perdure dans Paris avec une statue sur la façade de l'Hôtel de Ville, mais surtout avec l'avenue Daumesnil qui, si l'on considère que le bois de Vincennes fait partie de l'Administration parisienne, devient la plus longue artère de la capitale – six kilomètres –, loin devant la rue de Vaugirard, qui pourtant détient officiellement le titre ! Et c'est justice pour celui qui a si bien veillé sur le château.

En 1864, quand le nom de Daumesnil a été donné à l'avenue, l'ancien bois du château est devenu une promenade publique, contrepoint du bois de Boulogne… Désormais, avec le bois de Vincennes, les classes laborieuses de l'Est parisien possèdent, elles aussi, leur parc de verdure.

16

AU FIL DE LA RUE
SAINT-HONORÉ

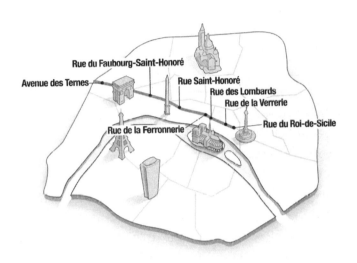

Du Marais au pont de Neuilly, on invente les jeux de cartes, les dragées et les restaurants. Ravaillac tue Henri IV, Pascal reçoit la grâce, Molière et Lully meurent, et Robespierre part pour l'échafaud.

Le XVIᵉ siècle marque le retour des rois dans le palais du Louvre. En effet, en 1527, François Iᵉʳ transforme l'ancienne forteresse des bords de Seine, fait abattre le vieux donjon et décide de déplacer l'entrée principale. Désormais, on ne pénètre plus dans le Louvre par sa façade sur le fleuve, mais par le côté est, autrement dit par un porche qui se trouve face à Paris ! Le roi réintègre symboliquement la ville.

Cette nouvelle entrée, qui oriente le palais sur un axe est-ouest, préfigure le basculement vers l'ouest de la capitale des lieux de pouvoir, un déplacement autour d'un axe triomphal, les futurs Champs-Élysées. Le vieil hôtel Saint-Pol et l'hôtel des Tournelles, anciennes résidences royales dans le Marais, sont voués à la démolition.

Les espaces laissés libres dans ce quartier se lotissent rapidement. Henri IV, monté sur le trône en 1589, érige la place Royale – notre place des Vosges – sur l'emplacement de l'hôtel des Tournelles. Mais le Vert Galant veut faire plus grand et plus somptueux encore : pour lui, le Marais doit être le centre des arts, du commerce et de la fortune ! Pour cela, il décide de créer une vaste place qui serait appelée place de France et verrait converger vers elle tout un faisceau de rues au nom des provinces du royaume… L'assassinat du roi en 1610 met un terme à ces rêves architecturaux. Seuls témoins tangibles de ce plan urbanistique avorté : la rue de Bretagne, la rue de Normandie, la rue de Picardie, la rue du Poitou, etc. Comme l'avait voulu Henri IV, les rues chantent ici l'unité du pays.

Le Marais ne sera jamais plus le centre névralgique du royaume de France. Si l'on veut se tenir non loin du pouvoir, il faut désormais s'établir rue Saint-Honoré, près du Louvre…

Je vous propose donc de suivre le mouvement d'autrefois. Nous passerons, nous aussi, du Marais au Louvre en empruntant ce qu'on appelait la « grande croisée de Paris », la voie est-ouest de la capitale dont la rue Saint-Antoine forme le prolongement oriental et la rue Saint-Honoré le prolongement occidental. Poussés vers l'ouest, nous irons au bout de la rue Saint-Honoré et plus loin encore, là où François Ier se fera ériger un château en lisière du futur bois de Boulogne.

D'un bout à l'autre de notre itinéraire, les belles demeures qui n'ont pas été détruites par la fureur rénovatrice des siècles ont été aujourd'hui transformées en bureaux, en musées ou en administrations. On peut les voir, on peut même parfois les visiter. Mais je vous propose une autre promenade, celle qui va à la rencontre de quelques-uns des grands drames et des petits bonheurs qui ont jalonné ces voies...

• 22, rue Pavée. Du roi de Sicile à la prison de la Force.

La grande croisée de Paris s'échappait de la rue Saint-Antoine à hauteur de la rue Malher pour filer dans la rue du Roi-de-Sicile. Nous voici à l'emplacement d'un ancien hôtel construit à la fin du XIIe siècle pour un des frères de Saint Louis, le duc d'Anjou couronné roi de Naples et de Sicile... d'où le nom de la rue.

À la fin du XVIIe siècle, l'hôtel passa dans la famille du duc de la Force, et l'État racheta finalement la propriété en 1754 pour en faire deux prisons : la Petite et la Grande Force. Ces établissements pénitentiaires furent détruits en 1845. Rue Pavée, au numéro 22, un pan de mur très éloquent a été redécouvert lors de travaux conduits soixante ans plus tard, en 1905. Ce solide pilier de renfort, qui s'appuie sur des bâtiments plus tardifs, fut celui de la Petite Force, maison réservée aux dames de « mauvaise vie ». Prison modèle, disait-on, car les détenues y étaient occupées à filer de la laine ou à trier des graines.

• 28, rue de la Verrerie. Chez le roi de cœur.

Regardez-les, ils sont tous deux habillés à la mode du XIVe siècle. Lui, c'est Charles VI ; elle, c'est Isabeau de Bavière, son épouse (même si elle apparaît, ici, sous le nom de Judith, Judith de Bavière, son aïeule, la femme de Louis le Débonnaire aux mœurs aussi décousues que les siennes). Le roi et la reine de cœur, images des cartes à jouer !

En 1395, un émailliste habile nommé Jacquemin Gringoneur travaille et peint ici, au numéro 28 de la rue de la Verrerie, qui abrite depuis le XIIᵉ siècle la corporation des peintres sur verre et celle des émailleurs. Pour distraire le roi Charles VI, sujet à de graves crises de démence, l'artiste a l'idée de dessiner un lot de trente-six cartes (réduit plus tard à trente-deux), qui permettra d'infinies combinaisons pour des jeux différents. On inventera le piquet, la manille, la belote…

L'engouement pour les cartes fut immédiat, à tel point qu'un édit royal dut être pris en 1397 pour en interdire le jeu durant les jours ouvrables ! L'histoire de France ne se passera plus de ces cartes dont les figures seront bien vite associées à d'autres visages de son album de famille…

Bien sûr, l'émailliste de la rue de la Verrerie n'a pas créé ses cartes à partir de rien. Les Chinois possédaient leurs propres cartes, plutôt destinées à lire l'avenir qu'à passer le temps. Les Espagnols, les Perses et les Indiens se sont essayés à procurer du divertissement à partir de petits cartons colorés. Mais c'est l'innovation de Gringoneur, ce jeu offert à un roi fou, qui a séduit le monde.

• 44, rue des Lombards. Le poids du roi.

En poursuivant notre traversée de Paris par son axe transversal, nous pénétrons dans la rue des Lombards qui accueillait dès la fin du XIIᵉ siècle les changeurs venus de Lombardie pour faire commerce d'argent. D'autres boutiques s'ouvrirent bientôt dans la rue, épiceries, apothicaireries, confiseries... Pour que la pesée et les contenants soient francs et honnêtes, il fallait un modèle indiscuté : le poids du roi. Il s'agissait d'un ensemble de poinçons, matrices, étalons des poids et mesures en usage dans la capitale. Après avoir été détenu par une succession de souverains puis par divers particuliers, ensuite par le chapitre de Notre-Dame, ce modèle échoua au début du règne de Louis XIV dans cet immeuble qui abritait désormais le Bureau du poids du roi. La charge de garder et de vérifier les poids et mesures revint à un juré-peseur élu par les épiciers et les apothicaires. Cette surprenante privatisation de la toise, de la pinte et de la livre prendra fin avec la Révolution qui inventera le mètre, le litre et le gramme.

• 46, rue des Lombards. Des dragées nouvelles pour le roi !

Les Lombards qui pratiquaient l'usure dans cette rue sont finalement chassés du royaume en 1309 sous le règne de Philippe le Bel. La rue est alors occupée par des fripiers de haut vol dont chacun a sa spécialité : chemises, pourpoints, manteaux, chausses... D'ailleurs, les pourpointiers, fabricants des vestes courtes portées par les hommes, tentent vers 1630 une petite révolution : ils débaptisent la rue pour la nommer désormais « rue de la Pourpoincterie » ! Des panneaux sont accolés à l'angle de quelques immeubles, mais les Parisiens ne se font pas à ce mot imprononçable et rapidement la rue redevient rue des Lombards.

Est-ce pour cela que tous les fripiers, vexés, s'en vont ailleurs exercer leur art ? En tout cas, à partir de

1650, la rue accueille une cinquantaine de confiseurs qui rivalisent d'inventions pour attirer le gourmand. Ici, on rissole la praline, on accommode la pistache, on façonne le bonbon... Aucun galant n'envisage alors de faire la cour à sa belle sans agrémenter ses soupirs énamourés d'un petit sachet de friandises. Et des poètes appointés rimaillent pour emballer chaque douceur dans un petit papier noirci de quelques vers.

Peut-on ne pas mourir d'amour
Quand on vous aperçut un jour ?

Dès que je vous vis, ô madame,
J'ai senti s'allumer ma flamme !

Parmi ces gourmandises, il y a les dragées, des bonbons rugueux et informes dont l'enveloppe de sucre cache soit un petit fruit, soit des graines, soit des morceaux d'écorce aromatique. Au 46, rue des Lombards, un dénommé Pecquet, qui tient confiserie à l'enseigne du Fidèle Berger, invente vers 1750 une dragée nouvelle, lisse et blanche avec un cœur d'amande douce. Le succès de cette friandise assure la fortune du confiseur et lui fait attribuer par Louis XV le titre envié de « bonbonnier royal ». La dragée au cœur d'amande, quant à elle, fera pour des siècles le bonheur des baptêmes, communions solennelles et mariages.

• 10, rue de la Ferronnerie. Ravaillac en embuscade.

La croisée de Paris saute ensuite maladroitement dans la rue de la Ferronnerie. Nous sommes à la fin du Moyen Âge et la logique rectiligne des voies n'est pas encore dans l'air du temps. En plus, elle était très étroite, cette rue, à peine quatre mètres de large : le mur du cimetière des Innocents et les boutiques qui s'y appuyaient dévoraient tout l'espace.

Le 14 mai 1610, un homme tout habillé de vert, le visage mangé par une barbe rousse, attend coincé entre une borne et le mur. Il guette Henri IV qui doit passer par là. Le roi est parti du Louvre pour emprunter la croisée, passage le plus commode pour se rendre dans le quartier de l'Arsenal où son ministre Sully, souffrant, l'attend… Le carrosse arrive, il doit s'arrêter en raison des embarras de la circulation : une petite voiture à deux roues a accroché une charrette de foin. Ravaillac en profite, il se précipite sur la voiture royale et poignarde Henri IV en plein cœur ! À la suite de cet événement tragique, la rue de la Ferronnerie sera enfin élargie.

• 93, rue Saint-Honoré. L'apothicaire d'Henri IV.

Après avoir été poignardé rue de la Ferronnerie, Henri IV est ramené d'urgence au Louvre… Mais le roi perd son sang en abondance, aussi le cortège s'arrête-t-il rue Saint-Honoré, au Bourdon Saint-Jacques, la boutique d'un maître apothicaire. Celui-ci fait un pansement à son prestigieux client, un soin bien inutile car Henri IV ne tarde pas à rendre son âme à Dieu. Est-il mort dans cette petite officine, un peu plus loin, ou au palais ? Les historiens en discutent encore. En tout cas, souvenir de cet épisode dramatique, le Bourdon Saint-Jacques a été aussitôt rebaptisé le Bourdon d'Or et une couronne éclatante est venue en agrémenter la façade. L'échoppe d'antan a disparu, mais l'immeuble porte toujours fièrement ses attributs royaux.

• 111, rue Saint-Honoré. La fontaine de la croix du Trahoir.

Cette petite place, qui tient plus du carrefour, était un des principaux lieux de rassemblement dans le Paris d'autrefois. C'est dire l'exiguïté des espaces publics à l'époque !

Le lieu était vraiment malcommode car une fontaine comme celle que vous apercevez à l'angle de la rue de l'Arbre-Sec se trouvait, au moment du passage du fatal cortège d'Henri IV, en plein milieu du croisement. Elle fut déplacée plus tard avant d'être reconstruite, au XVIIIe siècle, telle que vous la voyez.

• 115, rue Saint-Honoré. Le langage secret de Fersen.

Dans les années 1780, on voyait un jeune comte suédois se rendre régulièrement dans cette officine tenue par un habile apothicaire. Axel de Fersen venait y chercher l'encre sympathique qui lui permettait d'envoyer en toute discrétion ses messages enflammés à la reine Marie-Antoinette. La souveraine passait la feuille sous la flamme d'une bougie... et le billet d'amour apparaissait !

• 2, rue de Viarmes. Une colonne pour interroger les étoiles.

Juste derrière le 115, rue Saint-Honoré, une colonne flanque la Bourse du commerce, aléa des constructions du XIXe siècle : elle a été dressée en 1574 dans le domaine de l'hôtel de la Reine qui s'élevait ici. Cette reine, c'était Catherine de Médicis, souveraine de France par son mariage avec Henri II. Dans son hôtel, situé non loin du Louvre, elle s'adonnait à sa passion :

l'astrologie ! Elle croyait que le destin de chacun était inscrit dans les astres. Pour connaître son avenir, il fallait s'approcher des étoiles, alors elle montait sur la colonne et regardait le firmament… Son mage préféré, Côme Ruggieri, interprétait pour elle les mouvements du ciel. Et qu'a-t-il vu, le devin ? Que la reine mourrait « près de Saint-Germain ». Terrifiée, la souveraine ne s'approchait plus de Saint-Germain-en-Laye ni de Saint-Germain-des-Prés et encore moins de Saint-Germain-l'Auxerrois… Cette prudence ne l'empêcha pas, à l'âge de soixante-dix ans, d'en arriver aux dernières extrémités, mais c'était au château de Blois. Donc, pas de risque fatal, pensait la reine…

On appela tout de même un prêtre. L'agonisante lui demanda son nom.

— Julien de Saint-Germain, ma reine, répondit le vicaire.

• Le Louvre. « Les rois ne meurent point, en France ! »

En obliquant rue de l'Oratoire, nous arrivons au Louvre. Nous voici aux limites du Paris de Philippe Auguste, au début du XIIIᵉ siècle. À l'époque, cette rue longeait l'enceinte de l'intérieur et conduisait à la petite forteresse du Louvre. Petite forteresse, en effet, parce que le Louvre était bien plus modeste que le mastodonte d'aujourd'hui. L'aile Lescot où est déposé le malheureux Henri IV après l'attentat de Ravaillac date du XVIᵉ siècle et représente alors la totalité de la partie ouest du palais.

Transporté avec précaution dans le petit cabinet de la reine, Henri IV a le teint cireux, il est assis dans un fauteuil, puis étendu sur un lit. On cherche à tenir la reine

Marie de Médicis éloignée de cette scène insupportable, mais elle est alertée par le remue-ménage, et comprend immédiatement...

— *L'hanno ammazzato !* se met-elle à hurler. Ils l'ont tué !

Le petit Dauphin, huit ans, Louis XIII à cet instant, parle de l'assassin entre deux sanglots :

— Ha ! Si j'y eusse été avec mon épée, je l'eusse tué !

La reine reste prostrée et ne cesse de marmonner :

— Le roi est mort.

— Votre Majesté m'excusera, intervient le chancelier Brûlart de Sillery, mais les rois ne meurent point, en France !

Il se retourne théâtralement vers l'enfant-Dauphin.

— Voilà le roi vivant !

La légende des lieux

Le patron des boulangers-pâtissiers. Quand Honoré, encore enfant, révéla à sa nourrice qu'il voulait devenir prêtre, la brave dame était en train de faire cuire son pain.

— Lorsque ma pelle aura des feuilles, tu seras évêque, répliqua-t-elle pour se moquer.

Miracle, le long manche de la pelle de bois utilisée pour enfourner la miche se met à bourgeonner de feuilles vertes !

En souvenir de ce prodige, un boulanger de 1204, Renold Chereins, fit construire sur son terrain — entre la rue Saint-Honoré et la rue des Bons-Enfants — une chapelle dédiée à saint Honoré, devenu patron des boulangers-pâtissiers.

En 1850, toute la rue s'appelle chapelle Saint-Honoré, et chez Chiboust, le plus fameux pâtissier de ce coin de Paris, on peaufine la recette d'un gâteau nouveau : crème patissière aérée de blancs d'œufs montés en neige, pâte brisée, choux trempés dans le caramel… La postérité fera la part des choses : Chiboust donnera son nom à la crème, saint Honoré au gâteau tout entier.

• Place André-Malraux. Le Louvre des bourgeois.

L'hôtel du Louvre, construit en 1855, marque l'avènement d'une bourgeoisie toute-puissante qui veut alors son palais face au palais. Cet hôtel est emblématique du nouveau Paris des affaires et du tourisme, au moment même où s'ouvre l'Exposition universelle, la première en France. Installé d'abord au niveau de l'actuel Louvre des antiquaires, l'établissement se déplace légèrement une trentaine d'années plus tard. On y voit arriver Jules Verne vers 1870, quand il consent à quitter son refuge d'Amiens pour gagner la capitale, Arthur Conan Doyle en 1908, qui imagine ici l'errance d'un méchant espion bientôt arrêté par Sherlock Holmes et, en 1910, Sigmund Freud qui reste cloîtré dans sa chambre, tout occupé à rédiger quelques pages essentielles de sa théorie psychanalytique.

Le mot du quartier

Restaurant, n.m. *Établissement où l'on sert des repas au menu ou à la carte.*
Partons dans le Paris d'avant les grands travaux du baron Haussmann, quand la rue du

Louvre, qui croise la rue Saint-Honoré, était la petite rue des Poulies, venelle sombre et étroite…

En 1795, un traiteur nommé Boulanger a l'idée d'ouvrir ici même une auberge un peu différente des autres. Grande nouveauté, on n'y vient pas pour trouver un logis, mais seulement pour manger. Et le maître de céans propose plusieurs plats, au choix ! Sur son enseigne, l'aubergiste inscrit fièrement ce verset aux allures faussement évangéliques : « *Venite ad me, omnes qui stomacho laboratis, et ego vos restaurabo…* » Venez tous à moi, vous dont l'estomac crie misère, et je vous restaurerai.

Mais les clients ne parlent pas vraiment latin et ne retiennent du slogan que le dernier mot : *restaurabo* ! On traduit le verbe en « restaurant », comme on dit alors « une soupe restaurante » ou « un ragoût restaurant », le participe présent jusque-là utilisé comme adjectif se fait substantif. Le vocable « restaurant » désigne désormais l'établissement de monsieur Boulanger. À la première carte de ce premier restaurant : bouillon, œufs frais, poulet gros sel et pieds de mouton sauce poulette (blanc de volaille, jaunes d'œufs et crème).

Avec la Révolution, l'émigration des aristocrates laisse leur personnel sans emploi, et parmi eux de nombreux cuisiniers dont certains, du coup, se recyclent et ouvrent leur « restaurant » : Véry en 1790, Le Café anglais en 1802, Riche en 1804… Le mot et le concept sont lancés !

• **Au Palais-Royal. Le fauteuil de Molière.**

La rue Saint-Honoré nous conduit plus loin au Palais-Royal voulu par le cardinal de Richelieu pour être au plus près du Louvre, espace occupé aujourd'hui par le Conseil d'État, le ministère de la Culture et la Comédie-Française… Car Richelieu a fait installer une salle de théâtre dans son palais, et la troupe de Molière s'y installe dès 1662.

Onze ans plus tard, tout va mal pour Molière, il est en disgrâce, sa vie sentimentale est un échec et il est malade, très malade, il crache du sang… Sur la scène du Palais-Royal, il joue pourtant *Le Malade imaginaire.* Le 17 février 1673, peu avant la quatrième représentation, il tient des propos désespérés, emplis d'amertume.

— Tant que ma vie a été mêlée également de douleur et de plaisir, je me suis cru heureux, mais aujourd'hui je suis accablé de peines sans pouvoir compter sur aucun moment de satisfaction et de douceur…

Mais il est bientôt 16 heures, il est temps de lever le rideau. Sur scène, habité par son personnage, Molière paraît mieux se porter. Jusqu'au final, tout semble bien se passer, comme si le comédien n'attendait que la dernière réplique pour s'effondrer. Et soudain il se fige, pâle et immobile, puis vomit un flot de sang…

Une chaise à porteurs le conduit chez lui, rue de Richelieu, il mange un peu, se couche, pose la tête sur l'oreiller bourré d'une drogue somnifère qui devrait l'apaiser un peu… Mais sa main se crispe. Il n'y a plus rien à faire.

Ce fauteuil sur lequel Molière joua pour la dernière fois, ce fauteuil vieilli et dévoré par le temps, est conservé sous verre comme une relique à la Comédie-Française. Et tous les 17 février, jour de deuil, une reproduction géante du fameux fauteuil est exposée place Colette, devant le théâtre, afin que les passants aient une pensée pour le maître de la scène.

Le petit métier du coin

Le claqueur. Dans tous les théâtres de Paris, mais plus encore à la Comédie-Française, le claqueur des XVIIIe et XIXe siècles vient exercer son étrange activité. Selon ce qu'on lui demande, et compte tenu de la pièce, il applaudit tapageusement, s'esclaffe bruyamment ou sanglote discrètement. Pour prix de son enthousiasme forcé ou de son émotion affichée, il touche quelques francs, parfois même ne bénéficie que d'une réduction sur le prix de son billet.

La claque « anime et stimule les acteurs, réchauffe le public engourdi, souligne les plus beaux passages d'un ouvrage dramatique », écrit en 1883 dans ses *Mémoires* Jules Lan, un chef de claque à la longue carrière. Honoré de Balzac, en revanche, n'apprécie guère les claqueurs. Il ne voit dans cette corporation que « des figures patibulaires, bleuâtres, verdâtres, boueuses, rabougries […], horrible population qui vit et foisonne sur les boulevards de Paris ».

Pourtant, aucun théâtre ne peut se passer des services d'une claque bien organisée, surtout au cours des premières semaines de représentations. Et il n'y a pas que les directeurs de salle pour se soucier de cette claque indispensable ! Les auteurs

---

dramatiques et les comédiens n'hésitent pas, eux aussi, à mobiliser leur propre claque, gage de leur succès. Mademoiselle George, grande tragédienne de la Comédie-Française au début du XIXe siècle, paie grassement Pierre Leblond, un chef de claque redouté, allant jusqu'à lui offrir une épingle à cravate en diamants pour mieux le séduire.

Ah, le chef de claque, cheville ouvrière du système ! Consciencieux, il assiste aux répétitions et note scrupuleusement les passages à ovationner, les bons mots à ponctuer d'un rire et les répliques à souligner d'un murmure approbateur. Ensuite, muni de son petit carnet couvert de consignes, il donne ses ordres aux troupes qui vont se répandre au parterre et tenter d'entraîner l'adhésion du public. Mais il arrive parfois que les spectateurs, les vrais, ne partagent pas l'opinion mercenaire de la claque... La salle est divisée : les claqueurs d'un côté, le public de l'autre. Les insultes fusent, on en vient aux mains. La police appelée en renfort doit intervenir, elle fait sortir les siffleurs : ce sont eux les perturbateurs... On se demande bien de quoi vient se mêler le public !

• 229, rue Saint-Honoré. Lully victime de son art.

Le 8 janvier 1687, Jean-Baptiste Lully, l'Italien qui créa l'opéra français, est à l'église des Feuillants. Il dirige son *Te Deum* en action de grâces pour la guérison de Louis XIV opéré d'une fistule à l'anus. Il bat la mesure avec une lourde canne, mais l'interprétation lui paraît faible, languissante. Il bat plus fort, la colère le prend, il frappe le sol avec exaspération. Soudain, d'un coup plus violent encore, il s'écrase le petit orteil du pied droit. La douleur est fulgurante, mais il ne dit mot et continue d'exhorter ses musiciens à plus de vigueur...

Au début, Lully ne prend pas garde à son doigt de pied infecté, mais l'orteil gonfle, devient rouge et congestionné. Le médecin observe la blessure avec circonspection.

— Il s'est formé un ciron, je vous conseille de couper ce petit doigt du pied...

Lully refuse. Quelques jours plus tard la pustule a enflé et c'est tout le pied qu'il faut couper. Un peu plus tard encore, c'est la jambe qu'il apparaît nécessaire de sacrifier...

Puisque Lully refuse toujours de se laisser amputer, il lui faut affronter la mort. Il le sait. Au curé, qui vient le menacer des enfers s'il ne brûle pas sa musique impie, il désigne d'un geste de la main le tiroir où sont rangées les pages de son nouvel opéra. L'homme en noir s'en saisit et jette la liasse au feu... Peu après, un ami du compositeur s'indigne de ce sacrifice.

— Eh quoi, Baptiste, tu as été jeter au feu ton opéra ! Morbleu, étais-tu fou de croire un janséniste qui rêvait de brûler si belle musique ?

— Paix, je savais bien ce que je faisais, j'en ai une copie ! répond Lully, farceur.

Et il meurt le lendemain matin, 22 mars 1687.

L'église de Feuillants de la rue Saint-Honoré a été démolie pour laisser place à des immeubles de rapport. À l'arrière du numéro 229, les murs arrondis qui semblent former une tour sont les ultimes pans de ce qui fut jadis le chœur de l'église. N'était-ce pas à cet endroit justement que se tenait Lully quand il s'acharnait à réveiller son orchestre ?

• 398, rue Saint-Honoré. Un immeuble couvert de sang…

En entrant ici, vous arrivez dans une petite cour sombre. Regardez vers la gauche, le premier étage du bâtiment de liaison, qui relie l'immeuble sur rue et celui sur cour… Maximilien de Robespierre avait ici sa petite chambre, d'où il distribuait ses ordres et faisait régner le régime de la Terreur. Mais ce régime prit fin le 28 juillet 1794, quand l'Incorruptible promis à la guillotine fut transféré de la Conciergerie à la place de la Révolution, notre place de la Concorde, où se dressaient les bois de justice. La charrette transportait vers le lieu sinistre un grand blessé : au cours de l'arrestation un coup de feu avait été tiré et Robespierre avait été atteint à la mâchoire. Vers 16 h 30, le convoi passa devant l'immeuble du condamné et s'arrêta quelques instants devant cette façade rouge et ruisselante : symboliquement, elle avait été badigeonnée de sang.

Montez l'escalier, celui-là même que prenait Robespierre… La chambre où vécut l'Incorruptible est occupée aujourd'hui par une coiffeuse qui vous reçoit pour vous couper… les cheveux !

• 55, rue du Faubourg-Saint-Honoré. Une résidence de courtisane.

Au-delà de la rue Royale, la voie vers l'ouest est devenue la rue du Faubourg-Saint-Honoré. Aujourd'hui, ambassades, ministères, boutiques de luxe et riches antiquaires en font l'épicentre des beaux quartiers parisiens dont l'implantation vers l'ouest avait commencé au voisinage du Louvre.

Est-ce parce qu'il est lassé de sa favorite, la marquise de Pompadour, que le roi Louis XV lui offre, en 1753, cet hôtel particulier situé au bas des Champs-Élysées ? Voilà déjà neuf ans que le souverain a installé la jeune femme à Versailles, mais à présent il voudrait se perdre dans d'autres bras... et cherche à éloigner un peu sa belle amie. D'ailleurs, la marquise n'est pas mécontente de posséder enfin une résidence parisienne digne de son rang, et son éloignement n'est pas vraiment pour elle un drame : ses relations avec le roi sont devenues désespérément platoniques.

Après la mort de la Pompadour, « le boudoir de la royauté » devient le palais de l'Élysée... c'est-à-dire une guinguette de luxe où, de surcroît, les couples illégitimes peuvent venir passer une nuit en toute discrétion.

En 1848, voilà déjà presque trente ans que le palais est quasiment abandonné, et semble devoir rester encore longtemps dans sa léthargie. Que pourrait-on en faire ? Cette année-là, la première élection du président de la République au suffrage universel — mais exclusivement masculin — doit porter le général Eugène Cavaignac à la fonction suprême... C'est en tout cas ce que les observateurs annoncent. Selon la Constitution, le chef de l'État sera logé aux frais du contribuable, tout est prévu, organisé, balisé : le général pourra rester locataire de l'hôtel de Matignon dans lequel il s'est installé, l'Administration paiera le loyer, voilà tout. Mais le projet s'effondre. Contre toute attente, le prince Louis-Napoléon Bonaparte est élu ! Casse-tête pour l'Assemblée nationale : où loger le nouveau président ? Longtemps exilé, le neveu de l'Empereur ne dispose d'aucun pied-à-terre à Paris. Il faut prendre une décision, et vite ! Pourquoi pas l'Élysée ? C'est central et disponible. Voilà comment l'hôtel particulier d'une courtisane devenu maison de rendez-vous se retrouva, en catastrophe, résidence de nos présidents...

• Vers les Ternes...

La rue du Faubourg-Saint-Honoré traverse ensuite l'ancien village du Roule, dont l'église Saint-Philippe nous rappelle l'existence. Nous sommes ici sur l'antique grande route de l'Ouest qui se dirige vers Rouen et la Normandie. Le nom de « Roule » pourrait d'ailleurs rappeler les rouliers qui filaient autrefois sur ce chemin pour acheminer vers Paris les céréales et autres marchandises venues de l'ouest.

Enfin, la rue du Faubourg-Saint-Honoré aboutit place des Ternes, limite de Paris au XVIIIe siècle. D'ailleurs « Ternes », qui vient du latin *externus*, dehors, extérieur, est une évocation d'un ancien fief médiéval de l'évêque de Paris, situé justement *à l'extérieur* de la ville. Devenus ensuite un petit hameau, les Ternes font aujourd'hui partie intégrante de Paris et seul l'ancien château des Ternes, situé au 28, rue Bayen, rappelle l'ancien domaine épiscopal.

• 29 et 31, boulevard Wallace. Un château en Espagne pour François Ier.

Au-delà de la porte des Ternes, notre route traverse Neuilly par l'avenue du Roule et file jusqu'à la Seine pour s'échapper vers l'ouest...

Mais nous croisons d'abord l'avenue de Madrid, un nom curieux, si loin de la capitale espagnole...

Eh bien c'est ici, dans les bois, que François Ier se fit ériger un château, vite appelé château de Madrid, allusion un peu perfide à la détention du souverain en Espagne après la défaite de Pavie.

Niché au creux du bois qui deviendra notre bois de Boulogne, le château de Madrid constitue alors un lieu de délassement et d'évasion loin des embarras de la ville... Son charme et sa discrétion en feront pour long-temps le refuge des amours royales... De ce château détruit au XVIIIe siècle, un vestige est parvenu jusqu'à nous : une dépendance fortement remaniée au début du XXe siècle dans un style néo-Renaissance un peu pom-peux, mais qui peut ici trouver une certaine légitimité.

Cet ensemble était naguère un restaurant très prisé des flâneurs du Bois. Fermé pendant la Seconde Guerre mondiale, il fut reclassé en immeuble d'habita-tion dans les années 1950, mais ces murs maniérés témoignent pour moi de tout un passé et de l'ouver-ture du Bois, quand la profonde et inquiétante forêt de Rouvray, qui enveloppait l'Ouest parisien, devint le bucolique bois de Boulogne.

• Pont de Neuilly. L'accident de la famille royale.

Pour finir, ressortons du bois de Boulogne afin d'achever notre parcours sur la route de l'Ouest au niveau du pont de Neuilly... Figurez-vous qu'il n'y avait là qu'un bac, au XVIe siècle ! Imaginez les encom-brements dignes de l'île de Ré au mois d'août avant 1985, quand il n'y avait pas de pont !

Mais à Neuilly, le 6 juin 1606 vers 17 heures, alors qu'il pleut à verse, le carrosse transportant Henri IV, Marie de Médicis et leurs trois enfants tombe à l'eau, entraîné par les chevaux. Les enfants sont sauvés de la noyade par le roi lui-même ! À la suite de cet accident, un premier pont est construit à cet endroit.

• **Pont de Neuilly (*bis*). Pascal reçoit la grâce.**

Presque cinquante ans plus tard, nouvel accident. En novembre 1654, confortablement installé dans une voiture tirée par quatre chevaux, Blaise Pascal se dirige avec des amis vers une promenade qu'il affectionne particulièrement au-delà de la Seine. Pascal ressemble alors à un vieillard neurasthénique, et il n'a pourtant que trente et un ans... Hier encore adolescent surdoué, il a inventé la machine à calculer, publié un traité de géométrie, élaboré une théorie sur le triangle arithmétique... Mais la mort de son père et le bel héritage qui en a découlé l'ont éloigné de ses chères études. Et après s'être perdu dans la fête et l'alcool, il a sombré dans la mélancolie.

Les chevaux trottinent sur le pont de Neuilly quand soudain, pris d'on ne sait quelle rage, ils s'emballent, franchissent d'un bond le parapet et sautent dans la rivière... Les lanières se rompent, les chevaux se noient, et la voiture reste en équilibre sur le pont, prête à verser dans les eaux... Mais non, elle balance un peu, se stabilise. Les voyageurs sont sauvés. Pascal, qui a tant étudié le hasard au jeu et en géométrie, refuse de voir dans ce sauvetage miraculeux la simple manifestation de la chance. Pour lui, c'est évident, Dieu lui a adressé un signe ! Désormais, Blaise Pascal ne sera plus le même.

De retour chez lui, rue Monsieur-le-Prince, il se sent comme éclairé par une âme plus belle que son âme, il rencontre le « Dieu d'Abraham, Dieu d'Isaac, Dieu de Jacob, non des philosophes et des savants ». Blaise Pascal devient brusquement philosophe chrétien, il publie *Les Provinciales* pour parler notamment de la grâce, il écrit *Les Pensées* pour convaincre les hommes de la grandeur divine.

17

AU FIL DES
GRANDS BOULEVARDS

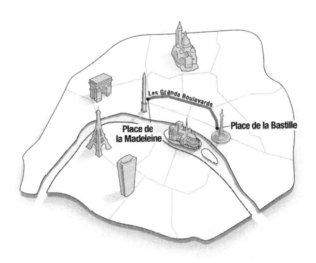

De la Bastille à la Madeleine : l'Opéra-Comique, le théâtre de boulevard, les débuts de l'impressionnisme, du façadisme et de la haute couture, les premiers mannequins et l'invention des godillots.

Au XVIIᵉ siècle, Paris n'a plus besoin de fortifications. Louis XIV estime avec raison que ses victoires militaires mettent la capitale de son royaume à l'abri des armées ennemies. Les enceintes de Louis XIII, dites « des Fossés jaunes » à cause de la couleur du limon et qui prolongeaient les vieux remparts de Charles V à l'ouest, sont à peine achevées qu'elles sont déjà gênantes, tout comme les vieux remparts de Charles V… Ces fortifications barrent l'extension de la ville.

De plus, pour le roi, Paris est une cité rebelle dont il se méfie depuis les troubles de la Fronde. En cas de nouvelle révolte, il veut pouvoir mater rapidement cette population coléreuse... Il faut donc abattre les vieilles murailles ! Pour la première fois depuis les Romains, Paris va se retrouver sans murs protecteurs.

À partir de 1670, tout est rasé, ouvrages défensifs, bastions, fossés, talus... Une longue bande de terre se trouve libérée en bordure de la ville, et le Roi-Soleil tient à en faire une promenade continue destinée aux Parisiens : les boulevards. Il faut remuer la terre, aplanir les élévations, combler les fossés, planter deux rangées d'arbres. D'ailleurs, dans un plan d'ensemble, ces nouveaux boulevards de la rive droite auront leur exact reflet sur la rive gauche avec le boulevard du Midi, depuis les Invalides jusqu'au boulevard de l'Hôpital en passant par Montparnasse, une portion du boulevard Raspail et le boulevard Auguste-Blanqui. Ces boulevards-là ne seront exécutés qu'un siècle plus tard, au XVIIIe, tant la rive gauche a pris du retard en matière de développement... En effet, sous Louis XIV, ces nouvelles voies n'auraient relié que des champs et des garennes, ou alors des hospices, les Invalides, Sainte-Anne, la Pitié-Salpêtrière, autant de lieux de secours que le Roi-Soleil a voulu à l'écart de la ville pour y enfermer les vagabonds, les moribonds, les filles de joie ou les fous.

Sur la rive droite, en revanche, les promenades imaginées par Louis XIV vont très vite être adoptées par les Parisiens. Peu à peu, de riches demeures aristocratiques, des théâtres, des cafés et des restaurants vont border ces Grands Boulevards, devenus le joyeux symbole de la capitale bien avant la tour Eiffel. Et l'esprit boulevardier sera synonyme de la joie de vivre à la parisienne. Bref, Louis XIV peut être tranquille : Paris est désormais une ville apaisée, nettoyée voire heureuse, il peut émigrer à Versailles.

Nous, nous restons avec les Parisiens… Suivons-les, de la Bastille à la Madeleine, pour arpenter ces Grands Boulevards qui nous réservent de belles surprises…

• Boulevard Beaumarchais. Le repentir de la Ville de Paris.

Pierre-Auguste Caron fit de la littérature, du trafic d'armes et des affaires fructueuses. Comme sa femme avait du bien et une petite terre, il voulut être appelé « de Beaumarchais », avec une particule s'il vous plaît ! Sa fortune lui permit d'acquérir, sur l'ancien boulevard Saint-Antoine, une propriété digne d'un grand seigneur, située à l'angle des actuels boulevards Richard-Lenoir et Beaumarchais.

Puisque le bonhomme avait chanté l'égalité et la justice dans *Le Mariage de Figaro* et ses autres pièces, la Révolution ferma les yeux sur ses petites manies aristocratiques. Pour calmer rancœurs et jalousies, Beaumarchais fit d'ailleurs inscrire à l'entrée de sa propriété, sur le boulevard même : « Ce petit jardin fut planté l'an premier de la Liberté ». Un petit jardin de quatre mille mètres carrés, tout de même…

Après la mort de l'auteur, survenue en 1799, sa veuve vendit la propriété et ses jardins à la Ville de Paris pour un peu plus de cinq cent mille francs. Une belle somme, sans doute, mais un léger investissement pour une opération immobilière qui devait rapporter des millions de francs à la ville ! La belle habitation du dramaturge fut détruite et le terrain revendu par lots, « à la découpe », dirait-on aujourd'hui dans le langage des agents immobiliers. On fit même entrer dans la vente les contre-allées boisées qui agrémentaient cette partie du boulevard, sacrifiées sur l'autel de la rentabilité. En 1831, alors que la résidence avait déjà été démolie, la municipalité parisienne faisait acte de contrition en donnant au boulevard le nom de Beaumarchais.

• 23, boulevard Beaumarchais. L'hôtel de Sagonne.

Il date de la création du boulevard, au XVIIᵉ siècle, et – miracle ! – est encore debout. Il a été dessiné par Jules Hardouin-Mansart pour son usage personnel. Œuvre de jeunesse et belle carte de visite pour le futur architecte officiel du roi ! Tout le style classique se résume dans ce petit bijou qui, hélas, ne se visite pas.

Saviez-vous que Jacques Garcia, la star des décorateurs, habita longtemps le premier étage de cet hôtel et que c'est en photographiant son appartement, conquis par les codes du Grand Siècle, qu'on remarqua son style et que sa carrière fut lancée ?

• 41, boulevard du Temple. La naissance du théâtre de boulevard.

À partir de ce numéro, le boulevard s'appelle « des Filles-du-Calvaire », en raison de la proximité d'un couvent créé non loin d'ici, dont il ne reste rien aujourd'hui à part le nom de la voie. Mais les amateurs des *Trois Mousquetaires,* d'Alexandre Dumas, seront heureux d'apprendre que la première pierre de ce couvent fut posée, dans la vraie vie, par la duchesse d'Aiguillon, nièce de Richelieu et amante d'un certain Aramis, au moins dans l'imaginaire d'Alexandre Dumas…

Plus loin, une petite éminence surélève le côté gauche du boulevard et nous rappelle que nous sommes dans les fossés de l'ancien rempart de Charles V. Et voici le théâtre Déjazet, la plus ancienne salle de Paris encore ouverte. Elle date de 1770. Elle est le dernier vestige du célèbre boulevard du Crime, haut lieu du théâtre de boulevard durant la première moitié du XIXe siècle. Le théâtre de boulevard, synonyme de divertissement léger, est donc né ici, et le Déjazet en est le dernier témoin. Qu'est-ce qui l'a sauvé ? Au temps du baron Haussmann, c'est son emplacement un peu en retrait. De nos jours, c'est l'acharnement de son propriétaire attentif et passionné, Jean Bouquin, qui racheta les lieux en 1976. Le théâtre était alors un cinéma et s'apprêtait à devenir un supermarché... Merci monsieur Bouquin.

Le mot du quartier

Photographie, n.f. Procédé technique permettant de fixer une image sur un support papier ou numérique.
À l'entrée de la rue Léon-Jouhaux, à l'orée de la place de la République, on ne trouve qu'un alignement de façades rectilignes, sévères et solides : l'arrière de la caserne de la Garde républicaine. En 1822, ce tronçon de rue s'appelait « Neuve-Sanson », et c'est là que Louis Daguerre ouvrit son Diorama où le public émerveillé pouvait découvrir, sur d'immenses toiles en trompe-l'œil jouant avec la lumière, l'enchantement du Colisée ou des pyramides. En même temps, Daguerre installait son laboratoire à l'arrière et poursuivait ses recherches. Il avait rencontré Nicéphore Niépce qui lui avait montré ses travaux « héliographiques » visant à fixer une image. Mais Niépce meurt brus-

quement en 1833, et Daguerre poursuit seul les recherches. Il invente d'abord le daguerréotype, qui fournit une image unique, non reproductible. Il sait que les travaux ne sont pas terminés, il faut obtenir une image qui puisse être facilement reproduite… Ce nouveau procédé, il l'appelle « photographie », terme tiré de vocables grecs qui signifient « écriture par la lumière ». C'est en tout cas ce mot qu'il utilise le 3 juillet 1839 dans un rapport à la Chambre des députés pour expliquer son innovation, exposé qui lui vaudra une pension annuelle de six mille francs.

• 16, boulevard Saint-Martin. L'éternité de Cyrano.

Quittons la place de la République et prenons le boulevard Saint-Martin, qui menait à la porte du même nom. Un arc de triomphe a remplacé la porte et, à côté, se dresse le merveilleux théâtre de la Porte-Saint-Martin où j'ai eu le bonheur de jouer à plusieurs reprises. C'est un ancien Opéra édifié en 1781 pour Marie-Antoinette… construction achevée en soixante-quinze jours seulement ! Il faut préciser que, contractuellement, la non-livraison du chantier à temps aurait entraîné, pour l'entrepreneur, un dédit de vingt-quatre mille livres.

On inaugura la nouvelle salle par un opéra offert au peuple de Paris pour fêter la naissance du Dauphin… Et pour s'assurer de la solidité de la structure, on entassa six mille personnes dans la salle conçue pour mille huit cents spectateurs… Le test, heureusement, se révéla concluant, et un dîner fut offert aux valeureux cobayes de la Porte-Saint-Martin.

Savez-vous que c'est ici que fut créé, le 28 décembre 1897, *Cyrano de Bergerac*, le chef-d'œuvre d'Edmond Rostand ? Tout le monde prévoyait un échec cuisant ; la veille de la première, l'auteur lui-même s'en excusa auprès de Benoît Coquelin, directeur du théâtre et interprète du rôle-titre... À la surprise générale, le succès fut colossal.

En 2016, dans ce temple du théâtre, les directeurs des lieux – Jean-Claude Camus et Jean Robert-Charrier – ont invité Philippe Torreton à reprendre le rôle de Cyrano. Et en hommage à son grand aîné, celui-ci entra en scène au dernier acte avec la reproduction du costume porté par Coquelin ici même cent vingt ans auparavant... Cyrano, héros immortel, a traversé le temps.

• 1, boulevard Poissonnière. New York à Paris.

Après l'arc de triomphe de la porte Saint-Martin, voici celui de la porte Saint-Denis ! Sous ces arcs du XVIIe siècle glorifiant les victoires militaires de Louis XIV passèrent les armées victorieuses et les cortèges royaux. Notre arc de triomphe de la place de l'Étoile n'est donc pas le premier de la capitale !

Passé la porte Saint-Denis, nous arrivons au boulevard Bonne-Nouvelle, appelé ainsi en souvenir de la réjouissance populaire qui suivit l'évacuation de la terrible cour des Miracles de la place du Caire en 1667, puis nous prenons le boulevard Poissonnière. Arrêtons-nous devant la majestueuse salle Art déco du Grand Rex, qui n'est autre qu'un modèle réduit du Radio City Hall de New York... Avec son habillage électronique, on a un peu la sensation de se retrouver au beau milieu de Time Square.

• 12, boulevard Poissonnière. À chaque pied son godillot.

Petit arrêt en face du Rex. C'est là qu'Alexis Godillot ouvre vers 1845 son Bazar du Voyage où l'on trouve notamment des malles, des tentes, des lits portatifs... Sous le second Empire, Godillot développe sa petite entreprise et travaille avec l'armée. Pour les troupes de Napoléon III, il fournit tout le barda nécessaire au soldat. Mais surtout, il dote le trouffion d'une paire de chaussures nouvelles, bien adaptées à la marche, et, grande innovation, il a eu l'idée de confectionner un soulier différent pour chaque pied. C'est plus confortable. Jusqu'ici, personne n'y avait songé !

Mais au moment de se chausser, les p'tits gars ont parfois du mal à distinguer le soulier gauche du soulier droit, ils n'ont pas l'habitude ! Pour venir à bout de ce délicat problème d'intendance, on met de la paille dans la chaussure de gauche et du foin dans celle de droite. Et quand les soldats en exercice avancent au pas, on leur crie :

— Paille, foin, paille, foin...

Les adjudants ont parfois de l'humour...

Le succès de l'innovation est tel que le cher Godillot agrandit sa manufacture, qui va s'étendre jusqu'à la rue de Rochechouart. Les bonnes années, celles où la guerre fait prospérer ses affaires, l'industriel produit plus d'un million de paires de chaussures ! On dit godillots, puis godasses... Honneur suprême, monsieur Godillot entre dans le dictionnaire.

Le fantassin français, ainsi équipé, va crapahuter en Crimée, au Mexique, en Italie, en Alsace... Et le modèle Godillot restera le brodequin militaire réglementaire jusqu'aux tranchées de la Grande Guerre.

• 11, boulevard des Italiens. L'Opéra-Comique.

Les Grands Boulevards bifurquent dans le boulevard des Italiens, ainsi nommé au XVIIIe siècle car il conduisait, à l'angle de la rue Marivaux, au théâtre des Italiens, devenu plus tard l'Opéra-Comique.

Ah, les Italiens ! Non contents d'avoir créé l'opéra, ils triomphent dans un genre plus léger et la Comédie-Française s'indigne de cette concurrence… Car ils mélangent les styles, les Italiens, alternent les passages chantés, les pantomimes et les dialogues parlés. Bref, ils marchent sur toutes les plates-bandes ! En 1697, Louis XIV décide de les chasser du royaume, mais ils ne partent pas tous et les revoilà avec leurs tréteaux, et un public qui les accueille avec enthousiasme. Ils sont tellement présents, les Italiens, que dix-sept ans après avoir été renvoyée de l'autre côté des Alpes, la troupe qui se répand dans les foires prend le nom officiel d'Opéra-Comique et obtient sa propre salle. Incendiée accidentellement à deux reprises, celle-ci a fait place au théâtre que l'on peut voir actuellement. Il date de 1898, mais il ne se consacre plus exclusivement au genre qui a fait sa gloire autrefois.

• 19, boulevard des Italiens. Le palais du capitalisme.

Achevé en 1883 pour être le siège du Crédit Lyonnais, ce palais reprend, pour un établissement bancaire, les codes des palais royaux d'antan. Escalier inspiré de Chambord, façade copiée sur le pavillon de l'Horloge du Louvre, cariatides somptueuses… Le tout couronné par l'allégorie de la Banque distribuant ses bienfaits ! À cette époque, on pensait que le progrès, le crédit et l'investissement pouvaient venir à bout des malheurs du monde.

• 20, boulevard des Italiens. L'invention du façadisme.

Pourquoi cet immeuble construit en 1839 a-t-il été appelé « Maison dorée » ? Pour les dorures qui agrémentent le fer forgé de ses balcons ou parce qu'il abrita le restaurant le plus cher de la capitale et le décorum le plus luxueux ? En tout cas, cet établissement fit les beaux jours des Boulevards : Balzac et Proust l'évoquent dans leurs œuvres respectives, Alexandre Dumas y installe, en étage, la rédaction de son éphémère revue *Le Mousquetaire* et le cuisinier des lieux invente le tournedos Rossini pour le compositeur italien.

En 1902, le vieil héritage du siècle achevé ne fait plus recette, et un bureau de poste prend la place du prestigieux restaurant. Dès lors, c'est la lente chute de la Maison dorée... En 1974 s'annonce la fin définitive de l'immeuble : la banque qui en est propriétaire a obtenu un « permis de construire », autrement dit une autorisation de démolir. Maurice Druon, ministre de la Culture, s'en étrangle ! On ne touchera pas à la Maison dorée... Ou du moins pas à sa façade. Et c'est ainsi que naît l'idée étonnante du « façadisme », pratique qui consiste à sauver l'extérieur d'un immeuble ancien tout en rebâtissant de fond en comble l'intérieur. Les apparences sont sauves.

• 31, boulevard des Italiens. Les clés d'or du pavillon de Hanovre.

Le maréchal Louis-François-Armand Duplessis, duc de Richelieu, aimait trois choses plus que tout : la guerre, les femmes et l'argent. La guerre, il la faisait pour Louis XV, mais sans jamais se séparer de son cuisinier ! En 1756, il se trouve sur l'île de Minorque, dans les Baléares, que les Français disputent aux Anglais. À Port-Mahon, le cuisinier cherche à concocter une sauce pour le repas du maréchal, mais il n'a que des œufs, de l'huile et du citron. Avec ces ingrédients, il prépare une sauce nouvelle qu'il appelle la *mahonnaise*... et qui deviendra la mayonnaise.

L'année suivante, le duc de Richelieu à la tête de ses armées prend Hanovre, alliée de l'Angleterre. Le bourgmestre se précipite au-devant du vainqueur pour lui offrir les clés de la ville... qui sont en or massif ! Geste symbolique que le duc, qui cherche toujours à s'enrichir encore un peu, veut prendre au premier degré. Il se saisit des clés au grand désespoir du bourgmestre.

— En pareille occasion, monsieur de Turenne se contenta de prendre la ville, pas les clés, rappelle subtilement le magistrat.

Un siècle auparavant, Turenne avait combattu en Flandre et dans le Palatinat...

— Monsieur de Turenne était un homme vraiment inimitable, ironise le duc de Richelieu.

Rentré à Paris, le maréchal profite de l'or des clés de Hanovre et d'autres rapines pour se faire construire un somptueux pavillon où il peut recevoir à souper quelques dames peu farouches. Les Parisiens, souriant à demi, baptisent « pavillon de Hanovre » cette bâtisse de la rue Neuve-Saint-Augustin, notre boulevard des Italiens.

En 1931, le pavillon encombre : il faut construire à cet endroit le palais Berlitz et faire triompher l'Art nouveau. Heureusement, le département de la Seine, qui vient d'acquérir le parc de Sceaux, cherche à agrémenter son nouveau domaine de quelque architecture bien classique. C'est sûr, le pavillon de Hanovre fera belle figure sous les frondaisons ! Démonté pierre par pierre, le pavillon est reconstruit dans le parc où il vous attend avec sa rotonde, sa longue balustrade en fer forgé et ses pilastres décorés.

Il valait mieux l'exil que le déshonneur, car c'est au sinistre palais Berlitz que sera organisée, sous l'Occupation, l'odieuse exposition antisémite « Le Juif et la France », où Louis-Ferdinand Céline se plaignit de ne pas avoir trouvé ses ouvrages : « Je ne suis pas un auteur que sa vente tracasse beaucoup, mais en visitant votre exposition, j'ai tout de même été un peu peiné de voir qu'à la librairie ni *Bagatelles* (*pour un massacre*) ni *L'École* (*des cadavres*) ne figurent alors qu'on y voit une nuée de petits salsifis, avortons forcés de la 14ᵉ heure, cheveux sur la soupe… Je ne me plains pas – je ne me plains jamais pour raisons matérielles – mais je constate là encore, hélas, la carence effroyable (en ce lieu si sensible) d'intelligence et de solidarité aryenne. »

Voilà comment un écrivain génial était capable du pire…

• 35, boulevard des Capucines. « Mettez "Impression" », dit Monet.

Trait d'union entre l'architecture classique avec ses colonnades et le modernisme avec son déploiement de baies vitrées, cet immeuble est un morceau d'histoire de l'art…

Une sellerie au rez-de-chaussée, une manufacture de vêtements au premier étage et, au-dessus, l'atelier du photographe Félix Tournachon dit Nadar. Tout ce qui compte au XIXᵉ siècle vient se faire tirer le portrait par le maître. On voit défiler Émile Zola et Sarah Bernhardt, Franz Liszt et Victor Hugo, George Sand et Charles Baudelaire…

Mais en 1874, Nadar quitte l'endroit et l'étage supérieur est provisoirement prêté à un groupe de peintres refusés dans les expositions officielles. Ces originaux encore ignorés s'appellent Paul Cézanne, Edgar Degas, Claude Monet, Camille Pissarro, Auguste Renoir…

— Je peins ce que je vois, et non ce qu'il plaît aux autres de voir, répète Manet comme un credo.

Du 15 avril au 15 mai, cent soixante-cinq toiles sont présentées. Parmi elles, une composition de Monet : un lever de soleil sur le port du Havre, un astre rouge et de la buée, des esquisses et des ombres… Tout cela ne ressemble pas vraiment au bassin normand.

— Comment l'appellerez-vous, pour le catalogue ? demande-t-on au peintre.

— Mettez « Impression », répond-il.

C'est un peu court. Ce sera « Impression, soleil levant ».

Le journaliste Louis Leroy écrit dans *Le Charivari* : « Impression, j'en étais sûr. Je me disais aussi, puisque je suis impressionné, il doit y avoir de l'impression là-dedans… » Titre ironique du papier : « L'exposition des impressionnistes ».

En un mois, trois mille cinq cents visiteurs viennent se pencher sur les impressions des impressionnistes. Ce n'est pas un franc succès, mais ce n'est pas non plus la débandade, et le tableau de Monet trouve même preneur pour huit cents francs. L'aventure ne fait que commencer…

Le petit métier du coin

Le mannequin vivant. En suivant le cours du boulevard des Capucines, nous apercevons de biais la place Vendôme, qui nous lance une œillade et nous invite à rejoindre, à la dérobée, ce symbole architectural du luxe Grand Siècle voulu par Louis XIV. Ne résistons pas à la tentation et prenons la rue de la Paix pour atteindre cette place grandiose. En chemin, au numéro 7, nous passons devant un porche impressionnant, tout en hauteur, un immeuble solidement cossu : c'est là que l'Anglais Charles Frederick Worth vient installer sa boutique de couture en 1858. À cette date, la crinoline est à son apogée, elle se boursoufle, se développe et se répand jusqu'au sol. Ces ramasse-poussière commencent à agacer tout le monde, mais triomphent encore dans les allées du bois de Boulogne comme dans les réceptions guindées. Worth veut bousculer tout ce falbala. Pour les dames de la Cour du second Empire, il rêve art, création, hardiesse... Il ouvre sa maison sur une idée simple : ne pas faire comme ses concurrents, ne pas se contenter de fournir les tissus à ses belles clientes, mais proposer un catalogue de créations, toujours réalisables en un temps record.

Bientôt, la boutique de la rue de la Paix ne désemplit pas. Une nuée de petites mains coud, coupe et taille dans les ateliers qui occupent les quatre étages de l'immeuble. Les plus grands noms de l'époque viennent se faire habiller par ce cher monsieur Worth. Celui-ci, large mous-

338

tache débordant sur la bouche et béret de velours souple sur la tête, reçoit sans ménagement ses nobles clientes. Il ordonne plus qu'il ne conseille, il malmène des femmes ravies, ajustant un corsage, fixant une ceinture.

Un rituel se met en place. Un portier galonné comme un maréchal monte la garde devant la porte. La cliente pénètre dans une entrée au luxe ostentatoire et, dans l'atmosphère feutrée du salon de réception, se déroule la ronde des mannequins... De charmantes jeunes femmes improvisent alors quelques pas devant les clientes attentives. Une innovation originale de Worth : présenter ses créations sur des modèles vivants !

Et puisque le succès est au rendez-vous, puisque chacune obéit aux diktats de la maison, une idée extravagante germe dans l'esprit du maître : imposer, deux fois dans l'année, une mode nouvelle ! Il crée des volants à dents, des plissés somptueux, des ruchés, des roulottés, le vocabulaire lui-même doit suivre les inventions du couturier. Ses corsages donnent ampleur et mouvement au buste, la femme selon Worth se libère et abandonne lentement le carcan rugueux des vieilles crinolines.

La maison Worth a quitté depuis longtemps la rue de la Paix, mais la mode a gardé le rythme infernal imposé par l'audacieux britannique. Et les collections, renouvelées été comme hiver, apportent leur lot de nouveautés et de surprises... toujours présentées par des mannequins dont les allures et les formes se soumettent aux caprices des créateurs.

• Place Vendôme. Louis XIV, décidément, aimait bien son cousin.

Ici se dressait au XVIIᵉ siècle le luxueux hôtel de Vendôme. Arrière-petit-fils d'Henri IV et de Gabrielle d'Estrées, le duc Louis-Joseph de Vendôme est le seul qui, à la Cour, puisse opposer sans vergogne et sans crainte un dévergondage de conduite et de pensée aux excès religieux de son cousin, le roi Louis XIV.

La tolérance sans limite du roi pour le sulfureux Vendôme étonne plus d'un seigneur, car cet original règne sur une cour livrée à de perpétuelles débauches. Ce descendant des rois de France ne pardonne pas au destin d'avoir fait de lui un prince légitimé mais sans pouvoir. Il est certes de sang royal, mais issu de bâtard : l'enfant d'Henri IV et de sa maîtresse. Alors, s'il ne peut être le souverain, il veut en être l'envers, le lugubre reflet, le soleil noir. Il règne sur le royaume de la nuit comme Louis règne sur le royaume du jour.

Seulement voilà, les continuelles réjouissances, les banquets et les luxures finissent par grignoter le patrimoine des Vendôme. Pour continuer à mener son train de grand seigneur, le duc se résout, en 1685, à vendre au roi son hôtel particulier. Sur cet emplacement sera édifiée une place grandiose aux façades symétriques. Témoignage d'estime et d'affection, le roi conserva au lieu le nom de Vendôme.

• Place Vendôme (*bis*). La Pompadour est toujours là !

Au bout de la place, l'église des Capucines a été épargnée par les travaux car elle contient quelques sépultures prestigieuses. Mais en 1806, l'Empereur décide d'ouvrir la place par la rue Napoléon, qui

340

deviendra rue de la Paix, il faut donc sacrifier l'église. Que faire des tombes et des ossements ? La dépouille de Louise de Lorraine, épouse d'Henri III, est déposée à la basilique Saint-Denis ; les ducs, les marquis et les chevaliers finissent dans les catacombes.

Mais une des sépultures ne bouge pas : celle de la marquise de Pompadour. Que faire du corps de l'ancienne favorite de Louis XV ? Pour ne pas soulever de difficultés protocolaires, on laisse la dépouille sur place.

La marquise, qui aimait tant le faste et donna si souvent le ton du bon goût, dort en sous-sol au cœur du luxe et de la mode, quelque part entre les boutiques Vuitton et Bulgari (*à hauteur du 3, rue de la Paix*).

• Place de la Madeleine. Les toilettes publiques, monument historique.

Retour sur les Grands Boulevards où le boulevard des Capucines, dont nous venons de comprendre l'origine du nom – il conduisait à l'église des Capucines – nous amène maintenant d'une église à une autre : la Madeleine.

Elle a fière allure, la Madeleine ! Nous sommes au centre du luxe des boulevards, les grandes enseignes se disputent les mètres carrés, Fauchon, Hédiard, Kaspia, Baccarat, Lucas Carton et... des latrines cinq étoiles ! On ne peut pas passer place de la Madeleine sans évoquer ces toilettes publiques, les plus belles de Paris. Ouvertes en 1905 dans le plus pur style Art nouveau, elles sont même classées monument historique. Ne rappellent-elles pas le luxe et le faste de la Belle Époque ?

Fermés en 2011 pour manque de fréquentation (trois cent cinquante « clients » par jour, tout de même), ces lieux d'aisance, auxquels on accède en sous-sol par un élégant escalier, attendent dans l'ombre qu'une bonne âme politique replace ce monument de notre patrimoine sanitaire au cœur du quotidien des Parisiens.

La légende des lieux

Le petit homme rouge des Tuileries. Nous terminons notre parcours devant le jardin des Tuileries. L'entrée qui fait face à la place de la Concorde était jadis composée d'un pont tournant qui enjambait le fossé de l'enceinte et pouvait ainsi, en pivotant, interdire aux foules en colère l'accès au jardin et au palais. L'enceinte Louis XIII est encore bien reconnaissable dans les fondations du mur clôturant le jardin, avec son appareillage boursouflé en pierre. André Le Nôtre, le jardinier du Grand Siècle, a redessiné le parc pour y imposer ses paysages tirés au cordeau, mais dont les grandes perspectives n'ont pas réussi à déloger la veille légende…

En 1564, Catherine de Médicis, reine de France par son mariage avec Henri II, décide de se construire un palais dans le prolongement du Louvre. Encore faut-il en chasser les fabricants de tuiles et le boucher qui exercent leur fructueuse activité dans l'espace dévolu désormais à la résidence royale. Les tuiliers s'en vont sans barguigner, et en souvenir de cette bonne volonté, le château sera appelé les Tuileries. En revanche, Jean l'Écorcheur, le boucher, fait sa forte tête et exige une indemnité. Comme on lui

---

refuse cette compensation, il répand dans Paris des bruits scabreux sur la reine et la Cour... Il faut faire taire l'insolent. Le chevalier de Neuville est chargé de cette basse besogne. Il passe son épée à travers le corps du boucher qui, au moment de mourir, prononce ces paroles :

— Soyez maudits, toi et tes maîtres ! Je reviendrai !

Ainsi, dès sa construction, le palais des Tuileries est hanté par un petit homme au manteau rougi de son propre sang. Catherine de Médicis le voit et s'empresse de trouver refuge ailleurs. Au cours des siècles, il se montre régulièrement, annonçant toujours des tragédies. Le voilà en 1610, à la veille de l'assassinat d'Henri IV. On l'aperçoit en 1715, et Louis XIV meurt le lendemain. Il approche Marie-Antoinette en 1792 et vient visiter Napoléon en 1815, peu avant la bataille de Waterloo. Il se rend auprès de Louis XVIII en 1824, et le roi meurt quelques jours plus tard. Enfin, le 23 mai 1871, alors que les communards ont mis le feu au palais des Tuileries, des témoins assurent avoir vu la silhouette d'un petit homme rouge disparaître dans les flammes... En tout cas, depuis, il n'a plus fait parler de lui.

18

AU FIL DE L'AVENUE
DE VERSAILLES

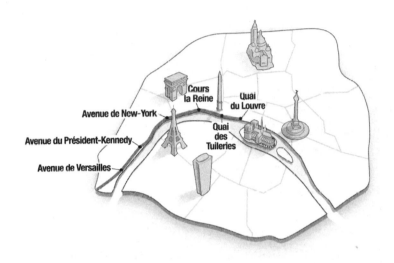

Des quais de la Seine jusqu'au pont de Saint-Cloud : les bouquinistes et la Samaritaine, le cadran solaire de la Concorde, les avatars du palais de Chaillot, une cure thermale à Passy et une lessive à Javel.

Au XVIIIe siècle, les quais de la rive droite sont élargis. Ainsi, du centre de Paris jusqu'à la porte de Saint-Cloud, en direction de Versailles, s'ouvre une voie droite et large sur laquelle se croisent des bateleurs et des marchands, des chansonniers et des courtisans. Certains viennent à Paris vendre leurs marchandises, d'autres filent vers Versailles… Car le cœur du royaume n'est plus dans la capitale, mais là-bas, à Versailles où Louis XIV et les grands du royaume se sont isolés et coupés du peuple. Louis XV et Louis XVI ont pareillement délaissé le palais du Louvre et les Tuileries, les altesses royales ont une sainte horreur de Paris, elles y viennent rarement et en repartent très vite.

À une exception près : Marie-Antoinette. La reine venue d'Autriche éprouve une fascination pour ce Paris qu'elle connaît mal, mais dont elle aime le côté fantasque, turbulent et libre. Oh, il ne s'agit pas pour elle de se pencher sur les difficultés du peuple et de se préoccuper des inégalités sociales dénoncées par les Lumières ! La souveraine veut seulement s'arracher au carcan de Versailles, vivre un peu, goûter sa jeunesse loin de ses devoirs de reine... Le soir, elle court parfois au palais des Tuileries pour assister – incognito – à un opéra de Gluck ou de Favart...

Marie-Antoinette apprécie tellement cette ville qu'elle veut s'en rapprocher ! En 1785, elle achète le château de Saint-Cloud, situé à mi-chemin entre Versailles et les Tuileries. Et afin de relier directement Paris à sa nouvelle résidence, elle fait creuser à travers champs une nouvelle route, une route directe... La route de la Reine. Pour trouver à bon compte les matériaux nécessaires à la construction de cette voie qui dépasse Boulogne-sur-Seine, les entrepreneurs n'ont pas hésité à creuser les chemins avoisinants et à ouvrir des fosses dans les prés... Les Boulonnais, outrés, adressent leurs doléances au roi, puis à la République, puis à l'Empereur. Pendant trente ans, ils se battent vainement pour obtenir réparation.

Ce nouveau trajet de la reine est une voie rapide... Dans le principe, elle préfigure nos autoroutes : il s'agit d'aller au plus vite, au plus direct, sur des routes larges et bien aménagées. Dès lors, le vieux centre commerçant de Boulogne est contourné, les riches attelages se rendent en ligne droite, de Paris à Saint-Cloud ou Versailles. Jadis, il fallait baguenauder, faire halte dans une auberge, donner à boire aux chevaux… Pour les Boulonnais, c'est la fin d'un petit commerce fructueux.

Prenons, à notre tour, cet itinéraire qui conduit, sur la rive droite, du Pont-Neuf au pont de Saint-Cloud. Il commence sur les quais, se prolonge jusqu'à notre place de la Concorde et quitte Paris en longeant un moment le fleuve avant de filer tout droit…

• Sur le Pont-Neuf. Poètes, voleurs et chansonniers.

Pourquoi Pont-Neuf ? Parce que c'est le pont des nouveautés ! D'abord, cet ouvrage pousse l'originalité jusqu'à n'être qu'un pont, seulement un pont, sans maisons sur ses côtés, ce qui représente une surprenante innovation au XVIe siècle. Ensuite, ce pont dispose de trottoirs pour les piétons, les premiers trottoirs de Paris ! On peut se balader ici sans craindre de se faire éclabousser ou renverser par un carrosse.

Tout au long du pont, sur les trottoirs, le parapet dessine des demi-cercles, comme des balcons sur la Seine. Ces « corbeilles » de pierre attirent les escamoteurs et les poètes, les charlatans et les chanteurs, mais il y a aussi les tire-laine, des voleurs prêts à vous dépouiller ! L'adage ne dit-il pas qu'on dérobe plus de manteaux sur le Pont-Neuf qu'on en taille chez les drapiers des Halles ?

Le Pont-Neuf, c'est aussi la réunion des chansonniers, ceux qui raillent gentiment le pouvoir en place et font rire le passant, voire attaquent de front les grands du royaume et cherchent à provoquer la colère et l'indignation. Le Pont-Neuf est un espace de liberté où le cardinal Mazarin est qualifié de « grand Jules promis à la potence » et madame de Maintenon surnommée « la vieille guenon ».

Le mot du quartier

Racoler, *v.tr. Attirer et séduire des clients, des chalands ou des électeurs par tous les moyens.*

Au début, vers le XIIe siècle, le verbe signifiait « donner l'accolade une fois encore, embrasser à nouveau ». Ce sens a été oublié, mais vers 1750 le terme est réapparu sur les quais et le Pont-Neuf avec une nouvelle signification, celle d'enrôlement par contrainte ou par fourberie pour aller peupler les colonies… Peut-être avec l'idée de « saisir au col ».

Les « racoleurs » se promenaient tout le long de la Seine, chapeau à plume sur la tête et épée au côté, pour « racoler » les jeunes gens en leur tenant des discours virils afin de faire vivre le rêve exotique. Et quand ils avaient ferré leur victime, il fallait l'entraîner au bureau du quai, pour lui faire signer le papier qui l'enverrait au-delà des mers peupler les colonies.

— Jeunes gens, vous avez entendu parler du pays de Cocagne, c'est dans l'Inde, mes amis, que vous trouverez ce fortuné pays, s'exclamait le racoleur, la voix vibrante d'émotion. Souhaitez-vous de l'or, des perles, des diamants ? Les chemins en sont pavés, il n'y a qu'à se baisser pour en prendre ; je me trompe, les sauvages vont les ramasser pour vous ! Je ne vous parlerai pas ici des grenades, des oranges, des ananas, de mille fruits savoureux qui viennent sans culture dans ce paradis terrestre…

Il y avait aussi les racoleurs pour l'armée. Quand les beaux discours ne suffisaient pas, ils entraînaient les naïfs dans les plaisirs étourdissants de la nuit parisienne avec repas, spectacle et demoiselles. Si le lendemain, le jeune homme ne voulait plus s'enrôler, le racoleur lui présentait la facture ! Le malheureux devenait soldat pour éponger sa dette.

Voilà ce que signifiait « racoler »… Et le mot n'a pas perdu de sa vigueur quand on voit le racolage indigne que des extrémistes développent de nos jours sur les réseaux sociaux.

• L'heure de la Samaritaine.

Sur le Pont-Neuf, côté rive gauche, un petit château abritait une pompe à eau surmontée d'un carillon animé par la force hydraulique. Dès 1610, un clocheteur en bronze frappait les heures avec son marteau. « La Samaritaine », disait-on, parce que l'ensemble était surmonté de figures en bronze doré représentant le Christ demandant à boire à une Samaritaine. Mais le système compliqué finit par s'user et le carillon se tut… En 1712, après la victoire française de Denain contre les forces anglo-bataves, Louis XIV voulut faire à nouveau chanter la Samaritaine… Hélas, le carillon, trop délabré, resta muet. Alors, on reconstruisit une mécanique plus simple qui tinta à nouveau toutes les heures… Au moins jusqu'en 1813, date à laquelle les petites cloches du carillon, bien éraillées, furent remisées dans les combles de l'église Saint-Eustache.

En 1870, il ne restait rien de tout cela… Seulement le nom : le grand magasin de La Samaritaine était ouvert par Ernest Cognacq, un ancien camelot du Pont-Neuf. Fermé en 2005 pour cause de dangerosité, le bâtiment s'apprête à rouvrir en 2017, transformé en hôtel, logements et crèche, mais conservant un vaste espace réservé aux commerces.

Le petit métier du coin

Le bouquiniste. Effroi et désespérance chez les bouquinistes des quais en cette année 1899 : le progrès pourrait les chasser définitivement de la rive gauche où ils prospèrent si bien. Les omnibus à vapeur et les constructions de la future gare d'Orsay risquent de les repousser sur la rive droite. Scandale ! Jamais, c'est sûr, les amateurs de vieux livres ne traverseront la Seine pour aller chercher leurs trésors sur l'autre rive. Jules Claretie, dans les *Annales politiques et littéraires*, se fait alors l'écho de la longue plainte des marchands.

– Si l'on nous envoie de l'autre côté de l'eau, autant nous noyer tout de suite, disent-ils.

La municipalité parisienne ne les noiera pas et ne les délogera pas de la rive gauche. La gare d'Orsay est devenue musée, les omnibus à vapeur sont oubliés, mais eux, les bouquinistes, ils sont toujours là. Et puis, se multipliant au fil des décennies, ils ont tout de même fini par aller occuper également les quais d'en face.

Paris ne serait plus tout à fait Paris sans ces caisses vertes qui recèlent parfois de petits joyaux pour ceux qui aiment l'odeur un peu poussiéreuse des vieilles éditions. Comment imaginer les quais sans ces caisses à merveilles ? Il y a si longtemps qu'elles sont là ! En 1614, les libraires-colporteurs avaient déjà envahi le Pont-Neuf, et puis, au début du XIXe siècle, sous le règne de Napoléon Ier, ils se font appeler « bouquinistes » et occupent le parapet des quais.

En 1857, ils sont déjà soixante-huit… Aujourd'hui, on en dénombre plus de deux cents pour neuf cents boîtes réparties sur trois kilomètres. Ce petit métier, heureusement, n'est pas près de disparaître.

• Place de la Concorde. Des pavés qui ne mènent nulle part…

En 1750, Louis XV décida la construction d'une grande place royale qui ferait office d'entrée majestueuse dans Paris. Jusque-là, l'endroit constituait la suite du parc des Tuileries… André Le Nôtre, l'illustre concepteur des jardins à la française, avait imaginé la vue qu'on pourrait avoir depuis les Tuileries ; le regard se perdait au lointain dans trois directions à partir d'une sorte de patte-d'oie : une ligne de fuite centrale qui préfigurait les Champs-Élysées et deux lignes secondaires, le cours la Reine et le faubourg Saint-Honoré.

Oui, mais si l'on y regarde de plus près, ou de plus haut, l'équilibre rigoureux de la place cache une surprenante irrégularité : la ligne de fuite côté faubourg Saint-Honoré est tronquée par les jardins des hôtels particuliers qui empiètent sur le bas des Champs-Élysées.

Pourquoi ces constructions ? L'engouement pour ce quartier attira les spéculateurs qui édifièrent ici des hôtels particuliers destinés aux nobles et aux financiers. Ainsi, les élégantes demeures dont vous pouvez admirer les jardins le long de l'avenue Gabriel viennent contrecarrer le plan d'ensemble. Et ces gracieuses verrues sont aujourd'hui l'ambassade des États-Unis, celle du Royaume-Uni et le palais de l'Élysée...

Finalement, en 1724, toute construction le long des perspectives de Le Nôtre fut interdite... Trop tard, la symétrie du classicisme français était déjà brisée et la majestueuse place de la Concorde en resta à jamais un peu déséquilibrée...

De cette perspective ratée, on voit encore l'ébauche tout autour de la place même. Un petit tracé pavé dessine discrètement le vaste projet de Le Nôtre, mais vers le nord-ouest, entre les statues de Brest et de Rouen, à droite des Champs-Élysées, ce tracé ne file nulle part, interrompu dans son trajet par les jardins des hôtels particuliers du faubourg Saint-Honoré.

• L'obélisque : pour mettre tout le monde d'accord !

Paris est en joie ce mercredi 30 mai 1770 : le jeune duc de Berry, seize ans, vient d'épouser l'archiduchesse d'Autriche Antonia, quatorze ans. Autrement dit, le futur Louis XVI a convolé avec Marie-Antoinette. Qu'est-ce qui réjouit à ce point le peuple de Paris ? Le mariage du Dauphin ou le feu d'artifice qui va être tiré de la place Louis-XV, notre place de la Concorde ? En tout cas, il y a du monde ! Il en vient de partout, la foule s'étire jusqu'à la Madeleine, on se presse, on veut voir, on se pousse, on se bouscule… Soudain, c'est la panique dans l'obscurité, on tombe, on se relève, on hurle, on court, on étouffe, des cochers tentent de passer, ils roulent sur des corps. Cent trente-deux morts.

Et d'autres tragédies guettent… En août et septembre de chaque année, on installe sur la place la foire Saint-Ovide un vaste marché qui anime l'espace de ses tréteaux. Dans la nuit du 22 au 23 septembre 1777, les baraques de la foire prennent feu, négociants et saltimbanques s'empressent alors de quitter ces lieux maudits.

La Révolution trouve une vocation à cet endroit en y dressant la guillotine. Mais que faire ensuite d'une place marquée par les drames et le sang ? Au gré des orientations politiques et des régimes qui se succèdent, on pense ériger au centre une statue de Charlemagne, une fontaine ou un monument à la mémoire de Louis XVI. On tergiverse longtemps, on hésite même sur le nom… D'abord place Louis-XV, puis place de la Révolution, place de la Concorde, place Louis-XVI, place de la Charte, puis à nouveau place de la Concorde en 1830… C'est alors que le vice-roi d'Égypte, Mehmet Ali, offre à la France l'obélisque du temple de Louxor. C'est la solution parfaite pour la place ! L'obélisque ne signifie rien, n'évoque rien, ne froisse aucune sensibilité et ne rappelle aucun mauvais souvenir. C'est vraiment l'obélisque de la concorde.

• Place de la Concorde (*bis*). Le cadran solaire ignoré.

Est-ce parce que la place de la Concorde symbolise l'histoire et l'architecture du siècle des Lumières qu'elle constitue aujourd'hui un immense cadran solaire ? En effet, le 21 juin 1999 – jour du solstice d'été, s'il vous plaît ! – on a planté à partir de l'obélisque des lignes de clous dans les pavés, prolongées sur les trottoirs par des bandes jaunes, et qui rayonnent tout autour du monument central. Tout cela pour lire l'heure, quand il fait soleil et quand votre montre électronique tombe en rade ! À cette occasion, l'obélisque a été coiffé d'un pyramidion étincelant, petit chapeau pointu de bronze et de feuilles d'or semblable, pense-t-on, à l'élégant ornement qui surmontait le monument au temps des pharaons. Les curieux vigilants trouveront aussi, incrusté dans le sol sur la ligne de la douzième heure, un étrange médaillon aux mots énigmatiques : « Au Levant de Thèbes surgit à Paris le nord ». Ah bon ? Cette indication signifierait que, lors de son implantation sur la terre parisienne, l'obélisque n'a pas conservé son orientation originelle, allez savoir pourquoi... Bref, il a subi une rotation de quatre-vingt-dix degrés et la face tournée vers l'est au bord du Nil s'est retrouvée au nord sur les bords de la Seine. Mais, heureusement, ça ne change rien pour la précision du cadran solaire !

- **La vengeance du diamant bleu.**

L'hôtel de la Marine, sur la place de la Concorde, abrita dès 1774 le garde-meuble royal. On y entassait les armures des rois, des tapisseries, des bijoux... et les joyaux de la couronne.

En 1792, le garde-meuble royal est devenu national, mais conserve ses trésors. Le 11 septembre, tard dans la soirée, une bande de malfrats pénètre dans le bâtiment mal surveillé. C'est la caverne d'Ali Baba ! Ils se servent, emportent des pierres précieuses, reviennent les soirs suivants. Ils sont tellement certains de ne pas se faire repérer qu'ils vont, viennent, boivent, chantent à tue-tête... Et les gardes finissent tout de même par être alertés ! Après jugement, dès le mois d'octobre, cinq voleurs ou receleurs seront exécutés sur les lieux mêmes de leur forfait, place de la Révolution. Parmi ces condamnés, Anne Leclerc qui a eu le malheur de recevoir une garniture en diamants dérobée au garde-meuble... Ce sera la première femme guillotinée. Un peu plus tard, dès le mois de mai 1793, la guillotine fonctionne à plein rendement place de la Révolution, hommes et femmes confondus.

Pourtant, l'affaire du garde-meuble n'est pas terminée. Des bijoux ont été retrouvés, mais il manque à l'appel le diamant bleu, une pierre inestimable portée autrefois par Louis XIV. Le diamant bleu a disparu, mais pas pour tout le monde : retaillé, il émerge en 1824 sous le nom de Hope, patronyme de son nouveau propriétaire, riche banquier britannique. Mais dès lors, le diamant acquiert la réputation de porter malheur, malgré son nouveau nom d'espérance... Hope possède le diamant mais ses affaires périclitent, et par la suite, les nouveaux propriétaires subissent une longue liste de calamités : un Français se suicide, un prince russe se fait assassiner, un sultan perd son trône, un marchand grec se tue en automobile... Passant de main en main, le diamant bleu volé un soir de 1792 place de la Concorde est aujourd'hui sagement emprisonné derrière une vitrine du Smithsonian Institute de Washington. Et il ne fait plus de mal à personne.

• La tortue du cours la Reine.

Cette ancienne promenade réservée à Marie de Médicis et à ses courtisanes, qui surplombait le chemin de Versailles longeant la Seine, a été ouverte à tous à la Révolution. Aujourd'hui, elle a bien changé ! On y croise les façades du Grand et du Petit Palais et surtout le pont Alexandre-III, épicentre grandiose de l'Exposition universelle de 1900, symbole éclatant de la splendeur française à la Belle Époque... Mais une anecdote plus modeste me fait m'arrêter ici. En effet, pour remercier la France de l'aide apportée à l'Indépendance américaine, une souscription fut ouverte dans les écoles des États-Unis afin d'offrir à Paris une statue en bronze du général La Fayette. L'œuvre de Paul Barlett devait être prête pour cette Expo de 1900, mais le sculpteur, pris par le temps, ne put envoyer d'abord qu'une maquette en plâtre... Et les années passèrent. Finalement, la statue ne fut inaugurée qu'en 1908 ! L'artiste a déposé près d'un sabot du cheval monté par La Fayette une petite tortue de bronze... Clin d'œil à sa propre lenteur !

• Avenue de New-York. Les origines du transatlantique.

Plus loin, le cours la Reine a été renommé Albert-Ier en 1918, pour honorer le roi des Belges. Il débouche dans l'avenue de New-York, nom donné en hommage aux libérateurs américains de 1944. New York est d'ailleurs bien présent ici puisque la flamme dorée du pont de l'Alma est une réplique de celle que brandit outre-Atlantique la statue de la Liberté... En 1997, la mort de Lady Di dans le tunnel routier juste au-dessous transforma la copie en monument du souvenir. Les touristes viennent pieusement le visiter, bien souvent persuadés que la municipalité parisienne a dressé cette flamme en hommage à la princesse défunte.

C'est également ici, sur la Seine, que Robert Fulton, un ingénieur américain, expérimenta le bateau à vapeur, une invention qui rendra New York encore plus proche de nous !

Fulton suggéra à Napoléon d'envahir l'Angleterre avec ce genre de bateau... L'Américain n'avait pas inventé le système, mais l'avait mis au point. L'Empereur trouva cette technique totalement farfelue. Qui pouvait croire qu'un jour la vapeur ferait avancer des navires sur la mer ? Puisque la France refusait son innovation, Fulton alla porter ses beaux projets en Angleterre puis aux États-Unis... Au mois d'août 1815, Napoléon était sur le *Bellerophon* qui le conduisait sur l'île de Sainte-Hélène. Il observait la mer avec sa longue-vue, aperçut un bateau à vapeur... Quelle était cette embarcation qui fendait les eaux à une telle vitesse ? Il chercha le nom, le trouva... C'était un bâtiment américain, le *Fulton* !

• La malédiction des palais de Chaillot.

La route de Versailles nous conduit ensuite au palais de Chaillot... Bien avant la construction de ce palais, il a fallu défricher le coteau ; le nom de « Chaillot » ne vient-il pas de *chail*, mot celtique qui signifie « déboisement » ? Au XVIe siècle, la régente Catherine de Médicis fait bâtir un premier palais à Chaillot. Pourquoi ? Parce qu'une prophétie lui avait annoncé qu'elle mourrait le jour où ses constructions seraient achevées. Elle devait donc se lancer toujours dans de nouveaux projets architecturaux ! En tout cas, celui-ci fut interrompu, sans doute par manque d'argent. N'empêche, ce premier palais avorté ouvre une série de plans ratés et de projets sans lendemain…

Un conseiller d'Henri IV, Pierre Jeannin, veut reprendre l'ouvrage abandonné. Il achève effectivement son château à Chaillot, mais la construction ne doit pas être bien solide car elle disparaît rapidement et le propriétaire confesse à la fin de sa vie avoir consumé ses richesses « en bâtiments superflus et de grandes dépenses ».

Napoléon Ier, lui, croit savoir quoi faire de Chaillot : un imposant palais pour son fils, le roi de Rome ! Les plans sont dressés, les fondations creusées : le bâtiment va s'étirer le long de la Seine. Mais l'Empire manque de souffle, la campagne de Russie a coûté cher, il faut envisager de plus modestes proportions : ce sera « un petit Sans-Souci, une retraite de convalescent », selon les termes amers de Napoléon. Finalement, même ce mini-projet ne voit pas le jour, le régime impérial s'effondre.

Par la suite, le coteau reste à l'état de friche et la seule transformation est son nom nouveau : Trocadéro. Il évoque un épisode militaire de 1823 : la prise par un corps expéditionnaire français du fort de Trocadéro, près de Cadix, occupé par les révolutionnaires espagnols, victoire qui aboutit au rétablissement de la monarchie en Espagne.

L'Exposition universelle de 1856 n'eut pour résultat que de faire araser un peu le coteau et de planter ses espaces de gazon et de fleurettes. Vingt-deux ans plus tard, nouvelle Exposition universelle. Cette fois, le Trocadéro devient le lieu central de l'événement avec un palais orientaliste abritant une grande salle de spectacles. Dans les décennies suivantes la malédiction se poursuit : l'esthétique du palais concentre les critiques, et surtout, mal construit, le bâtiment se délabre tandis que la salle à l'acoustique déplorable est quasiment abandonnée.

Personne ne regrette cet édifice mauresque quand il est détruit en 1935. Bientôt, le palais de Chaillot, celui que l'on connaît, se dresse sur le coteau pour saluer une nouvelle exposition... Cette œuvre architecturale, si typique du goût de la première moitié du XXe siècle, a provoqué quelques doutes par la suite... Sommet de l'Art déco ou préfiguration des styles mussolinien et stalinien ? Dans l'après-guerre, cette construction grandiloquente n'était plus dans l'air du temps, et si ce palais restait au cœur de la vie culturelle parisienne avec ses musées, son théâtre puis sa cinémathèque et ses restaurants, nul ne songeait vraiment à l'entretenir. Il n'a jamais été restauré et ses peintures intérieures s'écaillent inexorablement. Mais voici qu'un plan ambitieux a été mis en place pour sauver le palais et ses aménagements... Cette rénovation complète sonnera-t-elle le glas de la malédiction du coteau de Chaillot ?

• Quand le XIIIe devint le XVIe.

Avant 1860, avant l'annexion de quelques villages périphériques, Paris comptait douze arrondissements. Une expression bien parisienne parlait alors « du mariage à la mairie du XIIIe arrondissement », ce qui signifiait tout simplement vivre en concubinage... Une horreur à l'époque !

Et puis, il fallut remodeler Paris et concevoir vingt arrondissements. Les nouveaux quartiers de Passy et d'Auteuil furent affublés du numéro treize. Quoi ? Le treize ? Les habitants de ces secteurs huppés se récrièrent et firent jouer de leur influence : jamais ils ne consentiraient à vivre sous une désignation évoquant les fâcheuses unions libres, et porte-poisse qui plus est. C'est ainsi que la numérotation des arrondissements adopta un système en escargot du centre à la périphérie, permettant aux Auteuillois et Passerands d'hériter du numéro XVI et de pouvoir vivre sereinement, loin des sous-entendus scabreux et des craintes superstitieuses.

• 32, avenue du Président-Kennedy. Les eaux ferrugineuses du parc de Passy.

Qui se douterait que, dans le joli jardin écologique coincé ici entre des buildings modernes, on venait jadis prendre les eaux plutôt qu'à Vichy ou à Spa ? Les eaux minérales de Passy, on les connaissait vaguement depuis l'époque romaine, on savait qu'il y avait des sources et qu'elles étaient bonnes pour la santé… Mais c'est un abbé nommé Le Ragois qui allait en faire une petite industrie. En 1720, le domaine du parc de Passy est sa propriété, et il y découvre trois sources d'eau ferrugineuse, de quoi assurer sa fortune… L'abbé possède un espace suffisamment vaste pour organiser la vente et la dégustation de son eau. Et la Faculté de médecine analyse les sources de Passy… Ces eaux représentent une véritable panacée, elles sont bonnes pour tout, elles seraient diurétiques et laxatives, elles guériraient les hémorragies, le relâchement des vaisseaux et l'atonie de l'intestin… L'abbé crée un grand établissement thermal avec salles de jeu, de bal, théâtre, jardins, et un restaurant où les médecins parisiens peuvent déjeuner ou dîner gratuitement, ce qui devrait les engager à inciter leurs patients à venir prendre les eaux à Passy.

On s'amuse et on se soigne à Passy durant environ un siècle ; et puis, vers 1840, les sources se tarissent. La rotonde qui accueillait naguère les curistes tombe en ruine dans l'indifférence. Elle sera finalement démolie en 1939, et vingt-cinq ans plus tard le quai de Passy deviendra l'avenue du Président-Kennedy, achevant la mue amnésique du quartier. Seul souvenir, la rue des Eaux toute proche, qui abrite aujourd'hui... le musée du Vin !

La légende des lieux

Le miraculeux blanchiment du linge. À Boulogne, sur les bords de la Seine, se dressait une succession de lavoirs : on disait que les eaux du fleuve lavaient mieux que toutes les autres eaux. Une légende expliquait ce prodige...

Un jour, un pèlerin s'était arrêté dans un village de Bourgogne et avait frappé aux portes des chaumières afin de trouver un repas et un lit. Hélas, les habitants de ce bourg avaient le cœur endurci et personne n'ouvrit. Personne, sauf une brave dame qui lui offrit une place à sa table et une paillasse pour le repos.

— Bonne femme, dit le pèlerin à sa bienfaitrice, en récompense de votre générosité, la première action que vous ferez demain matin en vous levant se continuera toute la journée...

Le lendemain matin, au premier chant du coq, la dame se mit à ranger son linge... Vêtements et draps se multiplièrent miraculeusement, c'était la richesse !

Une voisine entendit parler de cette aventure et regretta amèrement d'avoir gardé sa porte close. Mais voilà que le pèlerin repassa par le village et vint justement lui demander l'hospitalité. Cette fois, elle offrit à l'inconnu un repas pour le soir et un gîte pour la nuit. Le lendemain, le pèlerin mystérieux annonça que la première action que ferait cette dame le lendemain matin se répéterait... pendant cent ans !

En se réveillant, elle alla chercher de l'eau au puits pour la verser dans une auge de pierre, c'était l'heure de la lessive. Mue par une force mystérieuse, elle retourna au puits, encore et encore, sans jamais s'arrêter. L'auge déborda si bien que les eaux formèrent un ruisseau qui devint rivière, puis fleuve... la Seine !

Et les ménagères boulonnaises ont une certitude : c'est en souvenir de la corvée matinale de la dame bourguignonne que les eaux de la Seine blanchissent si bien le linge.

Mais les esprits rationnels voient dans cette lessive qui lave plus blanc que blanc une autre explication : en face de Boulogne se dresse le quartier de Javel. En 1777 se construisit là-bas une manufacture pour les acides et sels minéraux, dans le but de produire à grande échelle la « lessive Berthollet ». En effet, le chimiste Claude-Louis Berthollet venait de découvrir les propriétés décolorantes du chlore, et avait mis au point l'eau de Javel. Qui sait si le produit miracle n'a pas un peu dérivé sur les eaux jusqu'à nos blanchisseuses de Boulogne...

Dans ce quartier de Javel, complètement remanié ces dernières décennies, la place du Moulin-de-Javel rappelle depuis 1993 le souvenir de cette aventure.

• Les aléas du pont de Saint-Cloud.

Il n'est pas très affriolant, le pont de Saint-Cloud, avec sa rambarde verte et son apparence de chantier désordonné. Pourtant, cette construction de 1940, agrandie au fil des ans, est l'héritière d'une longue histoire. Il y avait déjà un pont de bois au IXe siècle, un pont autour duquel s'activaient des meuniers qui avaient établi leurs moulins sur le pont même et le long du fleuve. Il y avait aussi des pêcheurs qui lançaient leurs filets dans les eaux poissonneuses…

En 1307, le pont était tellement délabré que les habitants de Saint-Cloud obtinrent la permission d'imposer un droit de passage, histoire de financer la réfection de l'ouvrage. Opération réussie en deux ans.

En 1556, le pont se trouvait à nouveau en mauvais état, et Henri II qui l'empruntait régulièrement pour se rendre à sa maison de Saint-Cloud en fit construire un nouveau. Seulement, en 1590, la Ligue catholique fit exploser ce nouveau pont, pour tenter d'empêcher le huguenot Henri de Navarre d'entrer dans Paris et de devenir le roi Henri IV. Le pont fut réparé, mais à l'économie, et des arches de bois vinrent remplacer les pierres éboulées… Il faudra attendre 1810 pour que cette construction hybride soit remplacée par un ouvrage fait entièrement de pierre.

• Le château disparu.

Au-delà du pont, dans le domaine national de Saint-Cloud, avancez jusqu'à la Lanterne, un point qui culmine à quatre-vingt-quatorze mètres d'altitude et offre un panorama exceptionnel sur Paris... Ce paysage, nos lointains ancêtres l'appréciaient déjà avant la création de la capitale : on y a découvert un habitat vieux de cinq mille ans avec silex polis et pointes de flèches ! Mais si l'endroit est encore connu comme la Lanterne, c'est que Napoléon avait fait installer à cet emplacement la copie d'une petite tour antique dressée à Athènes à la gloire d'un riche mécène nommé Lysicrate. Ce monument, surmonté d'un fanal, était allumé lorsque l'Empereur occupait ses appartements du château. L'édifice a été dynamité par les Prussiens en octobre 1870, et quelques jours plus tard, le château lui-même a été incendié par un obus français tiré contre l'armée ennemie. Mais les fondations n'ont pas été touchées, paraît-il, et certains militent pour la reconstruction du château, qui deviendrait alors lieu d'expositions et centre de conférences.

19

AU FIL DU BOULEVARD
HAUSSMANN

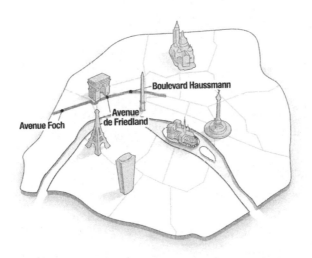

Du boulevard Haussmann jusqu'au bois de Boulogne : les jarretières de Marie-Antoinette, des danseuses nues à l'Opéra, des boîtes à sable dans les rues, l'avenue la plus large de Paris et la madeleine de Proust.

Le XIXe siècle a sans doute été la période la plus turbulente de l'histoire de France, une époque frénétique, inventive, qui vit s'entremêler deux républiques, trois rois et deux empires... le tout sur fond de révolution des transports, des techniques et des idées.

Durant ce siècle de mutation et de transformation, Paris est bouleversé en profondeur. Toute l'infrastructure citadine est repensée, remodelée... Un homme symbolise à lui seul ce siècle de changement : Georges Eugène Haussmann. Ce préfet de la Seine a modifié

soixante pour cent de la physionomie de la capitale...
Il a complètement repensé Paris pour l'inscrire dans
les enjeux du siècle et le préparer à ceux de l'avenir.
Afin de réaliser ce nouveau Paris, il obtient de l'empereur une loi autorisant l'expropriation par simple
décret du pouvoir exécutif. Pour le financement, il
s'assure de la prise en charge par l'État d'une partie
des travaux et n'hésite pas à avoir recours à l'emprunt.
Sa gestion provoque la critique : en 1868, Jules Ferry
se moque des « comptes fantastiques d'Haussmann »
et, en 1871, dans *La Curée*, Émile Zola dénonce la soif
de spéculation immobilière qui saisit les financiers.

Nombreux sont ceux qui, aujourd'hui encore,
reprochent à Haussmann une transformation trop radi-
cale de la Ville lumière, un chamboulement à jamais de
l'âme de Paris, et surtout une expulsion vers la banlieue des couches populaires. Reconnaissons toutefois
que l'esthétique haussmannienne fait aujourd'hui une
bonne part du charme et de l'élégance de Paris. D'ailleurs, l'Empire offrit au préfet bâtisseur l'honneur
d'inscrire sans tarder son nom dans la géographie parisienne... Napoléon III aurait voulu lui consacrer le
boulevard Saint-Michel, dans le Quartier latin, mais
Haussmann lui-même préféra voir son patronyme
accolé à cette voie de la rive droite près de laquelle il
était né en 1809.

Ce boulevard Haussmann, qui ne sera complètement terminé que bien plus tard, en 1929, prend naissance sur les Grands Boulevards, dans cet Ouest
parisien qui semble encore et toujours taillé sur mesure
pour les riches et les puissants...

C'est ce boulevard que je vous propose d'emprunter, il nous fera voyager en plein XIXe siècle avec
ses rues droites, aérées, fluides. Nous poursuivrons

jusqu'à la place de l'Étoile, aujourd'hui Charles-de-Gaulle et, par l'avenue Foch, nous pousserons notre flânerie jusqu'au bois de Boulogne.

• Un Opéra pour Napoléon III.

Après les Grands Boulevards, les théâtres et les cafés laissent place aux banques et aux compagnies d'assurances. Le boulevard Haussmann ? Une rue-mur, une artère faite d'immeubles parfaitement alignés qui se dressent comme un rempart. Mais tout change soudain car nous arrivons à l'arrière de l'Opéra... À cet endroit précis, je suis toujours saisi par la sensation diffuse de pénétrer l'envers du décor, d'entrer en quelque sorte dans les coulisses du pouvoir.

— De quel style est le nouvel Opéra ?

Cette question posée par l'impératrice Eugénie provoqua cette réponse courtisane de l'architecte Charles Garnier :

— C'est du Napoléon III, madame.

Profitons-en pour faire le tour de l'édifice... En passant à droite pour arriver sur la façade ouest, vous la voyez, cette double rampe pavée qui s'échappe de la rue avec tant de grâce ? Les carrosses auraient dû l'emprunter pour arriver devant deux portes discrètes flanquées chacune de deux aigles de bronze... L'empereur et ses invités auraient eu ainsi un accès direct aux loges, on serait resté entre soi, on aurait évité les attentats... Mais Napoléon III n'a jamais eu l'occasion de passer par là : commencé sous l'Empire, le bâtiment a été achevé en 1874, sous la République.

• La danse scandaleuse.

Nous voici devant l'Opéra, tournez votre regard vers la droite : une sculpture de Jean-Baptiste Carpeaux célèbre la danse. Figé dans la pierre, un faune androgyne brandit un tambourin et de belles naïades font la ronde autour de lui. Aujourd'hui, les passants déambulent, sans sursauter, au pied de la composition, mais lors de sa pose, en 1869, cet ensemble déclencha la colère de la population bourgeoise. Pourquoi ? Parce que ces demoiselles bien en chair accomplissent une joyeuse farandole aussi nues que le jour de leur naissance !

Napoléon III se résolut alors à chercher une autre statue pour illustrer la chorégraphie... Il n'en eut pas le temps. La guerre de 1870 et la chute du régime impérial mirent un terme à la polémique.

Finalement, l'œuvre fut tout de même retirée... en 1964. Elle se détériorait sous l'effet de la pollution, et une copie la remplaça aussitôt. L'original vous attend au musée d'Orsay.

• La rivière du Printemps.

Vous souvenez-vous de *La Grande Vadrouille* ? Quand Louis de Funès et Bourvil fuient les Allemands qui les poursuivent à l'Opéra, ils s'échappent par un cours d'eau souterrain... En fait, cette rivière cachée, la Grange-Batelière, ne coule pas dans les fondations du bâtiment Garnier, mais un peu en retrait, le long de la rue de Provence, et passe sous le grand magasin du Printemps. Il y a bien longtemps, de petits cabotages souterrains y étaient même organisés... Frissons garantis ! Hélas, la Grange-Batelière a subi les mêmes dégradations que la Bièvre, autre rivière parisienne :

devenue un égout, elle fut recouverte et rapidement oubliée.

Quant à la légende lacustre de l'Opéra, elle n'est pas tout à fait exacte. Il n'y a pas de lac sous le palais Garnier, mais simplement de grands bassins dont l'objectif, lors de la construction, était à la fois de canaliser les eaux du terrain marécageux et de stabiliser les fondations.

• 40, boulevard Haussmann. Quand la pub rend fou.

Ce n'était pas encore la pub, certes, on parlait simplement de réclame, mais le concept avait déjà bien évolué. L'« événementiel » pointait son nez. Et les Galeries Lafayette avaient bien besoin de créer l'événement en cette année 1919 : le bâtiment du boulevard Haussmann avait été inauguré avant le Première Guerre mondiale avec sa verrière Art nouveau qui faisait entrer la lumière dans les rayons, mais le conflit mondial avait fait un peu oublier aux consommateurs les nouveautés des Galeries... Alors, pour faire parler du grand magasin, on fit appel à l'aviation qui s'était tant développée durant la guerre. Un concours fut lancé avec vingt-cinq mille francs à la clé : il s'agissait de poser un avion sur le toit de l'édifice – à peine trente mètres de piste pour atterrir ! La préfecture de police interdit évidemment toute tentative de ce genre, mais le pilote Jules Védrine, un as de l'aviation militaire, réussit l'exploit et emporta la récompense le 19 janvier 1919. Ses audaces allaient pourtant le conduire à la catastrophe : trois mois plus tard, il s'écrasait aux commandes du bimoteur qui ouvrait la ligne Paris-Rome.

Le petit métier du coin

L'allumeur de réverbères. Au début, il y avait la bougie. Elle ne produisait qu'une petite lumière vacillante, et le falot que l'on portait devant soi la nuit pour s'éclairer dans les rues de Paris n'était pas très efficace. Au XVIIe siècle, les édiles parisiens ont une idée lumineuse : placer à chaque extrémité des rues deux lanternes munies de chandelles, allumées le soir et éteintes le matin non par des professionnels rémunérés mais par des commis-allumeurs, c'est-à-dire des habitants de la voie désignés par la municipalité.

Il faudra attendre 1771 pour que les chandelles laissent enfin la place aux réverbères : des lanternes à huile, bien plus puissantes que les vieux lampadaires. Mais cette fois, vu le nombre, ce sont des professionnels qui s'en occupent. C'est alors qu'apparaît la profession d'allumeurs de réverbères... Au XIXe siècle, ils sont sept cent cinquante à s'occuper des lampes parisiennes, alimentées désormais au gaz. Sous la pluie ou sous la neige, dans le froid ou la chaleur, on les voit, casquette réglementaire sur la tête, brandir leur longue perche surmontée d'une petite flamme elle-même protégée par une enveloppe de tôle percée de trous. Ils ouvrent le robinet du réverbère, enflamment le bec qui produit soudain un trait de lumière... Ils allument ainsi les rues tous les soirs dès la nuit tombée et reviennent éteindre le matin à 6 heures.

Mais en 1881, l'Exposition internationale d'électricité, au palais de l'Industrie sur les Champs-

Élysées, présente une nouveauté stupéfiante : l'ampoule électrique ! Cette même année, les Grands Boulevards s'illuminent déjà de quatre luminaires électriques... Les allumeurs de réverbères sont condamnés par le progrès.

• La passerelle de la gare Saint-Lazare.

Du boulevard Haussmann, on aperçoit en retrait la masse imposante de la gare Saint-Lazare, symbole de la révolution des transports avec l'apparition du chemin de fer. C'est la plus ancienne gare de Paris. On y inaugura, le 26 août 1837, la première ligne exclusivement réservée aux voyageurs... une petite ligne de vingt kilomètres entre Paris et Saint-Germain-en-Laye.

Mais il faut parfois se promener le nez en l'air... Si vous le faites, vous apercevrez, émergeant de la gare et se prolongeant jusqu'à l'hôtel en face, une charmante passerelle couverte flanquée de colonnes métalliques, de baies vitrées et de briques décorées. Ce passage était destiné à la riche clientèle du Grand Hôtel Terminus, qui pouvait ainsi sortir du train et gagner immédiatement ses appartements sans se crotter les pieds sur le pavé parisien ! On dit que le prince de Galles, futur Édouard VII, faisait régulièrement de petites incursions à Paris, en toute discrétion. Descendu du train, il empruntait la passerelle, rencontrait au Grand Hôtel les plus attrayantes des cocottes fin de siècle, puis s'empressait de repartir aussi incognito qu'il était venu...

• 119, rue Saint-Lazare. L'Alsace modèle réduit.

En face de la gare, cette façade étroite, joyeuse et colorée est un hymne à la bière et à l'Alsace, avec l'effigie de Gambrinus placée sous le regard de l'inévitable cigogne. En 1894, la maisonnette a été ainsi décorée pour un restaurateur qui se présentait fièrement, sur l'enseigne, comme le « Roi de la Bière ». Mais cette architecture ostentatoirement alsacienne en plein Paris haussmannien n'était pas seulement une publicité pour la brasserie, c'était aussi une revendication muette… Depuis un peu plus de vingt ans, l'Alsace avait été arrachée à la France par la Prusse.

• Square Louis-XVI. Les précieuses jarretières de Marie-Antoinette.

Au moment de la Révolution, ce square était occupé par le cimetière de la Madeleine, lieu d'inhumation pour les guillotinés de la place de la Concorde. Ici furent enfouis au fond d'une fosse les corps de Louis XVI puis de Marie-Antoinette.

Vingt-deux ans plus tard, en 1815, Louis XVIII monte sur le trône. Il fait aussitôt exhumer les dépouilles de son frère et de sa belle-sœur pour les transférer à la basilique Saint-Denis. Les ossements de la reine décapitée sont reconnus sans erreur possible grâce à deux jarretières élastiques confectionnées par la souveraine elle-même. Quant au corps du roi, on est moins certain de son identification, et les débats d'historiens ne sont pas terminés. Mais pour entretenir le souvenir s'éleva dans l'ancien cimetière une chapelle expiatoire où l'on peut voir les souverains suppliciés, sculptés dans le marbre blanc, lever pour l'éternité les yeux vers le ciel.

• 102, boulevard Haussmann. La madeleine de Proust était une biscotte !

Le 1er janvier 1909, le boulevard est recouvert d'une fine couche de neige. Tard dans la nuit, Marcel Proust presse le pas pour rentrer chez lui, il s'engouffre dans l'immeuble du 102 et monte à son appartement du premier étage. Il a froid, il tremble un peu, et sa gouvernante, Céline, lui conseille de prendre un thé… D'autorité, elle lui en verse une tasse accompagnée de quelques biscottes. Proust trempe machinalement une biscotte dans le breuvage et la porte à sa bouche. Instant sublime, étrange sensation de lumière et de bonheur… Tout un passé ressurgit avec cette biscotte ramollie, celle que son grand-père lui offrait autrefois. Ce goût oublié et retrouvé, c'est celui de l'enfance perdue.

Justement, l'écrivain a commencé l'écriture de son roman *Du côté de chez Swann*, et de cette expérience unique de la biscotte, il rédige une page frémissante : « L'odeur et la saveur restent encore longtemps, comme des âmes, à se rappeler, à attendre, à espérer, sur la ruine de tout le reste, à porter sans fléchir, sur leur gouttelette presque impalpable, l'édifice immense du souvenir. »

Oui, mais ce déclencheur du souvenir sera-t-il, dans son roman, une biscotte ou du pain grillé ? Grave question. Proust hésite, rature son manuscrit, y revient… Finalement, biscotte et pain grillé lui semblent manquer un peu de classe pour le milieu gourmé dans lequel il fait évoluer ses personnages. Ce sera une madeleine, l'un de ces gâteaux qui « semblent avoir été moulés dans la valve rainurée d'une coquille de Saint-Jacques ».

Dix ans plus tard, en 1919, Proust doit quitter son

nid douillet du boulevard Haussmann : l'immeuble est vendu à une banque qui donne congé à tous les locataires. En 1996, la chambre du célèbre écrivain est ouverte au public... Puis fermée en 2004 lorsque le CIC vient poser ses pénates en ces lieux. Les proustiens passionnés pourront aller se consoler avec la reconstitution de la chambre au musée Carnavalet (*16, rue des Francs-Bourgeois*).

• 1, avenue de Friedland. La maison sacrifiée du baron Haussmann.

Poursuivons notre promenade sur le boulevard Haussmann pour croiser, à hauteur du numéro 132, la statue du baron lui-même : il regarde la perspective de son boulevard... Un lieu familier pour lui : un peu plus loin, à l'endroit où le boulevard devient l'avenue de Friedland, autrefois rue du Faubourg-du-Roule, se dressait un hôtel particulier habité par Nicolas Haussmann, intendant militaire de Napoléon Ier, et par son épouse Ève-Marie, fille d'un général d'Empire. C'est là que vint au monde leur fils Georges Eugène, futur baron Haussmann. Dans ses travaux gigantesques, Haussmann fit abattre dix-huit mille maisons parisiennes entre 1853 et 1870... dont celle qui l'avait vu naître. Ainsi a pu se constituer l'extrémité du boulevard qui devait porter son nom... Cette gloire méritait bien un petit sacrifice.

• Place Georges-Guillaumin. Le marchand de sable est passé.

Le XIXe siècle a inventé et développé le mobilier urbain. On connaît les colonnes Morris, dont l'intérieur servait jadis de toilettes publiques grâce à une petite porte discrète ; on n'ignore rien des fontaines Wallace offertes à Paris par un baronnet anglais, mais on a oublié les boîtes à sable... Elles étaient toutes identiques : en fonte, de couleur marron rouille à l'origine, frappées des armes de la ville de Paris et de sa fière devise *Fluctuat nec mergitur.* Elles étaient là en prévision des jours de neige. Ces jours-là, le cantonnier jetait le sable sur le verglas, pour que passants et voitures ne glissent pas trop sur le sol gelé. Mais même en plein été, le sable des boîtes était bien utile : il asséchait l'urine des chevaux, permettant de limiter les odeurs et de balayer les rues.

Finalement, le sel remplaça le sable puisqu'il parvenait à faire fondre la glace, et les automobiles ont fait disparaître les déjections chevalines du pavé parisien. Les boîtes à sable, devenues obsolètes, s'effacèrent du paysage... Il n'en reste pas plus de cinq dans toute la ville : Place Georges-Guillaumin ; 22, avenue de Saxe, dans le VIIe arrondissement ; 48, avenue Gabriel, et 2, place de la Reine-Astrid, dans le VIIIe ; et 39, avenue Trudaine, dans le IXe.

• Arc de triomphe de l'Étoile. La gloire de Napoléon chantée par les rois et la République.

La voie tracée par Haussmann s'étire jusqu'à la place de l'Étoile, extrémité de Paris au début du XIXe siècle. Mais ces bornes doivent alors être repoussées : la ville se développe et s'étend. En annexant à la capitale quelques villages mitoyens, le second Empire transforme les limites anciennes en nouveaux boulevards...

Si les cernes des arbres sont autant d'anneaux de croissance, Paris grandit de la même manière depuis le

XVIIe siècle : par cercles concentriques. Et le boulevard Haussmann pourrait être l'axe reliant l'anneau de Louis XIV — les Grands Boulevards — à l'anneau de Napoléon III, qui fit une promenade de l'ancien mur des Fermiers généraux.

Nous voici arrivés devant l'Arc de triomphe... Napoléon en a rêvé, Louis-Philippe l'a fait. L'Empereur voulait un arc élevé au triomphe de la Grande Armée, et il en a d'ailleurs posé la première pierre le jour de son anniversaire, le 15 août 1806. Mais le monument s'est élevé lentement, trop lentement... Il a fallu d'abord deux années pour en achever les fondations, puis on construisit à petit rythme... La voûte était à peine achevée quand l'Empire s'effondra. La Restauration avait d'autres préoccupations et se désintéressa du projet. Durant quinze ans, l'Étoile ne fut qu'un chantier abandonné. Louis-Philippe décida d'achever le monument, désireux d'y inclure, par esprit d'entente nationale, la gloire de toutes les armées françaises depuis la Révolution. C'est pour cela que l'on y voit aussi bien le départ des volontaires de 1792 que Bonaparte au pont d'Arcole ou Napoléon à Austerlitz. L'Arc put être inauguré le 29 juillet 1836. Ce n'était plus l'anniversaire d'un empereur, mais celui des Trois Glorieuses qui, six ans auparavant, avait porté Louis-Philippe au pouvoir.

Laissons passer un roi et un empire pour arriver à la République, qui jugea alors qu'elle n'était pas assez représentée sur l'édifice. En 1882, la maquette d'une sculpture monumentale fut ajoutée au sommet de l'Arc. Son nom : *Le Triomphe de la Révolution*. On y voyait la République sur son char tiré par quatre chevaux s'apprêtant à écraser l'Anarchie et le Despotisme. Après tant de soubresauts, la République était bien installée à la Chambre des députés, là-bas, au bout des Champs-Élysées, mais elle était nettement moins solide à l'Étoile ! En effet, quatre ans après avoir été posée, la maquette tombait en ruines et fut retirée. On discuta encore un peu pour savoir ce qui devait venir coiffer le monument, on évoqua un quadrige, des coqs, des aigles… Et puis le débat cessa dans l'indifférence générale, et rien ne fut ajouté sur le monument, sinon l'ombre des touristes qui viennent admirer, de là-haut, la plus belle avenue du monde.

Le mot du quartier

Gadget, n.m. *Petit objet sans grande valeur, pas très utile, mais amusant et ingénieux.*

En 1879, le sculpteur Auguste Bartholdi travaille d'arrache-pied sur *La Liberté éclairant le monde*, une statue gigantesque, cadeau de la France aux États-Unis. Pour la structure interne, il a choisi l'ingénieur Gustave Eiffel, qui imagine un pylône métallique capable de soutenir trois cents plaques de cuivre martelé. Ces plaques de cuivre sont fabriquées par la fonderie Gaget-Gauthier et Cie, 25, rue de Chazelles, établissement remplacé aujourd'hui par un cabinet médical qui a judicieusement conservé comme logo la statue de la Liberté.

L'opération d'assemblage des différentes pièces de la statue prend du retard et l'inauguration new-yorkaise ne peut avoir lieu que le 28 octobre 1886. Pour ce grand jour, des invités triés sur le volet, tous masculins, sont conviés autour du président américain Grover Cleveland. Dans le but de se faire connaître et d'emporter peut-être quelques marchés dans le Nouveau Monde, la fonderie Gaget-Gauthier offre à chaque personnalité présente ce jour-là une petite réplique de la statue... C'est amusant, et les invités s'apostrophent entre eux :

— *Have you received your Gaget ?* Avez-vous reçu votre Gaget ?

Avec l'accent yankee, Gaget devient Gadget et le mot retraversera l'Atlantique...

• Une avenue pour l'impératrice.

Quittons la place Charles-de-Gaulle, l'Étoile de naguère, pour emprunter l'avenue Foch, avenue de l'Impératrice lors de sa création en 1854. Le bois de Boulogne avait été réaménagé, et il fallait une avenue prestigieuse pour y conduire, une voie large, arborisée, élégante.

L'architecte Jacques-Ignace Hittorf, qui vient de redessiner le bois, est chargé par Haussmann d'imaginer cette somptueuse voie d'accès. Jusque-là, pour atteindre le bois, il fallait passer par la route de Saint-Germain, notre avenue de Neuilly, ou par la route de Suresnes, qui deviendra l'avenue Victor-Hugo. À vrai dire, ce détour ne prêtait pas à conséquence : on n'allait que rarement au bois, et l'avenue des Champs-Élysées marquait, jusqu'au milieu du XIXe siècle, la pointe extrême des promenades parisiennes. Au-delà, c'était l'inconnu, l'étrange, l'inquiétant. Mais tout changea avec la société bourgeoise du second Empire qui allait faire du bois la balade destinée à voir et à être vu.

Hittorf envisage le tracé de la nouvelle avenue qui

doit avoir, selon les plans initiaux, une largeur de quarante mètres, dix de plus que les autres voies conçues dans les grands travaux de l'époque.

— Quarante mètres ? Mais c'est le double, le triple qu'il nous faut ! gronde Haussmann.

Il ordonne à l'architecte d'ajouter à son plan deux pelouses, des contre-allées, une chaussée pour les voitures, une allée pour les cavaliers, une autre pour les piétons… On le répète, on le martèle : tout cela doit être grandiose !

Effectivement, l'avenue aura cent vingt mètres de large, et c'est toujours la plus large de Paris ! Autre particularité : le trottoir situé entre la chaussée et les espaces verts n'est toujours pas goudronné, petite attention pour les cavaliers…

Une belle avenue, un bois réaménagé, voilà l'écrin dans lequel vont trottiner les plus beaux attelages parisiens. Sur l'avenue de l'Impératrice et jusque dans les sentiers boisés, se mêlent le Tout-Paris des aristocrates, des diplomates, des banquiers, des actrices en vogue et des demi-mondaines… On déambule au bois, parfois on pousse jusqu'à la grande cascade dont le grondement surgissant des rochers accompagne avec grâce la nature domestiquée. Les plus intrépides font un peu de canotage sur le lac, mais la plupart des promeneurs se contentent d'en faire le tour. C'est là, dans un embarras de voitures et de chevaux que s'évite, se recherche, se salue ou s'ignore toute la société du second Empire. Et voici, dans sa calèche conduite par des laquais poudrés, la belle Elisa Parker, une gourgandine venue des Amériques dont on dit que la fortune a été assurée par une tapageuse liaison avec le roi Guillaume II de Hollande. Plus loin passe, hautaine et silencieuse, Pauline de Metternich, l'Autrichienne qui fume le cigare et lance les modes. Viendront ensuite Béatrice de Rothschild coiffée d'un vieux chapeau informe penché sur le côté, Réjane – la comédienne si populaire –, qui traverse le bois dans sa calèche tirée par deux mules blanches, le comte Moïse de Camondo dont le monocle noir fascine, et le dandy Boni de Castellane, brillant comme un sou neuf tant il s'est pommadé…

• 84-86, avenue Foch. Mourir pour ne pas parler.

Changement de décor. Sous l'Occupation, l'ancienne avenue de l'Impératrice, devenue avenue Foch, abrite le siège de la Gestapo. C'est là que, le 22 mars 1944, on torture Pierre Brosselette pour lui faire avouer les noms de ses compagnons de lutte. Pierre Brosselette est alors un rouage essentiel de la Résistance, il a d'abord œuvré au sein du célèbre réseau du Musée de l'homme, puis à Londres où il a parlé à la radio et enfin dans différentes opérations menées sur le territoire.

Face à ses bourreaux, Pierre Brosselette se tait. Profitant d'un moment d'inattention des gestapistes, il se jette par la fenêtre du cinquième étage.

En 2014, la contre-allée de l'avenue a été baptisée pelouse Pierre-Brossolette et, l'année suivante, les restes du héros ont été transférés au Panthéon.

• Hector Guimard dans son jus.

Porte-Dauphine : au départ, en 1900, c'était une station de métro expérimentale d'un point de vue esthétique. L'architecte Hector Guimard a tout essayé, la verrière décorative, les empattements en forme de libellule, les carrelages crème dans les couloirs… Et ce cahier des charges à ciel ouvert, au bout de l'avenue

Foch, a miraculeusement survécu à tous les modernismes et à toutes les rénovations. Descendre ici, c'est remonter le temps.

La légende des lieux

La croix du troubadour. Il s'appelait Arnaud Catelan, c'était un jeune poète occitan du XIIIe siècle, il aimait la chanson, la rime, les senteurs de son pays et Béatrice de Savoie, comtesse de Provence, qui en son palais d'Aix-en-Provence protégeait les arts. Mais le roi Philippe le Bel, ayant entendu chanter les louanges de ce troubadour, l'appela à sa cour, et le jeune homme dut quitter son cher pays. Il emporta avec lui des parfums qu'il serrait dans une bourse, cadeaux pour le souverain de France, son nouveau maître. Arrivé à Paris, Arnaud Catelan reçut ordre de rejoindre le roi Philippe en son domaine de Passy... Il fallait traverser la redoutable forêt de Rouvray, notre bois de Boulogne, et ce n'était pas une expédition dénuée de danger : les malandrins infestaient ces lieux. Par mesure de sécurité, le roi envoya une petite troupe au-devant du voyageur. Mais quand le commandant des gens d'armes repéra le troubadour, il fut intrigué par la besace bien remplie que transportait le garçon... Il s'agissait certainement de pièces d'or destinées au roi ! Pour s'emparer de ce trésor, le militaire assassina le poète. Le meurtrier ne trouva pourtant dans le sac de sa victime que des parfums, piètre butin qu'il partagea avec ses hommes. Son forfait accompli, il s'en alla annoncer au roi que le troubadour restait introuvable... Une battue fut organisée et l'on découvrit le corps sans vie du pauvre Arnaud.

Quant à l'assassin et à ses acolytes, leur forfait les confondit : les parfums qu'ils exhalaient n'étaient concoctés qu'en Provence ! Condamnés, ils furent brûlés vifs à petit feu. Enfin, sur ordre du roi, une croix fut dressée à l'endroit où le corps du troubadour avait été retrouvé. Avec le temps, cette première croix, en plein bois de Boulogne, s'est dégradée, mais une autre lui a succédé, puis une autre encore... Elle est toujours là, au centre du carrefour de la Croix-Catelan.

20

AU FIL DU PÉRIPH'

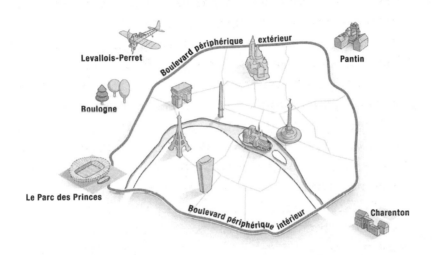

On tourne autour de Paris pour retrouver Eiffel et Blériot à Champerret, L'Avarc à Bercy, la cabane de Louis Renault à Boulogne, les grands moments du Parc des Princes et les premiers hommes volants de la Muette.

Le XXᵉ siècle a aimé l'automobile, follement. Pour elle, le siècle a sacrifié une partie des voies sur berge, offrant la sensation étrange de couper le fleuve nourricier de ses habitants. Pour elle, le siècle a aussi isolé Paris de sa banlieue en ceinturant la ville d'une autoroute qui vole de porte en porte : le périphérique. Trente-cinq kilomètres de bitume achevés en 1973, mais planifiés dès 1956 dans une France qui était entrée dans les Trente Glorieuses, cette époque où elle s'industrialisa et s'enrichit dans le bonheur retrouvé.

Au début, il y avait l'enceinte de Thiers, construite

dès 1841 avec le soutien de ce président du Conseil qui lui a donné son nom. C'était un immense ouvrage qui faisait le tour de Paris avec un chemin de ronde intérieur, un mur de dix mètres de haut et de six mètres de large et, à l'extérieur, deux cent cinquante mètres de glacis désignés comme la Zone, espace inoccupé, sans constructions et sans arbres, destiné à offrir une vue dégagée aux défenseurs de la ville. Cette bande de terrain vague devint rapidement un lieu de promenade pour les Parisiens, on y vit même quelques guinguettes improvisées... Mais dans la seconde moitié du XIXe siècle, sur cette zone non constructible apparut bientôt toute une population miséreuse qui fit du lieu un refuge de planches, de cartons et de toiles.

En 1871, le siège de Paris par les Prussiens fit apparaître clairement que les progrès de l'artillerie rendaient obsolètes ces vieilles fortifs. À quoi pouvaient-elles bien servir contre les nouveaux canons, qui envoyaient leurs obus jusqu'à douze kilomètres ? Dès lors, les fortifications étaient condamnées, « déclassées » en terme militaire.

Après la Première Guerre mondiale, la démolition de l'enceinte commença, et dura une dizaine d'années. Le chemin de ronde intérieur se transforma en ceinture tout autour de la ville : les boulevards des Maréchaux, appelés ainsi parce que la plupart d'entre eux portent le nom d'un maréchal d'Empire : Poniatowski, Soult, Ney, etc.

À la place des fortifications elles-mêmes, de nouveaux immeubles furent construits pour recevoir la population qui croupissait dans la Zone : à la muraille de pierres grises de Thiers succéda ainsi la muraille de briques rouges des HBM, habitations à bon marché, ancêtres de nos HLM, les habitations à loyer modéré.

Quant à l'espace du glacis, des projets imaginèrent pour lui une zone verte, une zone de détente et de promenade avec parcs et terrains de sport. C'est finalement une drôle de promenade qui va y être tracée : le périphérique.

Pour achever les balades que nous venons de faire à travers l'Histoire, je vous propose donc un tour de Paris un peu particulier. Ce ne sont plus les rues et les numéros des immeubles qui nous serviront de repères, mais les portes dont les noms nous permettront de faire un peu mieux connaissance avec les villes au-delà du périph'. On le verra, malgré la frontière de bitume, ces agglomérations sont indissociablement liées à l'histoire de Paris.

Le mot du quartier

Zonard, n.m. Habitant de la périphérie parisienne, terme souvent péjoratif qui désigne alors plus spécifiquement un jeune désœuvré errant dans la banlieue.

Devant l'enceinte de Thiers, les stratèges avaient aménagé la Zone, terme tiré du latin *zona*, qui signifie ceinture. Parce que la Zone ceinturait Paris.

Dans la seconde moitié du XIXe siècle, Paris connaissait une croissance démographique galopante. Non seulement la ville ne parvenait plus à absorber les nouveaux migrants issus de l'exode rural, mais les grands travaux de rénovation de la capitale repoussaient les populations miséreuses en périphérie. Sur la Zone, on assista alors au développement effarant d'un habitat précaire fait de baraques de bois et de roulottes où vint s'entasser une population qui croupissait dans le froid, l'humidité et l'insalubrité...

En 1912, une étude recensait plus de douze mille constructions bricolées dans la Zone. Et les malheureux qui les habitaient, on les appela d'abord « zoniers », puis l'argot parisien s'imposa, et l'on dit « zonards ». Malgré les actions, malgré les indignations, malgré l'abbé Pierre qui s'engagea farouchement afin de lutter contre la pauvreté extrême, les derniers zonards ne quittèrent les bidonvilles que dans les années 1960, quand le périph' vint les déloger.

Sauf qu'aujourd'hui, en roulant sur ce boulevard autour de Paris, c'est le cœur serré que l'on aperçoit les cabanes de nouveaux zonards massées le long des grillages.

• Porte Maillot. Contourner Paris par la route de la Révolte.

Voilà une des rares portes du périphérique qui ne portent pas le nom d'une ville limitrophe. Maillot viendrait d'un jeu de mail qui se trouvait à l'entrée du bois de Boulogne, une sorte de croquet qui se jouait en poussant une petite balle avec un... maillet !

Sous l'Ancien Régime, une route sortait des profondeurs du bois et poursuivait son itinéraire par un tracé qui se confond avec l'actuel périph' jusqu'à la porte de Clichy avant de filer tout droit vers Saint-Denis. Cette voie qui conduisait de Versailles à la basilique royale en évitant Paris, c'était le chemin des Princes, mais l'Histoire allait vite se charger de lui trouver un autre nom...

Le 16 mai 1750, un digne représentant de la maréchaussée tient un enfant par le collet : il emmène le petit voleur de pommes au poste de la rue des Nonnains-d'Hyères. Mais la mère accourt, elle proteste, elle hurle, on veut lui enlever son garçon... Bientôt, tout le quartier est en émoi, une rumeur se répand à la vitesse de l'éclair, on murmure que Louis XV a besoin du sang des enfants pour ses bains revitalisants ! En quelques jours, c'est l'émeute et deux mille Parisiens s'avancent sur la route de Versailles, mais sont aussitôt stoppés par la troupe.

Quand le roi est informé de ces événements, il décide d'éviter Paris, au moins le temps de voir les colères s'apaiser. Rien ne semble pourtant vraiment calmé le 7 juin, quand Louis XV se dirige vers Saint-Denis pour rendre visite à sa fille Louise, prieure au Carmel. Prudemment, le roi et son équipage contournent la ville par le chemin des Princes... qui devient pour tous la route de la Révolte ! Et si ce nom a disparu de la nomenclature des rues parisiennes, on voit encore, à Saint-Denis, un pont de la Révolte qui se trouvait sur cet itinéraire.

• Porte des Ternes. Venue du Moyen Âge.

C'était une porte des fortifs, mais son nom, comme on l'a vu *(chapitre 16)*, vient d'*externus* et est une évocation d'un fief épiscopal situé, au Moyen Âge, à l'extérieur de Paris.

• Porte de Villiers. Vers la garenne.

Au temps des fortifs, cette porte menait au village de Villiers-la-Garenne, site englobé dans Levallois-Perret.

• Porte de Champerret. Eiffel, Blériot et les autres.

Voilà une porte qui, comme son nom ne l'indique pas, débouche sur Levallois-Perret, la ville limitrophe de Paris, de l'autre côté du périph'. Pourquoi « Champerret » ? C'est tout simple. En 1822, un certain Jean-Jacques Perret fait lotir un vaste terrain : le champ Perret. Mais l'opération immobilière est un fiasco, l'entreprenant Perret est ruiné. Un peu plus de vingt ans après, les propriétaires de cette banlieue prennent l'initiative de créer une commune nouvelle et confient à un touche-à-tout inspiré, à la fois gargotier et menuisier, Nicolas Levallois, le soin de dessiner les plans de la ville future : Levallois-Perret.

Dans cette nouvelle ville, au 42, rue Fouquet, Gustave Eiffel installe les ateliers qui lui permettront de construire sa célèbre tour. Quatre cents ouvriers travaillent d'arrache-pied durant deux ans pour achever l'ouvrage qui sera inauguré le 31 mars 1889. La municipalité décide alors, sans attendre, de rebaptiser la rue Fouquet, désormais rue Gustave-Eiffel.

Dès lors, l'agglomération se consacre au progrès technique. On y construira notamment les vélos et les automobiles imaginés par Adolphe Clément-Bayard et, en 1909, l'avion avec lequel Louis Blériot accomplira son exploit : la traversée de la Manche par les airs.

• Porte d'Asnières. Le domaine des ânes.

Aux temps préhistoriques, il n'y avait ici qu'une vaste sépulture où venaient reposer pour l'éternité les premiers hommes. Un mégalithe de cinq tonnes a été découvert en 1933 : debout, il veillait sur la nécropole. Déplacé dans le square du Maréchal-Leclerc à Asnières, près de la mairie, il a été étrangement affublé d'une plaque ronde à l'effigie du héros de la France libre.

Au Moyen Âge, c'était ici le domaine des ânes, *asinaria* en latin… dont on a fait Asnières. Il paraît que l'herbe verte et l'air vivifiant convenaient particulièrement aux baudets de toute espèce. Finalement, on remarqua que ce coin charmant, isolé par la boucle de la Seine, pouvait aussi être bon pour les humains… Au XVIIᵉ siècle, quelques maisons y furent construites et, pour attirer de nouveaux habitants, Antoine Lemoyne, seigneur d'Asnières, fit appeler son fief Asnières-Belle-Île. Mais cette allusion à Belle-Île-en-Mer, c'était un peu trop ! Personne ne songea à reprendre cette appellation hyperbolique.

Au XIXᵉ siècle, on pouvait pourtant, avec beaucoup d'imagination, se croire à Belle-Île en une seule petite virée à Asnières… On venait canoter sur la Seine, danser, déjeuner sur l'herbe, et Vincent Van Gogh peignit quelques scènes locales… Bien obligé, il n'avait pas les moyens de s'échapper vers la lumière de l'authentique merveille bretonne !

• Porte de Clichy. La Justice transparente.

Nous sommes déjà passés par là pour aller chercher la villa de Dagobert dans l'ancien Clippiacum *(chapitre 7)*, mais la porte de Clichy, elle, est une création de 1840, lorsque Paris était entouré des fortifications. On voit d'ailleurs encore, rue André-Suarès, les vestiges d'un des bastions de l'enceinte, ces avancées en pointe destinées à défendre l'ensemble de l'ouvrage : le bastion numéro 44.

Aujourd'hui, le quartier se tourne vers l'avenir : dominant le périphérique, la tour-mastodonte du nouveau Palais de justice devrait ouvrir ses portes à l'été 2017. Du verre, de l'acier, des arbres, trente-huit étages et cent soixante mètres de haut... l'architecture de Renzo Piano se veut résolument XXIe siècle. Cette façade qui laisse passer la lumière offrira-t-elle une image plus transparente de la Justice ?

- **Porte de Saint-Ouen. Les chiffonniers et les Puces.**

En cherchant bien, vous pouvez tout trouver, aux Puces, de la belle commode de style jusqu'au bibelot cabossé. Il y a de quoi faire : c'est le plus vaste marché aux puces du monde ! Et son installation à cet emplacement est due, là encore, aux fortifications et à la Zone. Des chiffonniers vinrent d'abord occuper le glacis... C'était le royaume de la débrouille et de l'ingéniosité. Une chiffonnière eut un jour l'idée de récupérer les coquilles Saint-Jacques dans les boîtes à ordures ; elle les lavait, les pomponnait et les revendait aux restaurateurs qui les recyclaient sur les assiettes des clients en y fourrant quelques morceaux de fruits de mer... Elle fit ainsi carrière dans la coquille et, additionnant les petits bénéfices, put finalement se retirer dans une élégante maison de campage des environs.

Vers la fin du XIXe siècle, les brocanteurs créèrent des marchés permanents pour ne pas avoir à remballer leur marchandise tous les soirs. On achetait et l'on vendait les meubles et objets les plus divers à Saint-Ouen, même les soldats de la caserne toute proche de Clignancourt venaient brader les lits et les matelas dérobés aux entrepôts de l'armée... Ils cédaient le tout, puces comprises ! Et comme bien d'autres articles à vendre, notamment les vieux vêtements, n'étaient pas toujours d'une propreté irréprochable, on se moqua de ces « marchés aux puces »…

- **Porte de Clignancourt. La fin de Mesrine.**

Cette porte s'ouvre sur l'ancien village de Clignancourt, annexé à Paris en 1860. Au début, il y avait la paisible ferme d'un Gallo-Romain nommé Cleninus : *cortis Cleninus*, la ferme de Cleninus, dont nous avons fait Clignancourt.

C'est ici que, le 2 novembre 1979, une camionnette bleue bloque la circulation en direction du périphérique. Brusquement, la bâche arrière se soulève, une rangée d'hommes armés apparaît, ils font feu sur la BMW coincée derrière eux. Ainsi est tombé Jacques Mesrine, celui que la presse de l'époque surnommait « l'ennemi public numéro un ».

- **Porte de la Chapelle. La dernière croix du carrefour.**

L'enceinte de Thiers tournait très au large de Paris, englobant dans sa protection quelques villages alentour, dont celui de La Chapelle.

À cette époque encore, des croix monumentales marquaient de nombreux carrefours de la capitale. Et puis, la perte du sens religieux et les réaménagements de la voirie se sont conjugués pour les faire disparaître. Toutes ? Non ! Il en reste une… Elle se dresse au bout de l'ex-village de La Chapelle, à l'angle de la rue de l'Évangile et de la rue d'Aubervilliers. Dans son coin de verdure, elle est un peu étouffée par la circulation incessante, et l'on risque de passer dans le secteur sans même la remarquer. On dit qu'une croix s'élevait déjà ici dès le XVIe siècle, mais celle-ci a été posée en

1860, l'année même où l'ancien bourg était rattaché à Paris *(chapitre 10)*.

Si vous avez la chance d'avoir vu *Les Portes de la nuit*, un film de Marcel Carné tourné en 1946, vous vous souvenez sans doute d'Yves Montand et Nathalie Nattier s'embrassant devant ce crucifix. Au loin, sur l'écran, la rue se prolonge en noir et blanc, sombre et quasiment déserte. À l'arrière se profilent les réservoirs de gaz qui encadraient alors le monument... Une merveilleuse reconstitution faite au studio de Joinville, en bois et carton-pâte !

La légende des lieux

Porte d'Aubervilliers. Terre de prodiges. Après avoir été, au XIe siècle, *Alberti villare*, la villa d'Albert, l'endroit n'était plus, cent ans après, qu'une simple chapelle consacrée à saint Christophe. Mais c'est une image de la Vierge qui opéra ici des miracles : des malades y recouvrèrent la santé. Le bruit de ces merveilles se répandit si bien que, vers 1350, le roi Philippe VI vint s'agenouiller à Aubervilliers et faire de grands cadeaux à la chapelle. Les gens de la Cour, pour complaire au souverain, s'empressèrent de l'imiter et le peuple se précipita pour prier Notre-Dame des Miracles. La chapelle devint riche et Aubervilliers se peupla.

Nouveau prodige en 1429 : cette année-là, une femme accoucha à Aubervilliers d'un « enfant double » : des sœurs siamoises attachées par le ventre. Baptisées Agnès et Jeanne, elles moururent le lendemain. Et la chronique dit que ce jour-là – horreur ! –, dix mille Parisiens quittèrent la ville pour aller jusqu'à Aubervilliers, espérant apercevoir cette diablerie : deux nouveau-nés qui n'en formaient qu'un.

• Porte de la Villette. L'eau des Parisiens.

Le village de La Villette, annexé lui aussi à Paris en 1860, englobait le bassin de la Villette, une voie d'eau qui, depuis 1808, reliait le canal de l'Ourcq au canal Saint-Martin. La fonction première du bassin était de fournir de l'eau potable aux Parisiens, mission si bien réussie qu'en 1832, lorsque se déclencha l'épidémie de choléra, les médecins remarquèrent que les quartiers dans lesquels les habitants buvaient l'eau du bassin étaient moins atteints que ceux où l'on se désaltérait avec l'eau de la Seine. Car les eaux sales de la ville finissaient, bien évidemment, dans le fleuve... Pour la première fois, les services de santé prenaient conscience d'un problème de pollution.

En 1869, ce furent les services de police qui se trouvèrent confrontés à un autre genre de problème : un champion de l'assassinat en série !

Nous sommes à huit cents mètres de la porte de la Villette, au niveau de la station de métro Aubervilliers-Pantin-Quatre-Chemins, qui n'existait pas encore à l'époque des faits. C'est là, dans un champ de luzerne, que fut commis l'un de ces abominables meurtres qui font tant frémir dans les chaumières.

Le 20 septembre, Jean-Baptiste Troppmann, un Alsacien de vingt ans portant beau, petite barbiche discrète, mèche élégante qu'il relève sur son front d'un mouvement gracieux, assassine à coups de pioche toute une famille : la mère et ses cinq enfants. Auparavant, il avait déjà empoisonné le père et poignardé le fils aîné.

Cupide, décidé à faire fortune par tous les moyens, Troppmann avait gagné la confiance de Jean Kinck, son compatriote alsacien, patron d'une filature à Roubaix. Le jeune homme veut de l'argent, beaucoup d'argent. Il supprime le filateur, espérant dérober le numéraire que sa victime est censée emporter avec elle ce jour-là, mais il fait chou blanc et récupère à peine deux cents francs. Même chose pour l'aîné des fils de sa victime, qui n'a pas un centime sur lui.

Troppmann est alors pris d'une folie meurtrière. Chez un quincailler de ce qui est aujourd'hui l'avenue Corentin-Cariou, à peu près en face de l'entrée de l'actuel parc de La Villette, il achète une pelle et une pioche… Puis il part en fiacre pour la gare du Nord, où il a rendez-vous avec Hortense Kinck, la femme du filateur, qu'il attire avec ses quatre autres garçons et sa fillette de deux ans dans le champ de luzerne qui leur sera fatal…

Le lendemain matin, le propriétaire du champ découvre des traces de sang sur les lieux. Il creuse un peu et trouve le cadavre d'une femme. La police alertée ne tarde pas à faire les autres découvertes macabres. Des milliers de badauds se précipitent à Pantin pour visiter le lieu du crime, qui devient l'endroit à la mode pour les pique-niques. Surtout le dimanche.

Le meurtrier est arrêté et traduit en justice. Troppmann ne sera pas parvenu à s'enrichir, comme il l'espérait, mais il aura fait la fortune de la presse à sensation. *Le Petit Journal* voit son tirage grimper de deux cent mille à six cent mille exemplaires chaque jour ! On évoque avec délectation le meurtrier poursuivant ses petites victimes, on l'imagine égorgeant un à un les enfants sous les yeux de leur mère, et la France entière, dans un élan de révolte unanime, réclame la tête du monstre. Les lecteurs oublient un peu les difficultés du temps, le régime moribond de Napoléon III, la guerre qui menace.

Le 19 janvier 1870, l'assassin est guillotiné aux portes de la prison de la Roquette devant une foule hilare qui fête l'événement à coups de gros rouge.

• Porte de Pantin. Le pain des Parisiens.

Cette porte s'appela d'abord porte d'Allemagne car elle ouvrait sur la route qui conduisait vers l'est... Mais en 1914, quelques élus s'émurent de cette dénomination, et on la rebaptisa porte de Pantin, du nom du bourg sur lequel elle débouchait.

Pantin... Un nom dont l'origine serait liée aux marais qui entouraient le bourg, allusion aux marais pontins proches de Rome.

Naguère, en roulant sur le périph', on apercevait ici la masse sombre et tarabiscotée des Grands Moulins de Pantin créés en 1884. De nouvelles constructions et des restructurations ont escamoté les moulins dans une architecture repensée. En effet, la farine a cessé d'être moulue ici en 2003, mais la vieille minoterie n'a pas entièrement disparu, réhabilitée d'une manière un peu agressive. Ses huit étages sont occupés par des bureaux.

• Porte du Pré-Saint-Gervais. La ville à la campagne.

Si les fortifications voulues par Adolphe Thiers ont eu une seule conséquence négative, c'est ici qu'il faut la chercher. Avant les fortifs, le Pré-Saint-Gervais n'était que verdure et lilas, et les quelques élevages de dindons ne dérangeaient pas le quidam parisien venu chercher ici l'air pur et l'apaisement. « Le Pré » indiquait bien le caractère campagnard de l'endroit consacré à Gervais, saint martyr romain du 1er siècle. Le *Dictionnaire de tous les environs de Paris*, publié en 1816, vante les charmes du lieu : « C'est un des rendez-vous les plus ordinaires et les plus agréables pour ceux qui veulent jouir de la promenade à la campagne, et des plaisirs si innocents qu'elle procure. » Le mur venu enserrer Paris en 1841 a changé tout cela. Les jolies petites maisons rurales ont rapidement disparu au profit d'un habitat ouvrier. Une sorte de cité-dortoir avant la lettre.

• **Porte des Lilas, côté Paris. Le regard déplacé.**

Quand l'Administration a créé la commune, en 1864, elle lui a donné un joli nom, Les Lilas, et une fière devise : « J'étais fleur, je suis cité ».

Et puis, quand le périph' est arrivé, un siècle plus tard, il a fallu bousculer un peu l'histoire du lieu. On a bougé le regard des Maussins, une construction destinée à surveiller les canalisations qui apportaient les eaux de l'aqueduc de Belleville jusqu'à la colline du Pré-Saint-Gervais. Ce vestige se trouve aujourd'hui au numéro 2 de l'avenue de la Porte-des-Lilas, il a été déplacé de trois cent cinquante mètres plus au sud pour laisser passer le nouveau boulevard et son flot de voitures.

• **Porte des Lilas, côté banlieue. Une clinique phare dans la lutte pour le droit des femmes.**

Comment ne pas rendre hommage, au 14, rue du Coq-Français, au courage dont fit preuve la maternité des Lilas pour améliorer les conditions de l'accouchement ? Dès 1964, cette maternité est l'une des premières en France à prôner et à pratiquer « l'accouchement sans douleur ». Un progrès qui a changé la vie des parturientes. Mais, me direz-vous, pourquoi parler de courage ? Parce qu'on ne peut imaginer, au XXIe siècle, le scandale que provoqua cette méthode ! Des médecins crièrent au charlatanisme en expliquant doctement que les affres de l'accouchement étaient inévitables. N'est-il pas écrit, quelque part : « Tu accoucheras dans la douleur » ?

Au début des années 1970, l'accouchement sans douleur n'est plus contesté, l'époque est au combat pour la contraception et l'avortement. Là encore, la maternité des Lilas se mobilise. Elle est alors un lieu d'accueil pour des femmes qui ne trouvent pas toujours ailleurs les conseils et le soutien dont elles ont besoin.

• **Porte de Bagnolet, côté Montreuil. Des pêches succulentes.**

Puisque Bagnolet vient sans doute du latin *balneolum*, le petit bain, c'est qu'il devait y avoir, par là, un bain romain ou gaulois… Mais il n'en reste aucune trace. En revanche, il reste le souvenir des pêches, grande production locale de jadis. En 1675, un ancien mousquetaire devenu jardinier, Edmé Girardot, qui possédait une terre entre Bagnolet et Montreuil, eut l'idée de faire pousser ces fruits contre des murs de pierre et de chaux qui emmagasinaient la chaleur du soleil. Les

397

arbres ainsi exposés produisirent des pêches juteuses et sucrées qui ravirent Louis XIV. Hélas, les pêches de Bagnolet et de Montreuil ne survécurent pas à l'arrivée du chemin de fer. Mais le souvenir a la vie dure : en 2006, une association a réinstallé avec succès quelques « murs de pêches », pour les nostalgiques.

• Porte de Bagnolet, côté Paris. Une évasion rêvée.

Un autre souvenir champêtre perdure près de la porte de Bagnolet, avec « la Campagne à Paris », lotissement créé en 1926 dans la mouvance des idées hygiénistes de l'époque qui voulaient repenser la manière de vivre et l'habitat citadin. Ce petit village bien parisien, organisé alors en coopérative, offrait aux moins fortunés un accès à la propriété dans un cadre bucolique qui n'a pas disparu : ruelles pavées et arborées, environ quatre-vingt-dix petites maisons colorées, des jardinets accueillants… (*On peut y accéder par la place Octave-Chanute.*)

Rentrons un peu plus dans Paris pour nous rendre 148, rue de Bagnolet, devant le pavillon de l'Ermitage, vestige du château de Bagnolet. C'est là que le financier Jean-Pierre de Batz aurait tenté de mettre au point un plan destiné à faire évader Louis XVI sur le chemin qui le menait à la guillotine. Fantasme ou réalité ? En tout cas, le Comité de sûreté générale l'a cru, et Batz a dû prendre la fuite. Pendant ce temps, sa maîtresse, la cantatrice Marie de Grandmaison, fut arrêtée dans ce pavillon même, interrogée en vain sur son amant disparu et la prétendue conspiration ourdie pour favoriser l'évasion du roi, puis décapitée vu son obsession à ne rien dire.

Le petit métier du coin

Le biffin de la porte de Montreuil. *Monasteriolum,* le petit monastère, a donné notre Montreuil. Ce n'est pourtant pas ce mot qui nous alerte ici, mais celui de « biffin ». Le terme est ancien, mais il est revenu dans le langage d'aujourd'hui. Ils sont là, les biffins ! Dans un marché aux puces un peu sauvage, ils se mêlent aux brocanteurs et proposent aux passants leurs marchandises dénichées dans les poubelles. Chômeurs, bénéficiaires du RSA, sans-papiers, retraités, travailleurs précaires, ils sont les descendants des chiffonniers d'antan... La récup' leur permet de survivre, de manger, de s'habiller.

Signe des temps, les biffins revendiquent souvent hautement leur statut d'écologistes en action : ces objets destinés à être brûlés dans des décharges, sources de pollution, ils les recyclent, leur offrent une deuxième vie... Et pour nous tous, cela signifie moins de frais d'incinération et moins de CO_2 dans l'air parisien.

• **Porte de Vincennes. La vie saine.**

Voilà encore une porte que nous avons traversée *(chapitre 15)*. Mais d'où vient ce nom, « Vincennes » ? Peut-être d'une expression latine exprimant la pureté de l'air qui rendrait la vie saine... *vita sana,* termes transformés en Vincennes. Ou alors, il faudrait y voir une indication plus géographique : le bois aurait mesuré vingt fois cent arpents, autrement dit vingt cennes. Ou est-ce parce que Paris, limité alors à l'île de la Cité, était éloigné du bois de vingt stades, *ad vicenes* en latin ?

- **Porte de Saint-Mandé. La route de Bretagne.**

Quelques reliques de Mandé, un saint breton du Ve siècle, sont arrivées dans ces parages… Le bourg est né de la ferveur qu'elles inspirèrent.

- **Porte Dorée. Paix et prospérité.**

Voilà une porte dont le nom ne renvoie ni à un village, ni à une évocation géographique du bois de Vincennes, et qui serait *l'orée* du bois… Non, autrefois la porte s'appelait de Picpus, elle doit son nom actuel à la statue de bronze *doré* représentant « la France apportant la paix et la prospérité aux colonies », monument dressé ici en 1931 à l'occasion de l'Exposition coloniale, dont le palais des Colonies est devenu le musée de l'Immigration.

- **Porte de Charenton. Le Bastion numéro 1.**

Cette porte nous renvoie à la ville de Charenton que nous connaissons déjà *(chapitre 8)*. Mais elle nous conduit aussi au boulevard Poniatowski, qui fait partie de la ceinture routière encerclant la ville. Au bout du boulevard, vers la Seine, au numéro 117 *bis*, vous verrez les restes du bastion numéro 1, un polygone de quatre-vingt-dix mètres de long. Il est toujours vaillant au milieu du flot continu des voitures venues des boulevards des Maréchaux, de l'autoroute A4 et, bien sûr, du périphérique…

• **Porte de Bercy. Le modèle de** *L'Avare*.

La commune de Bercy a disparu, divisée entre Paris et Charenton, en 1859. Le nom « Bercy » viendrait d'un terme d'ancien français, *bercil*, qui signifiait bergerie… Nous sommes donc sur un endroit où l'on élevait sans doute des moutons, mais il y eut aussi sur cet emplacement un château détruit de fond en comble en 1861. Il n'en reste que des dépendances du XVIIIe siècle au 109 et 114, rue du Petit-Château, à Charenton-le-Pont.

Au XVIIe siècle, le château était habité par Charles-Henri de Malon, doyen des maîtres des requêtes, qui se faisait appeler seigneur de Bercy. Belle demeure et beau titre, certes, mais le château restait constamment fermé… Aucune fête ne l'animait et personne n'y était reçu : le seigneur de Bercy ne voulait pas manger son capital. On disait qu'il était d'une telle ladrerie qu'il refusait l'aumône même à ses deux enfants. Et de cette réputation bien ancrée, Molière nourrit son personnage de *L'Avare*. Dans la pièce, Harpagon se retrouve chez un notaire pour rencontrer un client qui voudrait lui emprunter une forte somme en échange de gros intérêts… Surprise : cet emprunteur, c'est son propre fils !

— N'as-tu point de honte, dis-moi, d'en venir à ces débauches-là ? De te précipiter dans des dépenses effroyables ? Et de faire une honteuse dissipation du bien que tes parents t'ont amassé avec tant de sueurs ? s'écrie le père imaginé par Molière…

Pas vraiment imaginé, à vrai dire, car il semble qu'une telle aventure serait arrivée aux Bercy père et fils. Et la phrase de *L'Avare*, dit-on, aurait été à peu près celle du seigneur de Bercy lancée à son rejeton trop prodigue…

Pour être tout à fait juste, ce père indigne refusait peut-être d'aider son fils, mais il faisait de généreuses donations à l'hospice des Enfants trouvés créé par saint Vincent de Paul. Il voulait bien assister les enfants, pourvu que ce ne soit pas les siens !

• Porte et quai d'Ivry. Comment on fait une ville.

Cet endroit fut le témoin de la défense de la tribu gauloise des Parisii contre l'envahisseur romain. En l'an 52 avant Jésus-Christ, le vieux chef Camulogène mobilise son peuple contre les légions du général Labienus. Les Romains sont mieux organisés, mieux armés, mais les Gaulois connaissent les marais de ces plaines et entraînent l'ennemi sur ces terres instables. Ils parviennent ainsi à maintenir l'avancée des cohortes romaines... Pour peu de temps.

Les Romains s'installent sur les bords de la Seine, et plus personne ne songe aux marais. Mais au VIe siècle, un ermite nommé Frambourg vient s'installer dans une grotte de l'endroit. Alors, une source miraculeuse jaillit pour abreuver le saint personnage, et la source devint plus tard lieu de pèlerinage : il suffisait aux malades de boire cette eau pour guérir à l'instant.

Une telle réputation attira sur place des populations pieuses et c'est ainsi que se dessina un nouveau hameau appelé Ivry... Ce nom désigne-t-il l'ivraie, une graminée qui poussait à cet endroit ? Vient-il du gaulois *eburiacum*, « plantation d'ifs » ? On en discute encore. En tout cas, sous Louis XV, l'espace était encore très campagnard et quand le roi s'en allait à Choisy-le-Roi, il s'arrêtait à Ivry où des pavillons recevaient le souverain et sa cour. Mais bientôt la vocation industrieuse de la ville se développa. Une importante vitrerie s'installa ici dès le XVIIIᵉ siècle, puis vinrent des forges consacrées à la refonte du fer usagé. Mais ces industries ne survivront pas au XXᵉ siècle, et les Ivryens devront souvent chercher du travail ailleurs...

Cependant, au début des années 1970, un projet citadin inédit voit le jour : un dessein de ville repensée, avec espaces verts, loisirs, larges esplanades, tout doit redonner à chacun un peu de bonheur de vivre. On appelle cela les villes nouvelles.

La première d'entre elles ne sera pas Ivry, mais Évry-Ville-Nouvelle, pourtant Ivry ne tardera pas à suivre le mouvement. Et au centre de la cité, « Les Étoiles », conçus par Jean Renaudie, sont toujours un exemple de logement social, admiré pour l'originalité et l'esthétisme de son architecture. Hélas, le concept de ville nouvelle s'est effacé rapidement pour faire place aux grands ensembles qui allaient continuer de pousser autour de Paris...

• Porte d'Italie. Les dernières fortifs.

Je l'ai dit quand on s'est arrêté par là *(chapitre 5)* : avant même d'être une porte de Paris, une route passait ici. Elle menait vers Rome qui était jusqu'au Vᵉ siècle le centre du monde.

À l'entrée du périph', porte d'Italie, se trouve un petit panneau indicateur : « Poterne de Peupliers ». Une poterne était une petite porte creusée dans une fortification, et celle-là s'ouvrait dans les fortifications de Thiers... On en parle et on va la voir, parce que c'est le seul ouvrage complet encore debout de la dernière enceinte militaire qui enserra Paris.

- **Porte de Gentilly. Il y a Gentil et gentil.**

Cette porte s'ouvre sur l'ancien village de Gentiliacum, peut-être du nom d'un certain Gentil qui fut le seigneur des lieux, peut-être parce que l'endroit était charmant. En tout cas, la sympathique devise de la ville nous convie à la bienveillance : « Gentil soyez Gentil serai ».

- **Porte d'Orléans. Le cardo devient N20.**

La porte prolonge l'antique cardo romain de la rue Saint-Jacques. À partir d'ici, le cardo devient la nationale 20, filant vers l'Espagne, semblable à la nationale 7 qui va vers le soleil par la porte d'Italie... La porte d'Orléans, c'est l'autre porte des vacances vers le sud, en somme !

- **Porte de Montrouge. Au pluriel.**

Avant 1860, il y avait deux Montrouge : le Petit-Montrouge côté Paris, le Grand-Montrouge côté banlieue. Et le Petit-Montrouge, bien plus peuplé que le Grand-Montrouge, regardait avec un peu de commisération son voisin homonyme qui étendait à perte de vue ses prés vides et son air campagnard.

Finalement, le Petit-Montrouge, qui se voulait plus citadin que les citadins, se fit dévorer par Paris pour former le XIVe arrondissement. Quant au Grand-Montrouge, il devint Montrouge tout court.

- **Porte de Châtillon. Le souvenir du château.**

Il devait y avoir ici un château assez impressionnant pour que tout le hameau prenne le nom de *castellum*, le château, qui devint Castellio puis Châtillon.

- **Porte de Vanves. Où sont les poissons ?**

Si, comme on nous le dit, Vanves vient du terme celtique *venna*, qui signifiait « barrage à poissons », ou du mot gallo-romain *vana,* qui désignait une pêcherie, on se demande encore où les pêcheurs de cette campagne lançaient leurs filets.

- **Porte de Brancion. Le colonel et le poète.**

Le colonel Adolphe-Ernest Raguet de Brancion mourut héroïquement en 1855 au siège de Sébastopol, lors de la guerre que la France menait en Crimée. Il mena ses troupes avec tant de vaillance à l'assaut d'une colline que son exemple fut chanté durant tout le second Empire.

Et puis, destinée humaine, Brancion fut oublié. Aujourd'hui, les lieux évoqueraient plutôt le souvenir d'un poète... Le parc Georges-Brassens a été établi sur les anciens abattoirs de Vaugirard.

Pourquoi Brassens ici ? Parce qu'il n'habita pas très loin, impasse Florimont... Il y a un peu plus d'un demi-siècle, cette impasse suintait la misère, la grisaille, la désespérance. Eh bien, elle est devenue un lieu de recueillement, de souvenir, de déférence même. Elle n'en revient pas, la petite impasse, d'être ainsi vénérée ! Pensez, elle a été déclarée site protégé en 2000 et s'est même vue agrémentée de deux plaques commémoratives qu'elle porte fièrement comme des médailles sur la poitrine d'un général soviétique. Pour parfaire le tableau, les chats errants chers à Brassens sont aujourd'hui en terre cuite, c'est moins salissant.

- **Porte de la Plaine. La vision des stratèges.**

Face aux étendues plates qui se déroulaient ici devant les fortifications, les stratèges n'ont pas cherché bien longtemps comment appeler cette porte. Ce nom a au moins le mérite d'évoquer autre chose qu'une commune limitrophe…

- **Porte de Versailles. La cabane au fond du jardin.**

Ce nom de porte nous renvoie au Grand Siècle, et certes, il nous rappelle que nous sommes aussi sur une route de Versailles, mais rive gauche, dans le prolongement de notre rue de Vaugirard, cette vénérable voie de l'Ouest qui date des Romains ! Cependant, la porte de Versailles ne fut ouverte qu'en 1840 sur les fortifs.

On traverse la Seine pour arriver à Boulogne-Billancourt… Deux mots qui évoquèrent longtemps les usines Renault. Pour comprendre comment le site devint un centre de fabrication automobile, il faut remonter à 1891. Cette année-là, Louis Renault a quatorze ans, il a installé un atelier dans la modeste remise au bout du parc de la maison de ses parents, avenue Émile-Zola à Boulogne. Il bricole, cherche, invente. Avec des boîtes en fer-blanc martelées et soudées, il se fabrique un appareil photo. Avec une dynamo et une batterie de piles, il installe l'électricité dans la maison…

À vingt ans, Louis passe le plus clair de son temps dans la cabane. Il cherche maintenant à améliorer l'automobile encore à ses balbutiements… Frappé par le manque de puissance de ces engins qui pétaradent outrageusement, il met au point un dispositif de transmission appelé « la prise directe », autrement dit le changement de vitesse. Bientôt, le jeune homme construit un véhicule équipé de ce nouveau mécanisme... On connaît la suite, les usines Renault transformeront Billancourt et déborderont jusque sur l'île Seguin, en face.

Mais le patron lui-même a tenu à préserver ce premier atelier, le faisant légèrement déplacer pour l'installer à l'arrière du premier siège de l'entreprise *(15, avenue Émile-Zola)*.

Depuis 1992, Renault a quitté Billancourt et l'île Seguin. Au fil des années, tout ce qui évoquait les usines a disparu, balayé par l'architecture nouvelle. Pourtant, la cabane au fond du jardin a été conservée au coin de l'avenue Émile Zola, et peut être visitée à l'occasion des Journées du Patrimoine.

• Porte de Sèvres. Ne pensez pas à la porcelaine !

C'est un ruisseau, anciennement appelé Savara, qui a donné son nom au village où il coulait et que l'on rejoint en empruntant cette porte.

• Quai et porte d'Issy. Iscius ou Isis ?

Avant 1863, il y avait simplement Issy, qui a donné son nom à la porte. Puis, la ville est devenue Issy-les-Moulineaux, après avoir englobé un hameau riche de nombreux moulins. D'accord pour Moulineaux, mais Issy ? Un dénommé Iscius possédait-il des terrains à cet endroit ? Ou s'agissait-il d'un culte rendu ici à la déesse Isis ?

• Porte de Saint-Cloud. Les dessous du PSG.

Le nom de Saint-Cloud est dû à Clodoald, prince mérovingien qui renonça au pouvoir et vécut, sur les rives de la Seine, une vie d'ermite exemplaire.

Entre la porte de Saint-Cloud et la porte Molitor, le Parc des Princes est sans doute le stade le plus fréquenté du monde... mais par en dessous ! Eh oui, sous la pelouse du Paris Saint-Germain vrombit le plus gros trafic routier de France : le périphérique, trois voitures à la seconde ! Où donc est passée la fameuse ligne verte voulue par les démolisseurs de la Zone ? La voilà remplacée aujourd'hui par cette cohabitation improbable entre le périph' et les principaux terrains de sport de la capitale... On fait du sport à Paris là où la pollution est la plus forte !

Le stade a emprunté son nom au chemin des Princes qui passait par là pour éviter Paris. Si le Parc actuel a été construit en 1972 dans le style tout-béton de l'époque, on fait du sport au Parc des Princes depuis 1897. Le vélo en pleine expansion et le rugby à ses débuts faisaient alors les beaux dimanches des Parisiens...

Avant la Coupe du Monde 1998, on avait déjà ici le souvenir d'une fabuleuse victoire des Bleus : quand ils remportèrent l'Euro 84 par deux à zéro contre l'Espagne.

En revanche, en 1993, les amateurs de foot ont vu se concrétiser ici leur pire cauchemar... C'était en novembre, la France allait se qualifier pour la Coupe du Monde 1994 aux États-Unis par un match nul contre la Bulgarie... Dix secondes avant le coup de sifflet final, l'attaquant bulgare Emil Kostadinov allume un boulet de canon qui vient se loger dans la lucarne droite des buts français ! À dix secondes près, vous vous rendez compte ! L'équipe tricolore est éliminée de la compétition. Kostadinov... un nom qui fait encore trembler les supporters de foot dans l'Hexagone.

• Porte Molitor. L'important, c'est de durer...

C'est rare, une porte qui ne donne pas sur un bourg proche, mais évoque un maréchal de France ! C'est le cas ici, et c'est de Gabriel Molitor qu'il s'agit. Ce qui est plus rare encore, c'est que ce brillant militaire a traversé avec honneur tous les régimes, la Révolution, l'Empire, la Restauration, les Cent-Jours, le règne de Louis XVIII, celui de Louis-Philippe... Une prouesse politique qui a dû marquer les esprits !

• Porte d'Auteuil et porte de Passy. La fuite de Balzac.

Ces portes renvoient à deux anciens villages annexés à Paris en 1860, et qui ont fait le bonheur de Balzac... Si vous filez rue Berton, située entre Auteuil et Passy, vous entrerez dans une autre dimension : c'est encore un chemin étroit et pavé avec la borne qui indique toujours la limite des anciennes seigneuries et la petite porte basse (*au numéro 24*) qui donnait sur l'arrière de la maison habitée par Honoré de Balzac... Une sortie bien pratique : elle permettait à l'auteur de *La Comédie humaine* de fuir discrètement lorsque se présentait un créancier !

• Porte de la Muette. Le rêve d'Icare devient réalité.

Cette muette-là était bruyante et aboyante, puisqu'il s'agissait, en fait, d'une « meute » de chiens, avec son orthographe ancienne… Rappel du temps où l'endroit était un terrain de chasse.

Le château de la Muette actuel (*2, rue André-Pascal*), siège de l'OCDE, l'Organisation de coopération et de développement économiques, est une création des années 1920, mais qui fait suite à deux châteaux disparus… Il y avait celui que la reine Margot reçut lors de son mariage avec le futur Henri IV, puis celui que Louis XV fit construire pour le Dauphin…

Ce qui n'a pas bougé, en revanche, c'est le parc, qui fut, le 21 novembre 1783, le théâtre d'un exploit extraordinaire… Ce vendredi-là, en début d'après-midi, le physicien Jean-François Pilâtre de Rozier, accompagné de François Laurent d'Arlandes, grimpe dans la nacelle d'un ballon gonflé à l'air chaud, invention des frères Montgolfier… À cet instant, le rêve légendaire d'Icare devient réalité : l'homme se libère de la pesanteur pour un vol qui atteint en vingt minutes la Butte-aux-Cailles après être passé au-dessus de l'École militaire et du jardin du Luxembourg.

Mais la conquête de l'air exige son tribut. Un an et demi plus tard, le 7 janvier 1785, Pilâtre de Rozier se tue dans une nouvelle tentative menée près de Boulogne-sur-Mer. Il aura été le premier aéronaute de l'Histoire et la première victime d'un crash aérien.

• Porte Dauphine. Pour Marie-Antoinette.

Cette dauphine que l'on célèbre inconsciemment chaque fois que l'on prend le périph' de ce côté, c'est l'archiduchesse Marie-Antoinette entrée par là dans Paris en 1770 pour venir épouser le Dauphin, futur Louis XVI.

21

SUR LA ROUTE DU
GRAND PARIS

L'A86, nouvelle ceinture de la capitale, préfigure ce que vont être, au XXIe siècle, les nouveaux contours de Paris.

Paris est une ville conquérante, elle n'a jamais cessé de s'agrandir. Elle en a fait, du chemin, depuis Lutèce ! Ses limites ont toujours été repoussées. Un exemple le prouve, sans avoir à remonter jusqu'aux Gallo-Romains de l'île de la Cité... En 1724, Louis XV fit poser une borne à la hauteur du 169, rue Montmartre : c'étaient alors les confins de la capitale. Deux ans après, la borne était placée cent mètres plus loin. Une année encore, et elle avançait de cent soixante-cinq toises, deux pieds et six pouces, à peu près quatre cents mètres. Eh bien aujourd'hui, le périphérique – actuelle frontière de Paris – se trouve à quatre kilo-

411

mètres de la borne installée par Louis XV. Or quatre kilomètres sur tout le tour de la ville, ce n'est pas rien ! Et ce n'est pas fini ! Voilà qu'apparaît, à quatre kilomètres des limites actuelles de Paris (quatre kilomètres de plus !), le « superpériphérique », l'autoroute A86, qui depuis l'achèvement du tunnel entre Rueil-Malmaison et Jouy-en-Josas, le 6 janvier 2011, forme une boucle complète au large de ce qui sera, bientôt, le Grand Paris.

L'A86... Un nouvel anneau pour ceinturer une cité devenue mégapole, mais dont le lent développement au fil des siècles a permis de conserver, en grande partie, l'identité de beaucoup de ses quartiers. Que Meudon, Saint-Cloud, Nanterre, Montreuil ou Vincennes ne se désolent pas de devenir parisiennes : elles n'y perdront pas nécessairement leur âme.

Après tout, l'autoroute A86 ne sera jamais que le neuvième anneau à entourer les nouveaux territoires de Paris. Les huit autres ont été tour à tour six enceintes protectrices, un mur à vocation seulement économique, et une voie autoroutière. Suivons-les un instant, en prenant des repères actuels pour mieux nous y retrouver...

– Au IIIe siècle, les habitants de l'île de la Cité élèvent tout autour de l'île un modeste rempart, fait de pierres et de bois, pour se protéger des invasions barbares.

– En l'an 1000, ce sont les Vikings qu'on redoute. On dresse donc une enceinte plus solide, un arc de cercle qui part de la place du Louvre, file jusqu'à l'église Saint-Merri au nord et redescend vers le fleuve, près du pont Louis-Philippe.

– À la fin du XIIe siècle, face aux appétits territoriaux de Richard Cœur de Lion, son cousin bien-aimé dont, enfant, il partageait le lit, Philippe Auguste édifie une vaste muraille autour de la ville agrandie. Rive droite, elle commence à l'emplacement du Louvre actuel, continue par les rues Saint-Honoré, Saint-Denis, Saint-Martin, la rue des Francs-Bourgeois et le quai des Célestins. Rive gauche, elle part de l'hôtel de la Monnaie, traverse le bourg Saint-Germain, enveloppe l'abbaye Sainte-Geneviève et redescend vers la Seine le long de l'actuelle rue du Cardinal-Lemoine (voir *Métronome* « 1 »).

— Au XIVᵉ siècle, pendant la guerre de Cent Ans, Charles V construit à la hâte une nouvelle enceinte sur la rive droite, pour faire face en urgence aux Anglais. C'est une sorte de demi-cercle qui part de la Seine à hauteur du pont du Carrousel pour suivre la courbe des Grands Boulevards avant de replonger vers le Louvre en suivant le tracé actuel des rues d'Aboukir et Molière.

— Au XVIᵉ siècle, pendant les guerres de Religion, l'enceinte des Fossés Jaunes prolonge celle de Charles V vers l'ouest (on a vu qu'elle allait préfigurer nos Grands Boulevards) en filant de la rue Royale au boulevard Poissonnière via les boulevards des Capucines, des Italiens et Montmartre.

— Au XVIIIᵉ siècle, le mur des Fermiers généraux suit à peu près le tracé des lignes 2 et 6 du métro : de la porte Dauphine à la Nation en passant par la Chapelle, et de Charles-de-Gaulle à la Nation en passant par Raspail. Ce mur a pour unique objectif de permettre la taxation des marchandises à l'entrée de Paris. Et ce mur-là ne plaît guère aux Parisiens — souvenez-vous, nous en avons parlé ! — qui disent de lui que « le mur murant Paris rend Paris murmurant »…

— Au XIXᵉ siècle, ce sont les fortifications de Thiers, dont nous avons également parlé, érigées en partie sur ce qui deviendra plus tard les boulevards des Maréchaux et qui, sans vraiment protéger la capitale des menaces extérieures, enfermaient plutôt les Parisiens (trop rebelles ?) à l'intérieur.

– Au XXe siècle, les fortifs de Thiers sont détruites et laissent la place aux boulevards des Maréchaux, puis au périphérique.

… Et aujourd'hui, l'anneau de l'A86 s'enroule au large de Paris.

Il y a quand même un grand changement dans les deux derniers anneaux parisiens : les sept premiers étaient des remparts et un mur, le périphérique et l'A86 sont des voies de communication. Autrefois la capitale se protégeait, se calfeutrait, aujourd'hui elle s'étend, se détend et respire. Paris se veut optimiste, pleine d'espoir. Plutôt que de se barricader sur elle-même, elle se projette au loin et s'offre un nouvel horizon. Des espaces vides vont se construire, des terrains en friche se lotir, et les banlieues d'hier deviendront les quartiers de demain. Sans doute restera-t-il des quartiers difficiles, mais ils feront partie de la ville, c'est une sacrée nuance, moins propice aux zones et ghettos.

Bien sûr, tout cela dépendra de l'architecture, de la politique, des finances et aménagements, et demandera beaucoup de temps. Mais c'est quand même une drôlement belle aventure !

BIBLIOGRAPHIE

En général...

AGHION Max, *Hier à Paris*, Marchot, 1947.

ANDIA Béatrice de (sous la direction de), *Les Enceintes de Paris, limites et urbanisation*, Action artistique de la Ville de Paris, 2001.

ARBOIS Julien, *Petite Histoire des métiers d'autrefois*, City, 2014.

BALDWIN John W., *Paris, 1200*, Aubier, 2006.

BERALDI Henri, ouvrage collectif préfacé par, *Paris qui crie, petits métiers*, Georges Chamerot, 1890.

CARADEC François et MASSON Jean-Robert (sous la direction de), *Guide de Paris mystérieux*, Tchou, 2001.

CHADYCH Danielle et LEBORGNE Dominique, *Atlas de Paris*, Parigramme, 1999.

CHAMPION Pierre, *La Vie de Paris au Moyen Âge, Splendeurs et misères de Paris*, Calmann-Lévy, 1934.

COLLIN DE PLANCY Jacques, *Dictionnaire féodal*, Foulon et Cie, 1819.

DUBOIS Claude, *Paris gangster*, Parigramme, 2004.

DULAURE Jacques-Antoine, *Singularités historiques*, Baudoin Frères, 1825. *Histoire physique, civile et morale de Paris*, Furne et Cie, 1837.

FAVIER Jean, *Paris, deux mille ans d'histoire*, Fayard, 1997.

FIORI Ruth, *Paris Vestiges*, Parigramme, 2014.

FLEURY Michel (sous la direction de), *Almanach de Paris*, tome 1, Encyclopædia Universalis, 1990.

FOUQUIER Armand, *Causes célèbres de tous les peuples*, Lebrun et Cie, 1858.

FOURNIER Édouard, *Chroniques et légendes des rues de Paris*, Dentu, 1864.

GAGNEUX Renaud et PROUVOST Denis, *Sur les traces des enceintes de Paris*, Parigramme, 2004.

GARDE Serge, MAURO Valérie, GARDEBLED Rémi, *Guide du Paris des faits divers*, Le Cherche Midi, 2004.

GRISON Georges, *Paris horrible et Paris original*, Dentu 1882.

HEMMLER Patrick, *Énigmes, Légendes et Mystères du vieux Paris*, Jean-Paul Gisserot, 2006.

HILLAIRET Jacques, *Gibets, Piloris et Cachots du vieux Paris*, Éditions de Minuit, 1956. *Dictionnaire historique des rues de Paris*, Éditions de Minuit, 1960.

KASTNER Jean-Georges, *Les Voix de Paris*, Brandus, Dufour, 1857.

KRIEF Philippe, *Paris rive gauche, Petites histoires et grands secrets*, Massin, 2004.

KUNSTLER Charles, *Paris souterrain*, Flammarion, 1953.

LAVALLÉE Théophile, *Histoire de Paris depuis le temps des Gaulois jusqu'à nos jours*, Michel Lévy, 1857.

LAZARE Félix et Louis, *Dictionnaire administratif et historique des rues de Paris et de ses monuments*, 1844.

LE BAS Philippe, *France, dictionnaire encyclopédique*, Firmin Didot, 1841.

LEFEUVE Charles, *Histoire de Paris, rue par rue, maison par maison*, Reinwald, 1875.

MARTIGNON Guy, *Légendes, Récits, Complaintes populaires de Paris et d'Île-de-France*, Sides, 2002.

NOËL François et CARPENTIER Joseph, *Philologie française*, Le Normant, 1831.

OGRIZEK Doré (sous la direction de), *Paris tel qu'on l'aime*, Odé, 1949.

PINON Pierre et LE BOUDEC Bertrand, *Les Plans de Paris, histoire d'une capitale*, Atelier parisien d'urbanisme, 2004.

PONTHIEU Amédée de, *Légendes du vieux Paris*, Bachelin-Deflorenne, 1867.

PRUDHOMME Louis, *Miroir historique, politique et critique de l'ancien et du nouveau Paris*, 1807.

QUERALT Christine et VIDAL Dominique, *Promenades historiques dans Paris*, Liana Levi, 1994.

REY Alain (sous la direction de), *Dictionnaire historique de la langue française*, Le Robert, 1992.

RIGAUD Lucien, *Dictionnaire du jargon parisien*, Ollendorf, 1878.

ROBB Graham, *Une histoire de Paris par ceux qui l'ont fait*, Flammarion, 2002.

RUSTENHOLZ Alain, *Traversées de Paris*, Parigramme, 2006.

SAINT-FOIX Germain-François de, *Essais historiques sur Paris*, Duchesne, 1778.

TOMEL Guy, *Petits Métiers parisiens*, Charpentier et Fasquelle, 1898.

TROUILLEUX Rodolphe, *Paris secret et insolite*, Parigramme, 2002.

TULARD Jean (sous la direction de), *Almanach de Paris*, tome 2, Encyclopædia Universalis, 1990.

VESPIERRE Bernard, *Guide du Paris médiéval*, L'Harmattan, 2006.

… Et en particulier

ANGER Dom Pierre, *Les Dépendances de l'abbaye de Saint-Germain-des-Prés*, Librairie Veuve Ch. Poussielgue, 1906.

BEDEL Jean, *Saut de « Puces » à Saint-Ouen*, Monelle Hayot, 2012.

BERCY Léon de, *Montmartre et ses chansons*, Daragon, 1902.

BREITMAN Marc et CULOT Maurice (sous la direction de), *La Goutte d'Or faubourg de Paris*, Hazan et Archives d'architecture moderne, 1988.

CASTERAS Raymond, *Avant le Chat Noir, les Hydropathes*, Albert Messein, 1945.

CHASSÉ Charles, *À la recherche de la tête et du petit doigt de Richelieu*, « Historia », mars 1963.

COULLIÉ l'abbé, *Saint-Eustache pendant la Commune*, Paul Dupont, 1871.

FARGES François et PIANTANIDA Thierry, *Le Diamant bleu*, Michel Lafon, 2010.

GAUDREAU Louis, *Histoire de Vaugirard ancien et moderne*, Dentu, 1842.

HENRYOT Arnold, *Paris pendant le siège*, Armand Le Chevalier, 1871.

JACOB Andrée, BABELON Jean-Pierre, MONFRIN Jacqueline, *Vie et Histoire du IIe arrondissement*, Hervas, 1991.

LAN Jules, *Mémoires d'un chef de claque*, Librairie Nouvelle, 1883.

LANDAU Bernard, MONOD Clair, LOHR Évelyne, *Les Grands Boulevards*, Action artistique de la Ville de Paris, 2000.

LANDRE Jeanne, *Aristide Bruant*, La Nouvelle Société d'Édition, 1930.

LORENTZ Philippe, LEBAR Jacques et SANDRON Dany, *Atlas de Paris au Moyen Âge*, Parigramme, 2006.

MARESCHAL DE BIÈVRE Gabriel, *Le Marquis de Bièvre*, Plon-Nourrit, 1910.

MAUROIS André, *René ou la vie de Chateaubriand*, Grasset, 1956.

MONTORGUEIL Georges, *La Vie à Montmartre*, Boudet, 1899.

OLIVIER Fernande, *Souvenirs intimes écrits pour Picasso*, Calmann-Lévy, 1988.

OZANAM Yves, ROBER Hervé, SZAMBIEN Werner, Talenti Simona, *Le Palais de Justice*, Action artistique de la Ville de Paris, 2002.

PAINTER George, *Marcel Proust*, Mercure de France, 1992.

PANNIER Léopold, *La Noble-Maison de Saint-Ouen*, Franck et Aubry, 1872.

PEREY Lucien et MAUGRAS Gaston, *Dernières Années de madame d'Épinay*, Calmann-Lévy, 1883.

PESSIS Jacques, *Pierre Dac, mon maître soixante-trois*, François Bourin, 1992.

Prat Jean-Henri, *Histoire du faubourg Saint-Antoine*, Le Tigre, 1963.

Roubaud Noële et Brehamet R.N., *Le Colonel Picot et les gueules cassées*, NEL, 1960.

Roy Émile, *Le Mystère de la Passion en France du XIVᵉ au XVIᵉ siècle*, « Revue bourguignonne », tome XIII, 1903.

Salmon André, *Souvenirs sans fin, l'air de la Butte*, La Nouvelle France, 1945.

Thieullen Adrien, *Le Mammouth et le Renne à Paris*. In Bulletins et Mémoires de la Société d'anthropologie de Paris, 1903.

Troche Nicolas-Michel, *Notice historique sur l'ancienne commune de Belleville*, Jules Juteau, 1864.

Vidocq François, *Mémoires*, sous la direction de Jean Burnat, Les Productions de Paris, 1959.

Worth Gaston, *La Couture et la Confection de vêtements de femme*, Chaix, 1895.

Zervos Christan, *Conversation avec Pablo Picasso*, « Cahiers d'Art », 1935.

Sans oublier quelques sites...

cheminsdememoire.gouv.fr
paris-atlas-historique.fr
paris-bise-art.blogspot.fr
parislenezenlair.fr
parisrevolutionnaire.com
pariszigzag.fr

TABLE DES MATIÈRES

Table

Table

Table

Table

Direction littéraire
Huguette Maure
assistée de
Laurie Beck

Mise en page PCA
44400 Rezé

Imprimé en Espagne
Dépôt légal : septembre 2016
N° d'impression : 01
ISBN : 978-2-7499-2511-0
LAF : 1711